Wandern mit dem Kinderwagen

Köln • Bonn

40 Touren entlang des Rheins,
im Bergischen Land und in der Eifel

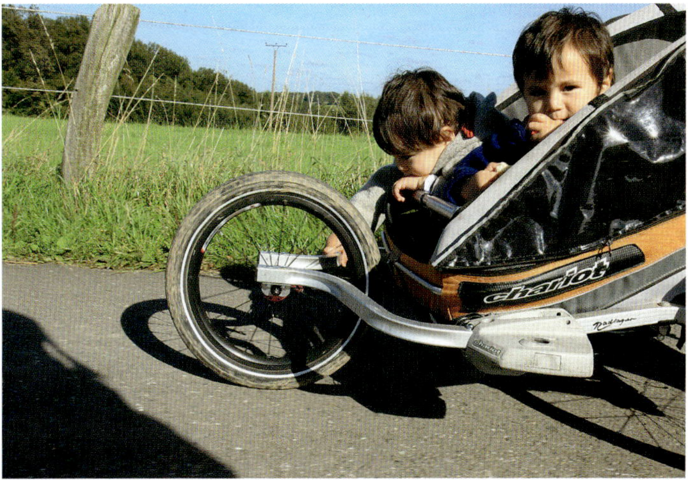

Mathieu Klos

AF511382

ROTHER
BERGVERLAG

Vorwort

Perspektivenwechsel. Selbst wenn man wie ich die Eifel, das Bergische Land, Rheintal und Siebengebirge auf ausgedehnten Wander- und Radtouren erkundet hat, lernt man nicht aus, wenn man mit Kinderaugen die altbekannten Wege und Pfade neu erkundet. Orte, an denen ich schon viele Male vorbeigekommen bin, erhalten durch die Brille von Kindern ein neues Aussehen.
Zunächst bringt das Wandern mit Babys Entschleunigung. Die Streifzüge sind nicht mehr so ausgedehnt, das Tempo mit einem Kinderwagen ist deutlich verlangsamt. Manchmal, nach schlaflosen Nächten, ist eine Wanderung auch einfach nur der Weg zu einer Rastbank im warmen Sonnenschein, an der alle ein kurzes erholsames Nickerchen machen. Bewegung und frische Luft tun bei Übermüdung gut, ist in vielen Elternratgebern zu lesen. Und so werden die Steifzüge junger Eltern allmählich immer ausgedehnter. Aber schnell ist das Veedel – des Rheinländers Wohnstube – erkundet. Mit diesem Wanderführer lässt sich das Köln-Bonner Umland neu entdecken.
Er stellt 40 kinderwagentaugliche Touren in einem Gebiet entlang des Rheins vor, das sich von Dormagen im Norden bis Andernach im Süden, von Aachen im Westen bis Gummersbach im Osten erstreckt. Die Wanderungen reichen von einfachen Spaziergängen für Eltern mit Säuglingen bis zu ausgedehnten Wanderungen für Eltern mit Kleinkindern, die auch ein steileres Stück bergauf oder eine längere Wegstrecke bewältigen können. Dazu habe ich neben genauen Tourenbeschreibungen auch vielfältige Informationen zu interessanten Orten entlang der Wegstrecke gesammelt. Das sind vor allem Spielplätze, Badegelegenheiten, Wildgehege und Einkehrmöglichkeiten.
Für Eltern mit Kleinkindern beginnt das Wanderleben von Neuem. Mit jedem Lebensjahr erhalten Wanderungen in ihrer Begleitung immer wieder neue Wendungen, etwa wenn sie sich über den ersten gefundenen Pilz freuen, minutenlang einem Tausendfüßler beim Überqueren eines Forstweges zuschauen oder aber trotzig auf dem Weg liegen und an Weiterwandern nicht zu denken ist. Genießen Sie diese Momente! Sie werden viele neue Erfahrungen machen, die definitiv erst in ein paar Jahren zu Ende sind, wenn Ihnen der Nachwuchs unmissverständlich klar macht: »Wandern ist doof«. Aber bis dahin fließt noch viel Wasser den Rhein hinunter.

Köln, im Frühjahr 2023 Mathieu Klos

Inhalt

Allgemeine Hinweise

Die Region

Die hier beschriebenen Wanderungen liegen in einem weiten Umkreis um die beiden rheinischen Großstädte Köln und Bonn. Das Gebiet ist keine in sich geschlossene Region, sondern könnte am einfachsten als Rheinische Bucht plus dem Westteil des Bergischen Landes und den Nord-Ost-Ausläufern der Eifel beschrieben werden. Sie liegt im Viereck der Städte Dormagen und Andernach, Gummersbach und Aachen. Das Gebiet wurde so gewählt, dass jede Wanderung von Köln oder Bonn aus innerhalb einer Stunde Autofahrt gut erreichbar ist. Die Landschaften, durch die wir wandern, sind sehr abwechslungsreich: Es gibt Touren durch den landwirtschaftlich geprägten Kölner Norden und Westen sowie die Voreifel. Andere führen durch die Mittelgebirgslandschaften der Eifel und des Bergischen Lands. Wir streifen aber auch durch die weitläufigen Wälder des Königsforst bei Köln und des Kottenforstes bei Bonn oder durch die Heidelandschaft der Wahner Heide. Besondere Landschaft bietet zudem die Ville mit den inzwischen wieder renaturierten Hinterlassenschaften des Braunkohletagebaus und nicht zuletzt der einzige Nationalpark Nordrhein-Westfalens in der Nordeifel mit seinen Seen und weitläufigen Buchenwäldern.

Für reichlich Abwechslung und ganz unterschiedliche Naturerlebnisse ist also gesorgt. Zur besseren Orientierung wurden die 40 Wanderungen links- bzw. rechtsrheinisch angeordnet und dann in die Gebiete Kölner Norden, Naturpark Rheinland, Eifel, Bergisches Land, Siegtal sowie dem Naturpark Siebengebirge unterteilt.

Mit dem richtigen Gefährt sind Kinderwagentouren selbst in schwierigem Terrain kein Problem.

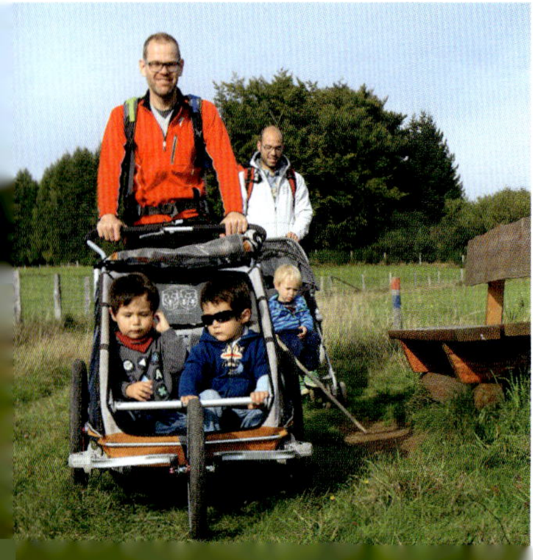

Tourenplanung

Die in diesem Führer beschriebenen Wanderungen sind grundsätzlich mit Kindern vom ersten bis zum vierten Lebensjahr geeignet. Während Babys noch viel schlafen und Eltern sich auf den Wanderungen noch recht gut erholen können, müssen sie für ältere Kleinkinder schon zunehmend für Unterhaltung sorgen. Anfahrt, Länge und Anforderung der Wanderung sollten jedes Mal aufs Neue abgewogen werden (siehe auch die Rubrik »Tipps für Unterwegs/Tourenauswahl«). Dabei dürfen die Eltern auch ihre eigene Tagesform nicht außer Acht lassen. Denn jede Wanderung mit Kinderwagen fordert ihnen viel Flexibilität und Einfühlungsvermögen ab.

Flexibilität ist das A und O: Unterwegs zu sein mit Babys oder Kleinkindern bedeutet regelmäßig, Abschied von den gesteckten Zielen zu nehmen. Planen Sie immer ein, eine Wanderung nur teilweise oder auch mal gar nicht zu gehen, weil sich ihr Kind etwas anderes vorgenommen hat, plötzlich eine Kolik einsetzt oder einfach keine Lust auf Sitzen im Kinderwagen hat. Je kleiner ein Kind, desto häufiger müssen Eltern umplanen. Es kann aber auch sein, dass ihrem Kind das Draußen in der Natur sein so gut gefällt, dass es minutenlang vor einem Stein sitzt und ihr Zeitplan in Verzug gerät. Egal, Sie sind hier, um die Natur zu genießen, frische Luft zu schnappen und zu entspannen. Reiben Sie sich deshalb nicht in Kämpfen mit Ihrem Kind auf. Dennoch müssen Sie eine Wanderung mit Kindern gut planen, um nicht zu viel Ballast mitzuschleppen und trotzdem das Wichtigste für die Kleinen dabeizuhaben (siehe dazu die Rubrik »Tipps für Unterwegs/Im Gepäck«).

Schon das richtige Timing für eine Wanderung ist jedes Mal aufs Neue eine Herausforderung. »Komm, Schatz, lass uns im Siebengebirge wandern« oder »Morgen um 11 Uhr starten wir zum Milchhäuschen, um 16 Uhr sind wir wieder daheim«. So einfach ist es mit Kindern nicht mehr. Aber Wanderungen mit Kindern sind auch kein Hexenwerk. Entscheidend für das Gelingen der Wanderung ist die Tagesform der Kinder, ja vielmehr sogar ihre jeweilige Verfassung zur bestimmten Tageszeit. Eine Wanderung ist für die Eltern im ersten Lebensjahr umso entspannter, je länger die Kinder unterwegs schlafen. Gerade junge Eltern können hierbei regenerieren. Schließlich raten viele Eltern-Ratgeber bei Schlafmangel zu viel frischer Luft. Mahlzeiten und Mittagsschlaf sollten daher idealerweise am Anfang oder mit Beginn der zweiten Hälfte der Tour liegen. Für Eltern mit Kleinkindern ist der Regenerations-Faktor dagegen nicht mehr so zentral. Sie freuen sich, wenn die Kinder

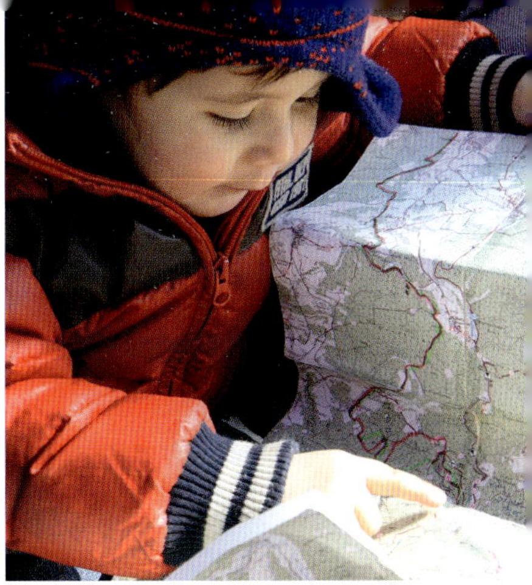

Früh übt sich, wer ein Scout werden will.

viel Neues in der Natur entdecken. Entsprechend müssen sie für Abwechslung sorgen und Highlights gut verteilt in den Streckenverlauf integrieren (siehe dazu auch »Tipps für Unterwegs« ab Seite 11, vor allem »Mit allen Sinnen die Natur entdecken« ab Seite 16).

Hier gibt der 2021 aktualisierte Rother Wanderführer »Erlebniswandern mit Kindern Köln – Bonn« zahlreiche Anregungen.

Hinweis: Die Flutkatastrophe vom Sommer 2021 hat bekanntlich dramatische Spuren im Ahrtal und rund um Bad Münstereifel hinterlassen. Alle Wanderungen in dieser Region (vor allem die Touren 19, 20 und 21 in diesem Buch waren betroffen) sind wieder möglich. Allerdings gibt es erhebliche Einschränkungen, was die Anreise mit dem ÖPNV sowie die Gastronomie betrifft. Aber das sollte uns nicht abhalten, trotzdem in die betroffenen Gebiete zu reisen und die Menschen dort zu unterstützen. Die Gemeinden im Ahrtal bitten Wanderer sogar expliziert, wieder zurückzukehren und den Tourismus so zu unterstützen.

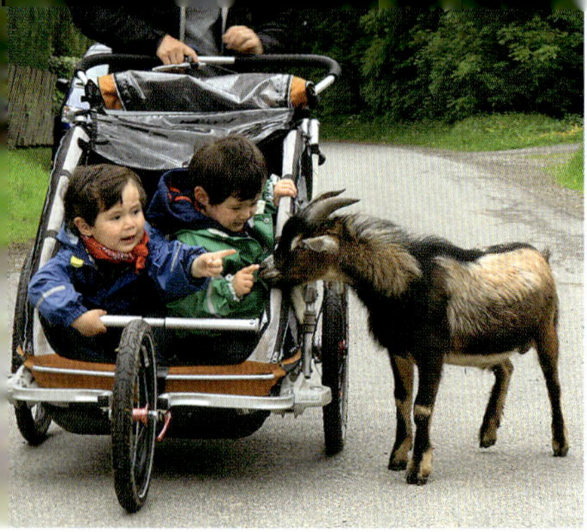

Neugierige Ziege in Lindlar.

Anfahrt

Alle Wanderungen sind mit dem Auto zu erreichen und wurden so ausgewählt, dass die Anfahrt nicht länger als eine Stunde dauert. Es gibt nur ganz wenige Ausnahmen. Ein Großteil der Wanderungen ist gut mit öffentlichen Verkehrsmitteln zu erreichen, die übrigen nur mit größerem Aufwand. Detaillierte Informationen zur Anfahrt werden in der Kurzinfo zu jeder Wanderung beschrieben.

Die Gretchenfrage: Anreise mit dem Auto oder dem ÖPNV

Die Anreise mit dem Auto hat natürlich den großen Vorteil der individuellen Unabhängigkeit. Das öffentliche Verkehrsnetz ist in der beschriebenen Region jedoch auch sehr gut ausgebaut. Die Anreise mit Bus oder Bahn ist aber nicht nur unter Umweltgesichtspunkten vorzuziehen. Sie ist entspannter für die Eltern, denn die Kinder erleben meist auf dem Hinweg spannende Dinge, können sich bewegen und sind nicht selten zu Beginn der Wanderung erschöpft eingeschlafen, sodass die Wanderung zügig beginnen kann. Gerade bei Gruppenwanderungen ist die An- und Abfahrt mit Bus und Bahn von unschätzbarem Wert, da die Gruppe einen entspannten gemeinsamen Auftakt hat.

Anforderungen

Die Einteilung von Wanderungen mit Kinderwagen in verschiedene Schwierigkeitsstufen ist keine einfache Angelegenheit. Zu unterschiedlich sind die konditionellen Voraussetzungen und die individuellen Ansprüche an eine gelungene Wanderung. Auch die Bauart des Kinderwagens entscheidet mit über das Fortkommen. Die farblich gekennzeichneten Kategorien sind daher ein Anhaltspunkt. Sie ermöglichen zudem den Vergleich innerhalb des Wanderführers.

Zur Einstufung wurden neben der Steilheit der Wanderung auch die Wegbeschaffenheit und Länge herangezogen. Darüber hinaus wurde sowohl auf die Eignung für die Kondition der Eltern als auch auf die Eignung für die Kinder geachtet, z. B. wenn lange Wanderungen über viele ruppige Wege die Kinder zusätzlich ermüden.

Grundsätzlich ist dieses Buch ein Wanderführer (mit Kinderwagen) und keiner für Spaziergänge. Die leichten bis mittelschweren Wanderungen überwiegen daher. Aber im Rheinland gilt der Grundsatz »Jeder nach seiner Fasson«, und so entsprechen die als leicht gekennzeichneten Wanderungen eher Spaziergängen. Die wenigen schweren Wanderungen eignen sich für Eltern, die anspruchsvolles Mittelgebirgswandern gewohnt sind.

Die drei Kategorien auf einen Blick:

▸ **Leicht**

Wanderungen auf ebenen Wegen oder mit sehr geringen Steigungen in Teilstücken. Besonders geeignet für Wanderungen mit Babys.

- **Mittel**

Wanderungen mit geringen und mäßig steilen Steigungen und mit holprigen Passagen. Empfehlenswert für Wanderungen mit geländegängigem Kinderwagen.

- **Schwierig**

Wanderungen mit sehr steilen Passagen oder langen Steigungen, die mit Kinderwagen schnell sehr anstrengend werden können. Nur für geländegängige Kinderwagen oder Kraxen geeignet.

Gehzeit

Die angegebenen Zeiten sind reine Gehzeiten für die Gesamtstrecke ohne Pausen. Sie sind als Richtwerte zu verstehen, da das Tempo individuell sehr unterschiedlich ist. Essens- und Wickelpausen beispielsweise verzögern Wanderungen mit Babys erheblich. Mit Kleinkindern sollten Eltern sogar deutlich zusätzliche Zeit für Entdeckungsreisen am Wegesrand, Spielplatzaufenthalte oder die eine oder andere Laufeinlage einplanen. Die Wanderungen müssen dann entsprechend kürzer gestaltet werden. Spaziergänge dauern so gerne einmal einen halben Tag, und aus einer mittellangen Wanderung wird unter Umständen schnell ein Tagesausflug. Als Faustregel sollte man die doppelte Gehzeit einplanen.

Höhenunterschied und Steigungen

Hier wird die Summe der Steigungen angegeben, die auf der Wanderung bewältigt werden muss. Gegenanstiege sind also eingerechnet. Höher hinaus geht es nur in der Eifel und im Bergischen Land. Es wurden bewusst überwiegend Wanderungen mit geringem Höhenunterschied ausgesucht, da Steigungen mit Kinderwagen anstrengend sind. Einige wenige Wanderungen führen über steilere Passagen. Die Länge dieser Anstiege liegt in der Regel zwischen 500 und 1.000 m. Gelegentlich sind hierzu Alternativrouten angegeben. Meist genauso anstrengend wie die Anstiege sind die Abstiege mit Kinderwagen. Kinderwägen mit einer Handbremse tun hier einen wertvollen Dienst (siehe auch »Tipps für Unterwegs/Die richtige Kinderwagenwahl«). Sitzen die Kinder in einer Trage oder Kraxe ist Trittsicherheit gefragt.

Piktogramme

Zu Beginn der Kurzinfo weisen Piktogramme auf die Besonderheiten der Wanderung hin. Spielplätze und Picknickwiesen sind auf diese Weise gekennzeichnet, ebenso Schwimm- und Badeplätze und ob die Anfahrt mit öffentlichen Verkehrsmitteln möglich ist oder eine Wanderung mit einer Bootstour verbunden werden kann. Letzteres ist meist ein Riesenspaß für Kleinkinder.

In der Eifel und im Bergischen Land wartet mancher kurze Anstieg.

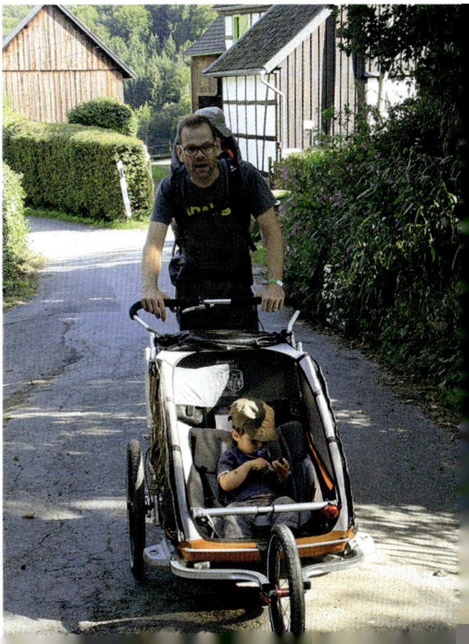

GPS-Daten und Koordinaten der Ausgangspunkte

Zu diesem Wanderführer stehen auf der Internetseite des Rother Bergverlag (www.rother.de) GPS-Tracks und Koordinaten der Ausgangspunkte zum kostenlosen Download bereit.
3. Auflage, Passwort: **312303aer**
Die GPS-Daten wurden vom Autor anhand einer digitalen Karte am PC erfasst. Verlag und Autor haben die Tracks und Wegpunkte nach bestem Wissen und Gewissen überprüft. Dennoch können wir Fehler oder Abweichungen nicht ausschließen, außerdem können sich die Gegebenheiten vor Ort zwischenzeitlich verändert haben. GPS-Daten sind zwar eine hervorragende Planungs- und Navigationshilfe, erfordern aber nach wie vor sorgfältige Vorbereitung, eigene Orientierungsfähigkeit sowie Sachverstand bei der Beurteilung der jeweiligen (Gelände-)Situation. Man sollte sich für die Orientierung auch niemals ausschließlich auf GPS-Gerät und -Daten verlassen.

Ein weiteres Piktogramm zeigt an, ob eine Wanderung laufradgeeignet ist (siehe dazu »Tipps für Unterwegs/Laufrad-geeignete Strecken«). Das letzte Symbol verweist auf die Eignung der Wanderungen für Eltern mit Doppelkinderwagen (siehe auch »Tipps für Unterwegs/Doppel- und Zwillingskinderwagen«).

Winter

Selbstverständlich sind auch Wanderungen mit Kinderwagen in der kalten Jahreszeit möglich. Schließlich liegt im Bergischen Land und der Eifel regelmäßig und über mehrere Tage Schnee. Aber die Winterbedingungen sind natürlich nicht mit denen in Bergregionen vergleichbar. Dennoch sollten Eltern auch in unseren Breitengraden nicht unterschätzen, dass Winterwanderungen mit Babys und Kleinkindern besondere Anforderungen stellen: Sie reagieren sensibler auf niedrige Temperaturen. Auch bei Temperaturen leicht über Null Grad kann über die Höhen der Eifel und im Bergischen Land gerade bei nasskaltem Wetter ein frostiger Wind pfeifen. Schon bei solchen Bedingungen kühlen vor allem Babys schnell aus, wenn sie getragen werden oder lange Zeit im Kinderwagen sitzen. Windelwechseln und Stillen sind im Freien eher schwierig. Die Anfahrt ist aufwendiger und eventuell mit Stress für die gesamte Familie verbunden.

Deshalb gilt es einige Regeln zu beachten: Anfahrt kurz und stressfrei halten. Nur kurze und weniger anspruchsvolle Wanderungen auswählen. Die Kinder sehr warm einpacken und regelmäßig die Temperatur überprüfen (idealerweise mit den Fingern im Nacken); Kinder besser in der Trage vor der Brust tragen, in einer Kraxe auf dem Rücken kühlen sie am schnellsten aus und man hat die geringste Kontrolle über sie. Kinderwagen mit großen Rädern laufen besser durch hohen Schnee.

Beachtet man diese wenigen Grundregeln, sind Wanderungen durch den Schnee vor allem für Kinder ab einem Jahr ein herrlicher Spaß. Keine der Touren in diesem Wanderführer wurde speziell als Winterwanderung gekennzeichnet, da für dieses Wanderbuch nur sehr wenige Touren im Winter recherchiert worden sind. Grundsätzlich sind die als leicht gekennzeichneten Wanderungen auch wintertauglich.

Tipps für unterwegs

Tourenauswahl

Die Auswahl der richtigen Tour richtet sich natürlich in erster Linie nach den Vorlieben und Möglichkeiten der beteiligten Kinder. Die Kondition der Eltern steht dahinter zurück.
Ganz am Anfang sollten junge Eltern mit Babys daher ein oder zwei leichte Touren aussuchen, um die Vorlieben und Möglichkeiten der Kinder sowie die eigene momentane Kondition kennenzulernen. Wählen Sie dabei eine kurze Anfahrt, planen Sie Alternativen ein und rechnen Sie damit, umzukehren oder aus der Wanderung auszusteigen.
Schon bald werden Ihre Streifzüge ausgedehnter werden, denn in der Regel schlafen Babys längere Zeiten, in denen Eltern längere Strecken zurücklegen können. Aber spätestens mit Erreichen des Laufalters des Nachwuchses verkürzen sich die Touren wieder. In diesem Alter können sie ruhig anspruchsvoller, jedoch nicht zu lang sein. Mit dem Erreichen des zweiten Lebensjahres nehmen die Strecken wieder deutlich zu, da auch der Nachwuchs mobiler und durch die Aussicht eines attraktiven Zieles für längere Laufpassagen oder das Sitzen im Kinderwagen zu motivieren ist.
Ein guter Griff in die Trickkiste ist eine Kindertrage oder Kraxe. Die meisten Kinder lieben es, von den Eltern getragen zu werden, dabei lustig hin- und herzuschaukeln und die Welt von oben zu betrachten.
Andererseits sollten Eltern sich pragmatisch an ihrem Wanderverhalten orientieren, als sie noch ohne Kinder waren: Wer schon damals eher Spaziergänge bevorzugt hat, wählt besser die hier beschriebenen leichten Touren. Wer früher durchaus längere Wanderungen durch Mittelgebirgsregionen unternommen hat, kann sich über die ersten leichten Spaziergänge allmählich wieder an mittelschwere Kinderwagenwanderungen heranwagen. Und wen es schon immer in das Hochgebirge gezogen hat, der kann sich schneller auch mit einer schweren Wanderung vergnügen.

Genug Zeit einplanen

Je eigenständiger die Kinder sind, desto mehr Zeit benötigt man für eine Wanderung. Die Kleinen gehen immer häufiger auf Entdeckungstouren, aber auch ihre Eltern entdecken mit ihnen die Umwelt neu. So werden die Touren meist zu schönen Familienerlebnissen. Wanderungen mit Kindern sollten daher frei von Zeitdruck geplant werden. Sind Eltern noch mit Säuglingen unterwegs und hat sich ein regelmäßiger Schlafrhythmus eingestellt, können sie die Schlafphasen nutzen, um entspannt längere Wegstrecken zurückzulegen.

Achtung! Käfer und Raupen am Wegesrand sorgen für Wanderpausen.

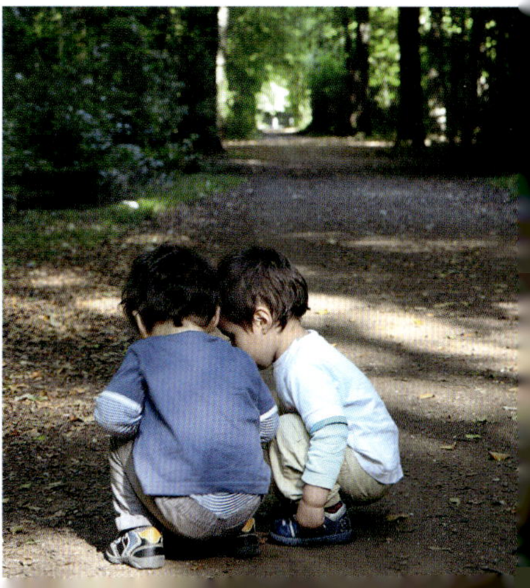

Die richtige Kinderwagenwahl

Wandern ist mit jeder Form und Qualität von Kinderwagen möglich. Einfache Buggys können aber bereist bei geringen Steigungen, besonders über sandige oder matschige Passagen, zur Qual werden. Auf der sicheren Seite ist, wer einen Kinderwagen mit drei bzw. vier großen Laufrädern besitzt. Diese haben die meisten Jogger, Sportwagen bzw. Multifunktionshänger (Fahrradhänger und Kinderwagen in einem). Wer viel wandert ist mit der Anschaffung eines Joggers und Multifunktionshängers sehr gut beraten.

▶ **Jogger** haben den Vorteil, dass sie sehr leicht und aufgrund ihrer großen Laufräder auch geländegängig sind. Sie bieten aber weniger Staufläche und Wetterschutz als Sportwagen und Multifunktionshänger. Zudem haben sie den Nachteil, dass sich eine Babyschale nur schwer fixieren lässt. Sie sind somit erst eine Alternative, wenn der Nachwuchs sitzen kann.

▶ **Sportwagen** bieten die Möglichkeit von Sitz- und Liegeposition und sind u.a. deshalb weit verbreitet. Mit ihnen sind Wanderungen schon ab den ersten Lebensmonaten möglich. Sie sind sehr bequem für die Kinder, bieten viel Staufläche und einen guten Wetterschutz. Die meisten Wanderungen sind mit ihnen problemlos zu bewältigen, in schwierigerem Gelände aber sind der Jogger und der Multifunktionshänger aufgrund der großen Laufräder deutlich im Vorteil.

▶ Ein **Multifunktionshänger** empfiehlt sich aus Sicht wandernder Eltern, wenn er die Möglichkeit bietet, ein drittes, so genanntes Joggerrad zu montieren. In diesem Fall ist er geländegängig und funktional. Multifunktionshänger sind zudem deutlich besser gefedert als herkömmliche Kinderwagen und sparen unter Umständen Geld. Denn die Frage der Anschaffung eines Fahrradanhängers kommt recht schnell auf Eltern zu, und wer sich direkt nach der Geburt für einen Multifunktionshänger entscheidet, hat einen guten Kinderwagen und Fahrradhänger in einem. Mit speziellen Babysitzen – eine Art Hängematte – können Eltern bereits mit drei Monate alten Kindern wandernd und radfahrend die Welt erkunden. Allerdings sollten die Touren anfangs sehr kurz und moderat ausfallen, um das Baby nicht zu vielen Erschütterungen auszusetzen. Multifunktionshänger als Ein- oder Doppelsitzer bieten den Kindern zwar etwas weniger Komfort, sie sind aber

Ob auf Asphalt oder in schwierigem Gelände, ein Multifunktionshänger erleichtert das Wandern sehr.

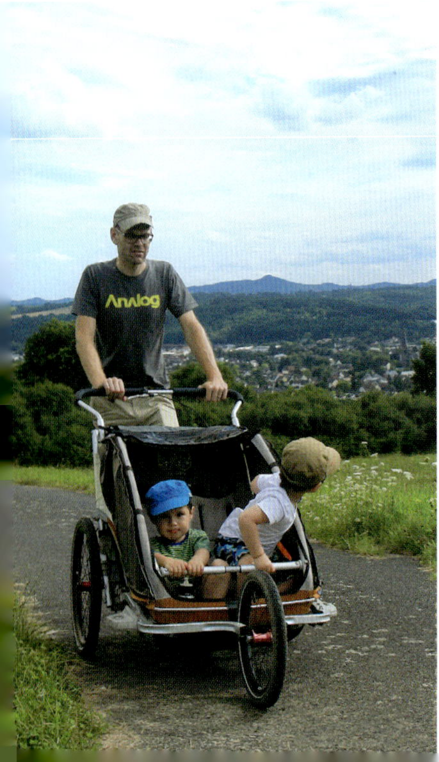

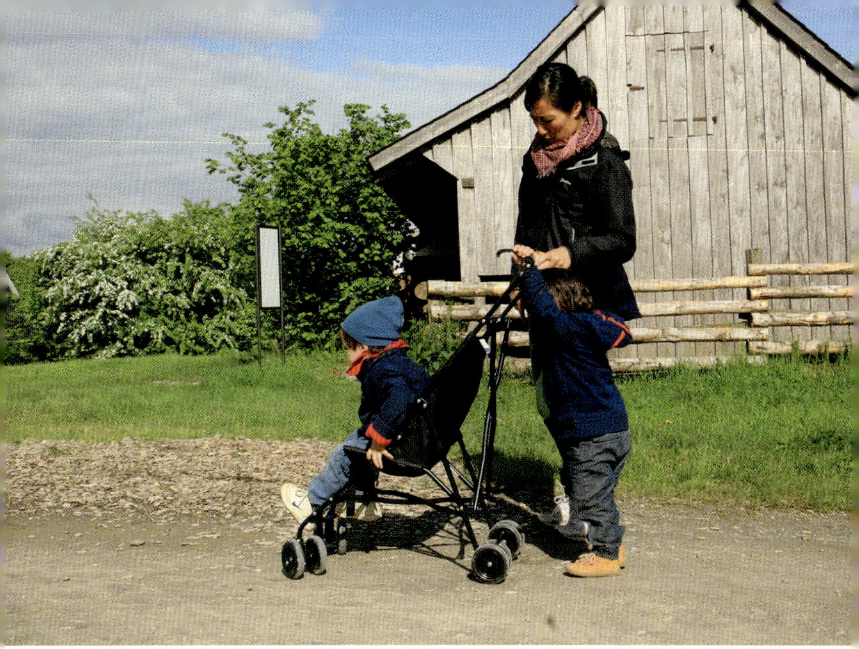

Für kurze Spaziergänge – wie hier im Freilichtmuseum Lindlar – reicht auch ein Buggy.

auch im normalen Alltagseinsatz wendig und meist platzsparender als normale Kinderwagen.

Die Auswahl an Kinderwagen ist erschlagend vielfältig. Egal ob Jogger, Sportwagen oder Multifunktionshänger, beim Kauf sollte man aus Sicht wandernder Eltern auf folgende Details achten:

▶ **Reifen:** Große und robuste Räder sind eine riesige Erleichterung auf Wanderungen, denn sie federn viele Stöße ab und auch schwieriges Gelände lässt sich mit ihnen besser bewältigen. Ideal sind Wagen mit drei Rädern, wie sie Jogger oder Multifunktionshänger bieten. Sie sind allerdings wegen der Schlauchreifen durchaus pannenanfällig und zudem nicht ganz so wendig wie Varianten mit vier Rädern – meist hinten zwei große und vorne zwei beweglich kleine Buggyräder. Sportwägen haben in der Regel vier deutlich kleinere Räder, die sehr wendig, aber weniger geländegängig sind.

▶ **Feststellbremsen:** Ein Muss für wandernde Eltern. Denn niemand will bei einem Stopp am Hang erleben, dass das Kind samt Wagen davonrollt, nur weil die Eltern gedankenverloren die Hand von der Lenkstange genommen haben. Genau das verhindert eine Feststellbremse. Eine zusätzliche Sicherung ist eine Handschlaufe, die viele Jogger und Multifunktionshänger standardmäßig montiert haben. Sie lässt sich aber auch mit einer Bandschlaufe und einem Karabinier herstellen. Die Feststellbremse bietet einen zweiten sehr wertvollen Vorteil. Bergab entlastet sie den Schiebenden – bzw. den Haltenden – enorm.

▶ **Staufach:** Mit Kindern sammelt sich schnell Gepäck an. Kinderwagen ohne Staufach kommen für

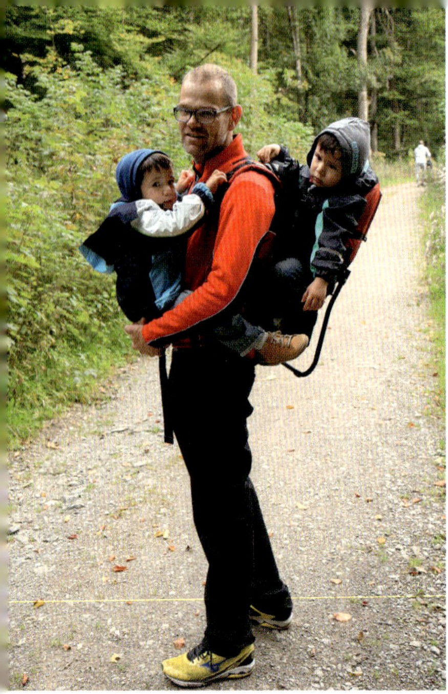

Meistens sind Kraxen eine praktische Alternative – es sei denn, man braucht gleich zwei.

wandernde Eltern praktisch nicht in Frage. Auch ein Vergleich der Größe der Staufächer lohnt.

▶ **Schwenkschieber:** Bei Wagen mit dieser Funktion kann die Liegerichtung verändert werden. Das ist bei Bergwanderungen mit Babys wichtig, wenn man lange Passagen bergauf- oder ab geht, damit das Baby nicht mit dem Kopf nach unten liegt. In einer Mittelgebirgsregion ist die Funktion eher zweitrangig.

Doppel- und Zwillingskinderwagen

Alle hier beschriebenen Touren wurden mit Doppelkinderwagen recherchiert. Allerdings wurde dabei ein geländegängiger Multifunktionshänger benutzt. Der überwiegende Teil der Wanderungen ist aber auch mit normalen Doppelkinderwagen gut zu gehen, was jeweils im Infoteil der Tour durch ein Symbol kenntlich gemacht wurde. Einige wenige Wanderungen sind jedoch nicht für normale Doppelkinderwagen geeignet.

Übrigens: Doppelkinderwagen sind keinesfalls nur etwas für Zwillingseltern. Sie kommen immer häufiger auch bei Eltern zum Einsatz, die ihre Kinder kurz hintereinander zur Welt bringen.

Exzellente Alternativen

Viele Eltern benutzen, wenn die Kinder etwas größer sind, einen Buggy. Er ist leicht und bedienungsfreundlich, aber im Grunde nur für kurze, flache Wanderungen auf Asphaltwegen geeignet. Auf holprigen Wegen oder an Steigungen erweist er sich dagegen als verfluchte Qual für Eltern. Das Kind wird auf dem Arm getragen, der Buggy schleift hinterher.

Eine sehr gute Alternative zu Kinderwagen sind dagegen Tragehilfen. Kinder wollen nicht immer nur im Kinderwagen durch die Welt geschoben werden. Ihr Bewegungsdrang und ihre Neugierde treiben sie, je näher der erste Geburtstag rückt, förmlich aus dem Kinderwagen hinaus. Wenn sie dann noch nicht selbstständig laufen können, ist ein Problem vorprogrammiert, das nicht selten zu schlechter Laune im und außerhalb des Wagens führt. Ein einfacher Trick kann Abhilfe schaffen.

Die Mitnahme eines zusätzlichen **Tragetuchs** oder einer **Stofftrage** für Kinder zwischen sechs und 18 Lebensmonaten ist ein zusätzliches Angebot an den Nachwuchs oder gar eine Alternative zum Kinderwagen. Auf den Rücken von Mama oder Papa geschnallt, lässt sich die Welt aus einer ganz anderen, aufre-

genden Perspektive betrachten. Auch die **Kinderkraxe** eignet sich ab dem sechsten Monat bestens für den Transport auf dem Rücken und kann länger eingesetzt werden als die beiden anderen Trageformen, weil sie ein höheres Körpergewicht der Kinder erlaubt. Alle drei Formen sind in unterschiedlicher Qualität zu haben und gut mitzuführen. Endscheidend bei der Anschaffung sind der Tragekomfort für die Eltern und speziell beim Tragetuch und der Stofftrage, wie optimal das Kind in der empfehlenswerten Anhock-Spreiz-Haltung sitzt.
Wichtig ist beim Transport auf dem Rücken allerdings, die Kinder bei extremem Wetter wegen Unterkühlungs- bzw. Hitzestaugefahr im Auge zu behalten.

Laufradgeeignete Strecken

Ein Teil der hier beschriebenen Touren ist generell oder aber in weiten Teilen laufradgeeignet. Denn die Wanderungen weisen in der Region nur moderate Steigungen auf und führen häufig über breite Forst- und Feldwege. Laufräder kommen jedoch erst bei Über-Zweijährigen zum Einsatz. Sie sind dann meist ein Riesenspaß für die Kleinen. Es empfiehlt sich, die Mitnahme von Laufrädern sehr kritisch zu hinterfragen, da sie erfahrungsgemäß nur für kurze Wegstücke zum Einsatz kommen und dann meist, um jede Kuhle und jeden Stein zu durch- bzw. überfahren: Laufräder sind vollkommende Wander-Entschleuniger und für den Rest der Wanderung zusätzlicher Ballast am Kinderwagen. Für Abwechslung lässt sich auch anderweitig sorgen.
Auf die Mitnahme von Laufrädern verzichten sollte, wer Wanderungen mit mehreren Kindern macht. Auch wenn genügend Erwachsene zur Beaufsichtigung dabei sind, machen mehrere Kids, die in unterschiedliche Richtungen davon düsen, eine Wanderung einigermaßen undurchführbar.

Willkommene Abwechslung mit Laufrädern zwischen Oberholz und Oberborsbach.

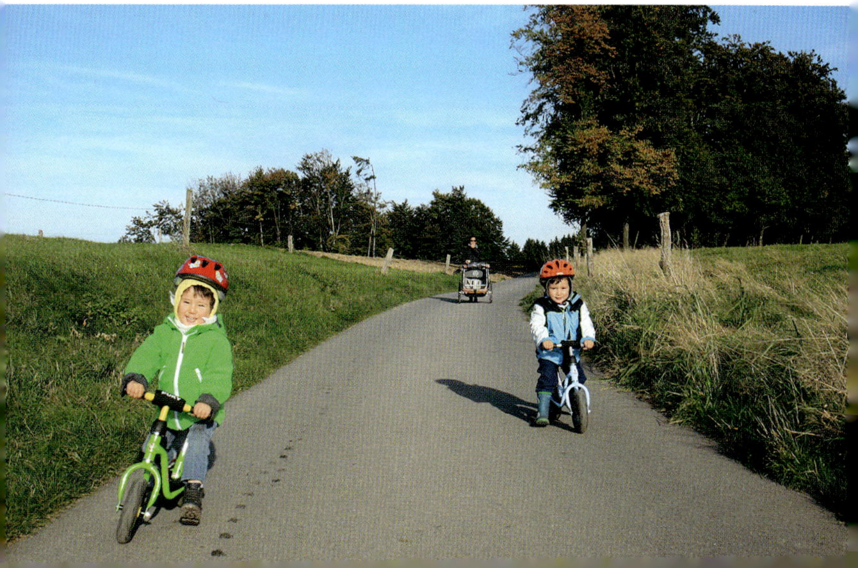

Bei Wind und Wetter

In Bezug auf die Wetterbedingungen bei Kinderwagenwanderungen gehören zwei Dinge standardmäßig ins Gepäck: Guter Sonnenschutz (Sonnencreme, Sonnenhut und -brille) sowie eine wärmende Decke für alle Fälle. Dadurch sind Kinderwagenwanderungen auch an heißen Sommer- und kühleren Herbst- oder Wintertagen gut möglich. Allerdings ist es umso wichtiger, auf einen guten Sonnen- bzw. Kälteschutz zu achten, je kleiner die Kinder sind. Die Haut von Babys ist sehr empfindlich gegen extreme Sonneneinstrahlung. Kinder brauchen zudem an heißen Tagen sehr viel Flüssigkeit. An kalten Tagen kühlen vor allem Babys schneller aus, v. a. wenn sie viel im Kinderwagen liegen und sich wenig bewegen. Kontrollieren Sie an solchen Tagen regelmäßig, ob ihr Kind Gefahr läuft, einen Sonnenbrand zu bekommen, überhitzt oder auskühlt. Gegen die Kälte schützt man die Kinder am besten, indem man sie nach dem sogenannten Zwiebelschalen-Prinzip ankleidet, Vorrichtungen für zusätzlichen Schatten sehen die meisten Kinderwagen vor. Sonnenschirme und -segel haben sich als praktisch erwiesen.

Bei Trotz ist eine Pause angesagt.

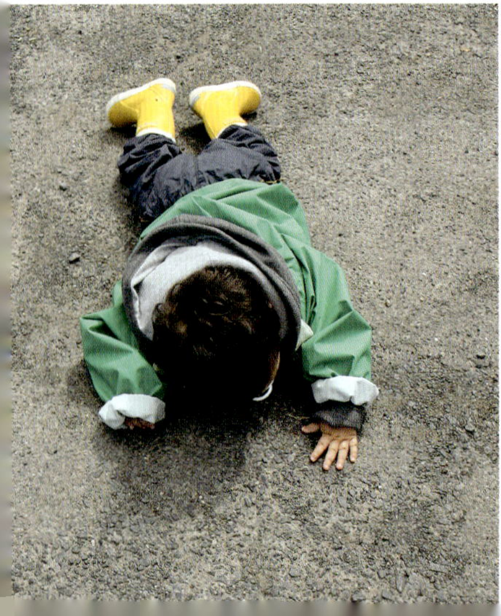

Auch weil das Wetter in der beschriebenen Region nicht zu Extremen neigt, sind Wanderungen mit Babys und Kleinkindern im Winter bei Schnee und Eis durchaus möglich. Allerdings sollten dann kurze Touren gewählt werden und der Schneeanzug gehört selbstverständlich angezogen (siehe »Allgemeine Hinweise/Winter«).

Kurz sollten die Wanderungen auch ausfallen, wenn es regnet. Grundsätzlich können die meisten guten Kinderwagen durch Verdecke wasserdicht gemacht werden. Allerdings wird das Stillen, Füttern oder Wickeln ohne festen Unterstand an Regentagen zum Problem. Kurze Regenschauer sollten uns dagegen nicht von der Wanderung abhalten. Dann gehören Anorak, Matschhose und Gummistiefel ins Gepäck.

Mit allen Sinnen die Natur entdecken

Der erste Regentropfen auf dem Verdeck des Kinderwagens, die erste Krabbelrunde über eine Wiese, die erste Schnecke, die erste Wanze oder der erste Grashüpfer, der erste Wanderstock und das erste Bad in einem flachen Bach: in der Natur gibt es für Babys und Kleinkinder genug für vierzig und mehr Wanderungen zu entdecken. Mit jedem weiteren Lebensmonat, erkunden Kinder immer intensiver und eigenständiger die Natur. Diesen Trieb gilt es zu unterstützen. Bei eineinhalb Jahre alten Kindern ist er sogar eigenständige Motivation, mit auf Wanderschaft zu gehen. Bei den Kindern des Autors genügte ab diesem Alter häufig die Frage »Kommt

ihr mit in den Wald, Rehe und Wildschweine gucken?« als Impuls.
Aber auch wenn Wald, Wiesen und Flüsse mit Steinen, Stöckchen, Blumen und Tieren genug Interessantes bieten, können kleine Hilfsmittel den Forscherdrang fördern. Ein Löffel zum Graben, eine Tasse zum Schöpfen, eine Tüte oder ein Marmeladenglas zum Sammeln. Mit Hilfe von entsprechenden Büchern können Eltern Insekten und Pflanzen bestimmen. Meist lernen sie dann gemeinsam mit dem Nachwuchs noch etwas dazu. Singen ist im Wald ausdrücklich erlaubt und vom Nachwuchs gewünscht. Bewegung und Singen bereiten den meisten Kleinkindern Freunde.
Aber es gibt auch Tage an denen die Natur wenig interessiert. In solchen Momenten helfen einfache Spiele weiter: Balancieren, Wettrennen, Hüpf- oder Suchspiele. Mit solchen Attraktionen ist den ganz Kleinen aber nicht beizukommen. Die etwas Größeren werden nach so vielen Entdeckungen und intensiver Bewegung jedoch glücklich, aber müde den Heimweg antreten.
Mit allen Sinnen die Natur zu genießen und in ihr unterwegs zu sein, bedeutet auch lästigen Dingen bzw. kleineren Gefahren ausgesetzt zu sein. In der Köln-Bonner Gegend stellen Sonnenbrand und Unterkühlung vielleicht noch die größten Gefahren dar. Ansonsten sind Mücken, Wespen und Zecken bekannte Plagegeister. Mückenschutzmittel und eine Zeckenpinzette sollten daher mitgenommen werden. Wespen begegnet man vor allem mit Vorsicht und indem man sie nicht aggressiv verscheucht. Denn Wespen stechen nur, wenn sie sich angegriffen fühlen. Mücken geht man am besten aus dem Weg, indem man im Hoch-

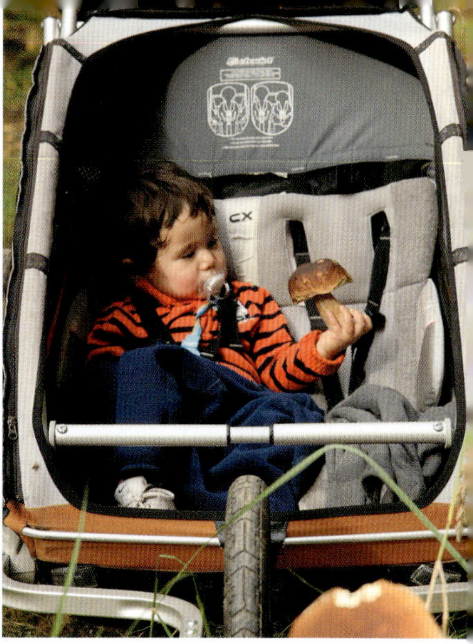

Ehrenplatz im Regal: Der erste selbst gefundene Steinpilz.

sommer Gewässer, Zecken, indem man hohes Gras meidet. Letztere sollten im Fall eines Zeckenbisses möglichst schnell entfernt werden, idealerweise durch einen Arzt. Wer sich unsicher ist im Umfang mit Insektenstichen und -bissen oder sehr empfindliche Kinder hat, sollte den Rat des Kinderarztes einholen.
Schlangenbisse sind in unserer Region sehr selten. Etwas mehr Acht muss man in unseren Wäldern auf Wildschweine geben, etwa wenn einem eine größere Rotte oder eine Bache mit Frischlingen begegnet. Vorsicht ist zudem beim Verzehr von Wildfrüchten geboten, weil sie mit dem Fuchsbandwurm infiziert sein können. Deshalb Früchte nur deutlich über Kniehöhe pflücken. Im Herbst ist es für Eltern ratsam, im Wald auch darauf aufpassen, was sich der Nachwuchs in den Mund steckt. Von Fliegenpilz und Co. geht in unseren Breitengraden eine weitere größere Gefahr aus. Aber all

das sollte niemanden abschrecken, mit dem Nachwuchs raus in die Natur zu gehen und sie in vollen Zügen zu genießen.

Im Gepäck

Eltern neigen dazu, ihre Kinderwägen zu überladen. Wandernde Eltern sollten daher vor allem nur das wirklich Notwendige mitführen. Schließlich muss jedes zusätzliche Gramm auch geschoben werden. Die Vorbereitung ist daher wichtig, damit nichts Wichtiges vergessen und nichts Überflüssiges mitgeschleppt wird. Eine kleine Checkliste kann daher von Vorteil sein. Sie ist aber letztlich je nach Alter des Kindes, Beschaffenheit der Tour, Länge der Abwesenheit von zu Hause und Anzahl der Einkehrmöglichkeiten abhängig. Am Anfang einer Wanderung mit Babys und Kleinkindern steht jedoch immer die Überlegung, was ins Gepäck gehört. Hier sind einige persönliche Anregungen:

- **Landkarte:** Tipps für geeignete Landkarten finden sich in der Kurzinfo zu jeder Tour. Die meisten verweisen auf die entsprechenden Karten des Eifelvereins bzw. regionale Spezialkarten, wie die zur Wahner Heide. Zu einigen Touren finden sich auch Karten zum Download im Internet.
- **Proviant:** Wandern macht hungrig, das gilt für uns Erwachsene und umso mehr für kleine Kinder. Vor allem bei sehr warmer bzw. sehr kalter Witterung sollten Eltern ausreichend Flüssigkeit und Nahrung mitführen. Stillende Mütter müssen zudem beachten, dass eventuell bei kalter Witterung unterwegs Still-Gelegenheiten rar und eine ausreichende Menge Babynahrung mitzuführen ist.

Eltern tendieren aus Sorge eher dazu, zu viel Essen und Getränke mitzuschleppen. Liegt eine Einkehr-

Immer im Gepäck: Die Banane lenkt selbst vom fantastischen Blick auf der Löwenburg ab.

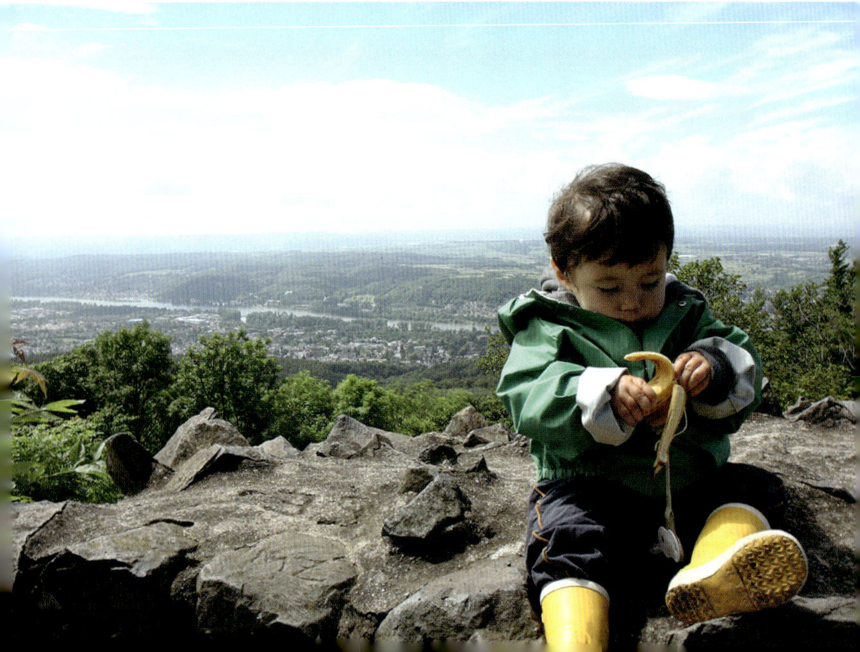

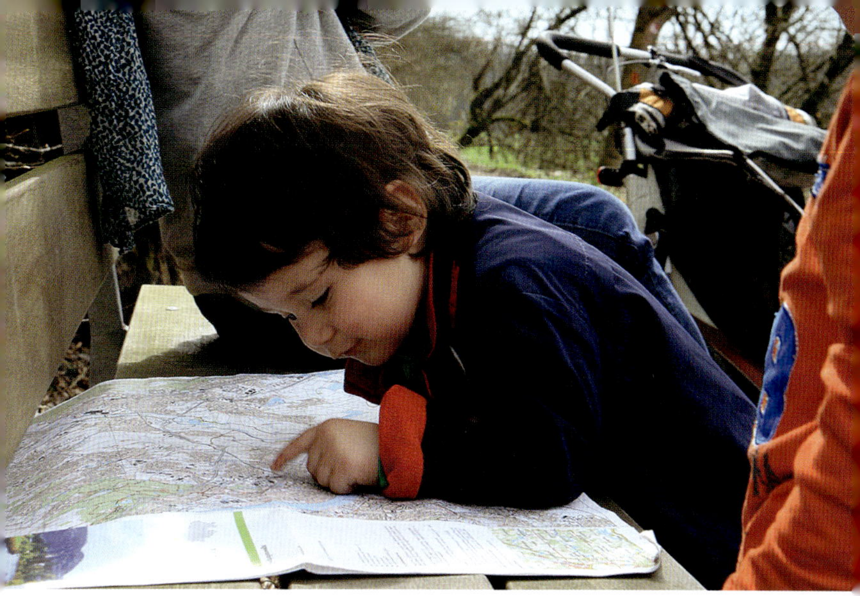

Willkommene Abwechslung – auch Karten eignen sich zum Spielen.

möglichkeit am Wegesrand – und das ist bei dem Großteil der hier beschriebenen Wanderungen der Fall –, ist es überflüssig, den halben Kühlschrankinhalt einzupacken. Kleinkinder benötigen dann unterwegs nur viel Flüssigkeit und den einen oder anderen Snack. Eine gute Mahlzeit für Kleinkinder gibt es in allen beschriebenen Einkehrmöglichkeiten. Wer ausschließlich vegetarisches oder Bio-Essen füttert, muss allerdings Einschränkungen hinnehmen. Picknicks sind ebenfalls auf den meisten Wanderungen möglich. Sie sollten allerdings einfach gehalten werden, um den mitzuführenden Ballast gering zu halten.

▶ **Wickelutensilien:** Frische Windeln, eine Wickelunterlage (idealerweise wasserdicht) und Feuchttücher sollten auf jedem Ausflug mitgenommen werden. Sind die Kinder noch klein, sind Wickeltische eine große Hilfe. Deshalb sind diese in den Karten und den Kurzinfos zu jeder Tour, sofern vorhanden, bei den Einkehrmöglichkeiten mit angegeben. Mit zunehmender Wickelerfahrung reichen meist Parkbänke oder eine trockene Wiese aus. Eine Picknickdecke kann auch hier eine große Hilfe sein.

▶ **Wechselkleidung:** Läuft bei Säuglingen die Windel aus oder sind Kleinkinder nach dem Toben im Matsch völlig durchnässt, kann die Wanderung schnell zu Ende sein. Eine zweite Garnitur gehört daher ins Gepäck.

▶ **Wetterschutz:** Sonnen- und Regenschutz sollten je nach Witterung unbedingt Teil des Wandergepäcks sein. Eine Decke als zusätzliche Wärmequelle ist ratsam. Reine Wolldecken wärmen besonders gut und sind sehr leicht.

▶ **Notfallapotheke:** Pflaster, sterile Auflage und Desinfektionsmittel müssen mit – auch Mückenschutz und Zeckenpinzette.

▶ **Handy:** Als Retter in der Not oder auch nur, um bei vorzeitigem Abbruch einer Tour ein Taxi zu rufen, gehört das Mobiltelefon ebenfalls ins Gepäck.

▶ **Picknickdecke:** Sollte man immer dabeihaben, denn eine schöne Wiese und eine spontane Rast tun Groß und Klein gut. Babys können ordentlich strampeln, wenn sie länger im Kinderwagen gelegen haben. Unter Umständen ersetzt die Decke sogar eine Wickelunterlage. Es ist aber unbedingt empfehlenswert, dass sie von unten wasserdicht ist.

▶ **Spielzeug:** Kein Muss, aber eventuell sinnvoll, um den Kindern bei aufkommender Langeweile eine Alternative zu bieten. Die Anzahl sollte aber stark minimiert werden, etwa auf ein kleines Buch, ein Lieblingsspielzeug oder das Kuscheltier. Leichter zu transportieren sind dagegen gute Anregungen für unterwegs.

▶ **Plastiktüte** für Abfälle und schmutzige Windeln, aber auch für Gesammeltes unterwegs.

▶ **Flickzeug** und eine kleine Luftpumpe gehören standardmäßig in jedes Gepäck eines Kinderwagens mit Luftreifen, denn ein Platten unterwegs ohne Flickzeug bedeutet das Aus für den schönen Familientag.

Telefonnummern und Internetadressen

Fremdenverkehrsvereine

- Naturarena **Bergisches Land** in Lindlar: Tel. 02204/843000, www.dasbergische.de.
- Informationszentrum **Wahner Heide** in Troisdorf-Altenrath: Tel. 02205/9477803, www.wahnerheide.net.
- Naturregion **Sieg**: www.naturregion-sieg.de, u. a. mit Downloads zu Kinderwanderwegen.
- Naturpark **Siebengebirge**: Naturparkhaus Forsthaus Lohrberg, Tel. 02223/909494, www.naturpark7gebirge.de, u. a. mit Tipps für Kinder.
- Zweckverband **Naturpark Rheinland** in Hürth: Tel. 02233/7100777, www.naturpark-rheinland.de.
- **Ahrtal:** Ahrtal-Tourismus Bad Neuenahr-Ahrweiler: Tel. 02641/9171-0, www.ahrtal.de.
- **Eifel:** Eifel Tourismus in Prüm: Tel. 06551/96560, www.eifel.info.
- **Nationalpark Eifel**: www.nationalpark-eifel.de; Informationen zu den Nationalparktoren wie Heimbach oder Rurberg: www.nationalparktor.de

Wohin im Notfall

- **Bergisches Land**: Kliniken in Bergisch Gladbach, Köln (Holweide, Mehrheim, Porz) und Leverkusen-Opladen
- **Bonn**: Universitätsklinikum auf dem Venusberg
- **Eifel**: Kliniken in Bad Neuenahr-Ahrweiler, Euskirchen, Mechernich, Rheinbach und Schleiden
- **Köln**: Universitätsklinikum in Lindenthal
- **Naturpark Rheinland**: Kliniken in Bergheim, Bonn, Brühl, Hürth, Köln, Meckenheim
- **Siegtal und Siebengebirge**: Kliniken in Bonn-Beul, Eitdorf, St. Augustin und Siegburg

In den Dollendorfer Weinbergen, den großen Ölberg im Rücken.

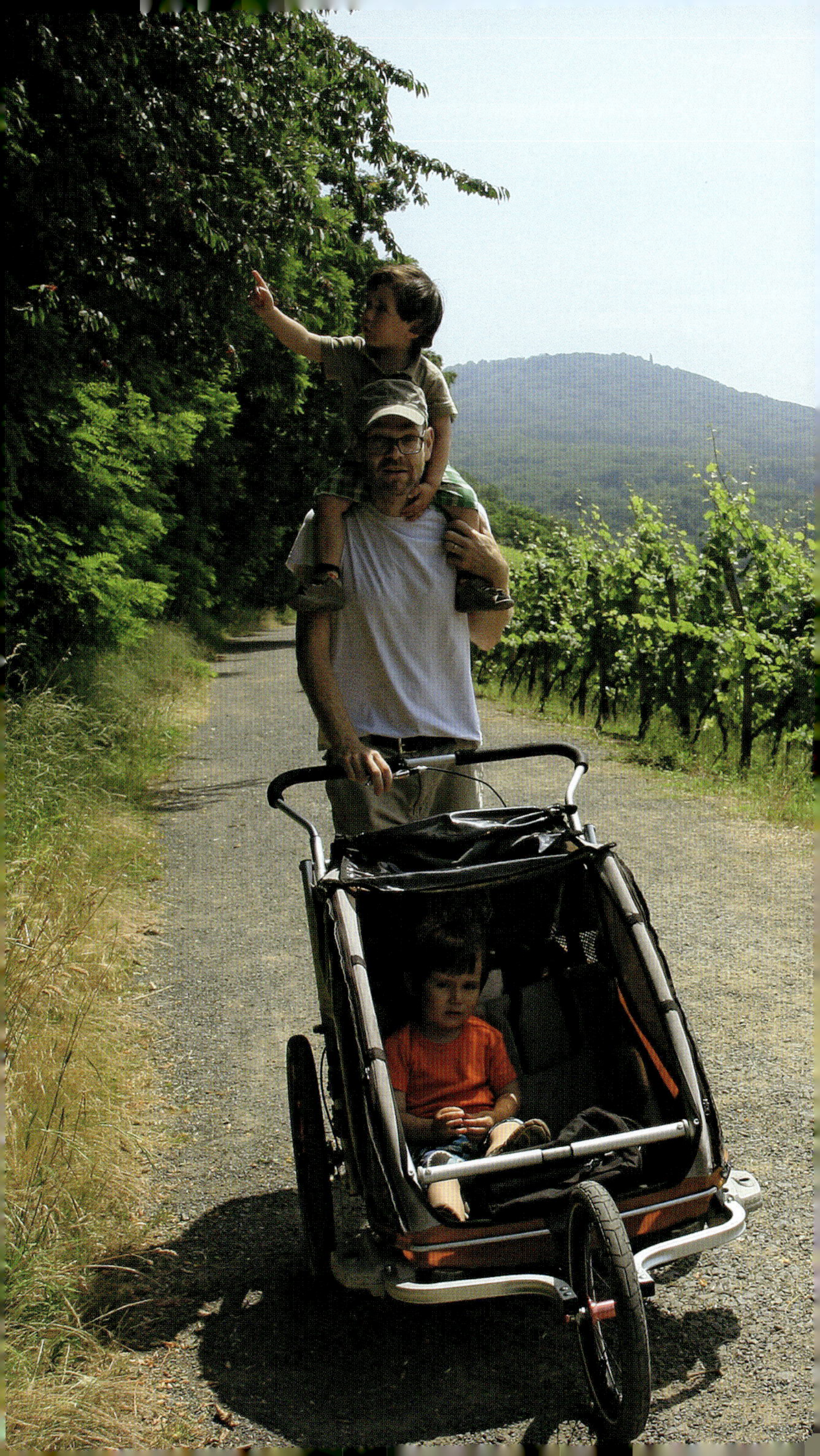

1 Rund um das Kloster Knechtsteden

Kurzwanderung durch Klostergärten und Obstwiesen ★★★

Romantisches Kloster, beliebter Spielplatz.
Das Kloster Knechtsteden ist ein beliebtes Ausflugsziel im Norden von Köln. Familien suchen es wegen seiner Abgeschiedenheit und des sehr schönen Spielplatzes auf. Mehrere leichte Wanderungen führen rund um das Kloster durch weitläufige Streuobstwiesen und den von alten Buchen bewachsenen Knechtstedener Busch. Alles zusammen genommen, lässt sich hier ein ausgefüllter Tag mit der ganzen Familie verbringen.

KURZINFO

Ausgangspunkt: Großer Besucherparkplatz des Klosters an der L36 (41 m).
Anfahrt: Auf der A57 bis AS Dormagen und weiter über die L280. An der Klosteranlage rechts ab in die L36. 100 m weiter liegt der Parkplatz linker Hand. Mit der S-Bahn 11 bis Dormagen und weiter mit Buslinie 871 oder 883.
Gehzeit: 1.35 Std.
Distanz: 5,5 km.
Höhenunterschied: 15 m.
Höchster Punkt: 55 m.
Anforderungen: Leichte Tour auf ebenen, meist breiten Forstwegen ohne nennenswerte Anstiege. Sie folgt dem leider nicht markierten Obst-Wanderweg Knechtsteden (siehe Informationsblatt mit Wegekarte zum Download auf der Website des Kloster Knechtsteden: www.kloster-knechtsteden.de/hp/einrichtungen-obstwanderweg.php. Vor Ort finden sich zum Teil andere, wechselnde Markierungen sowie unmarkierte Passagen. Die Route ist aber mit dem Informationsblatt leicht zu finden.
Hinweis: Unterwegs vereinzelte Rastbänke zum Stillen und Windelwechseln.
Einkehr: Klosterhof Knechtsteden mit Biergarten und Wickeltisch. Knechtsteden 1, 41540 Dormagen, Tel. 02133/80745, www.klosterhof-knechtsteden.de, täglich geöffnet, vom 2. Januar bis 31. März Mo. und Di. Ruhetag; Getränke und Schokolade, gelegentlich auch Obst gibt es im Klosterladen zu kaufen.
Tipp: Im Kosterladen gibt es allerhand Interessantes zu sehen und zu kaufen, u. a. Kaffee, Kaltgetränke und Eis sowie Obst und Gemüse aus eigenem Anbau. Auf dem Klostergelände eine Fundgrube mit viel Trödel sowie die Galerie-Werkstatt vom Kunstverein Bayer Dormagen. Höhepunkt des Klosterbesuchs ist die romanische Basilika aus dem 12. Jahrhundert und nebenan der großzügig angelegte Spielplatz mit ausreichend Platz fürs Picknick (www.kloster-knechtsteden.de). Auf dem Rückweg zur Autobahn lohnt sich zudem der Abstecher in den Dormagener Tannenbusch mit Wildgehege und Geopark (www.dormagen.de/tourismus-freizeit/tierpark-tannenbusch).

Im Klostergarten lockt ein schöner Spielplatz.

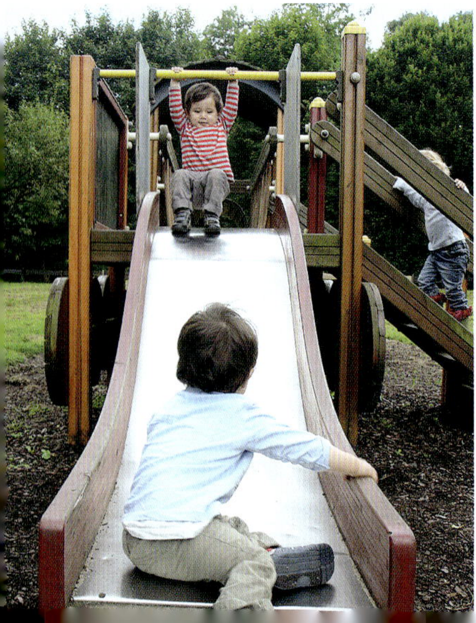

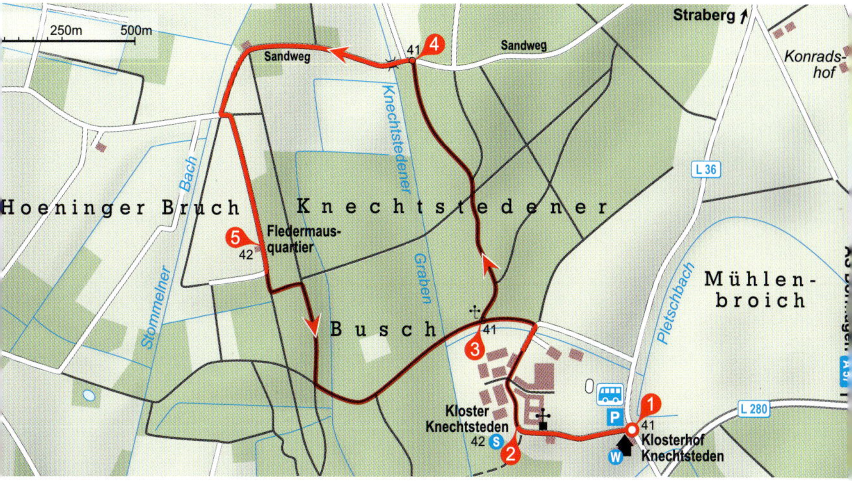

Der schwierigste Teil der Wanderung ist der Weg durch das Klostergelände, weil dieses recht verwinkelt ist und gleichzeitig eine Reihe von Attraktionen auf die Kleinen warten. Vom Besucherparkplatz am **Klosterhof Knechtsteden (1)** folgen wir der Zufahrt zur Klosteranlage mit der Markierung A7 bzw. X, durch das barocke Eingangstor hindurch bis zur Basilika. Hinter dieser biegen wir rechts in den Innenhof der Wirtschaftsgebäude. Wir passieren den Kosterladen und gelangen in einen weiteren Innenhof. Am gegenüberliegenden Ende treten wir durch ein Tor aus dem Hof hinaus und stehen nun gegenüber dem Kulturhof des **Klosters Knechtsteden (2)**. Rechter Hand von ihm verlassen wir auf der Zufahrt das Klostergelände in nördlicher Richtung.
Hinter dem Tor halten wir uns mit der Markierung A7 bzw. X links in einen querlaufenden Forstweg und wandern das Klostergelände entlang bis zu einer Gabelung mit einem **Steinkreuz (3)**. Hier biegen wir nach rechts und nun in den 1.200 Hektar großen **Knechtstedener Busch** hinein. Das Waldgebiet reicht weit nach Norden bis an die Stadtgrenze von Neuss. In diesem Teil stehen viele herrliche alte Buchen. Wir folgen ein Stück weit dem breiten Forstweg. Bald passieren wir eine Abzweigung nach rechts, gehen jedoch geradeaus auf dem Forstweg weiter. An zwei kurz hintereinander folgenden Abzweigungen biegen wir mit der zweiten nach links ab (Markierung A7). Neben dem schmalen Waldpfad verläuft parallel ein Pferdeweg. Wenig später gehen beide ineinander über. Vorbei an mächtigen Buchen wandern wir danach nach Norden, bis wir schließlich aus dem Wald auf den gleichnamigen

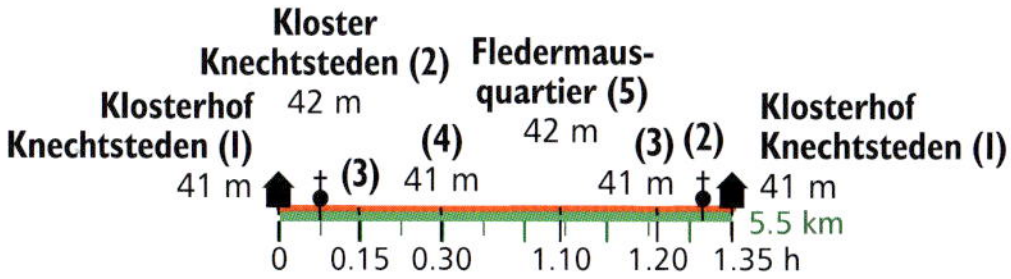

»Sandweg« (4) hinaustreten. Über eine Brücke hinweg folgen wir ihm nach links. Der Weg ist nun lediglich als Fahrradweg markiert. Wenige Meter weiter gehen wir an einer der vielen **Streuobstwiesen** vorbei, die der Wanderung ihren Namen geben. Auf diesen Wiesen, so lernen wir von einer Infotafel, wächst die Dyker Schmalzbirne. Insgesamt 300 Obstbäume mit 120 Sorten stehen rund um das Kloster verstreut. Wir wandern weiter auf dem Sandweg nach Westen und schließlich in einem weiten Bogen nach Süden immer am Rand des Knechtstedener Buschs entlang. An seinem Rand stehen Unmengen von Holunderbüschen. Schließlich treten wir auf eine Freifläche hinaus, biegen an der nächsten T-Kreuzung links und sofort wieder rechts ab. Die folgenden 600 m sind asphaltiert. So wandern wir weiter nach Süden, wenig später gesellt sich der Wald zu unserer Linken wieder zum Weg. Wir passieren bald ein hellgrün getünchtes Häuschen, ein **Fledermausquartier (5)**, wie uns eine Informationstafel verrät. Weiter in südlicher Richtung kommen wir in den Wald hinein, biegen bald links und an der nächsten T-Kreuzung gleich wieder rechts ab. Nun gehen wir rund einen halben Kilometer durch den dichten Laubwald nach Süden und gelangen an einen querlaufenden Forstweg. Ihm folgen wir nach links. Nach gut 1.000 m gesellt sich von rechts kommend das Klostergelände zu uns und wir gelangen wieder an die Gabelung mit dem **Steinkreuz (3)**. Zurück zum **Kloster Knechtsteden (2)** und weiter zum **Klosterhof Knechtsteden (1)** folgen wir unserem Hinweg nach rechts. Nun ist es aber Zeit für die Kinder, den großzügig angelegten **Spielplatz** zu erobern. Die Wiesen bieten hier auch eine gute Gelegenheit für ein Picknick.

Imposante Kulisse: die Basilika des Kloster Knechtsteden.

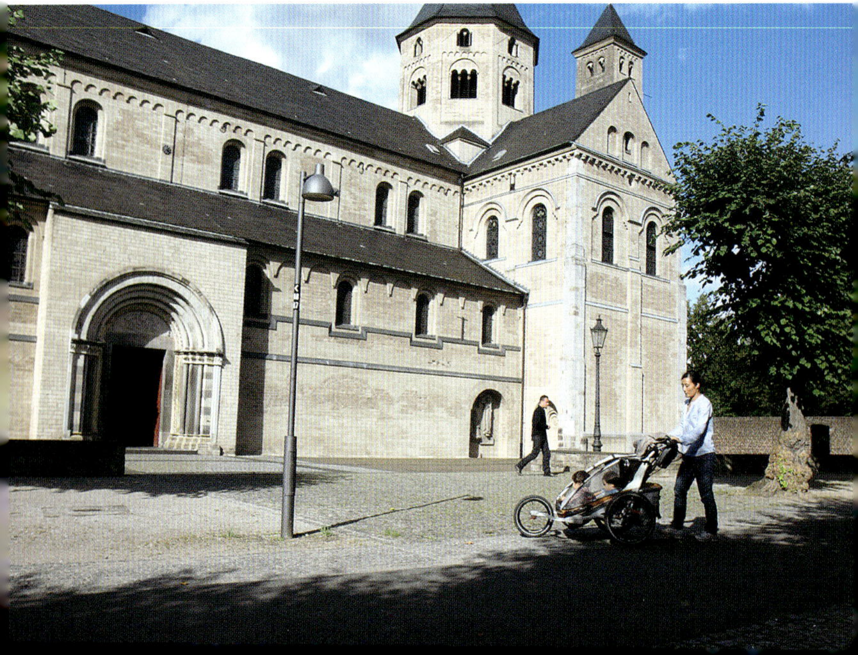

Auf dem Kölnpfad zur Fähre Langel

Über die Deiche zu den Langelner Rheinstränden ★

Für kurzentschlossene Stadtflüchtige

Ist es im Sommer heiß, die Luft in der Stadt erdrückend und die Rheinstrände von Rodenkirchen und Niehl überfüllt, sind die Strände an der Fähre Langel meist angenehm leer. Sie liegen nur wenige Fahrminuten entfernt mit der Linie 12 im Kölner Norden. Zu ihnen führt von der Endhaltestelle eine leichte Deichwanderung ein Stück den Kölnpfad entlang – eine ideale Tour für Kurzentschlosse und stadtflüchtige Familien.

KURZINFO

Ausgangspunkt: Endstation der Linie 12 in Merkenich (41 m).
Anfahrt: Lassen Sie das Auto stehen und fahren Sie mit der Linie 12 im 20-Minuten-Takt ab Ebertplatz bis zur Endstation Merkenich. Die Rückfahrt erfolgt mit Buslinie 121 alle 20 Minuten von der Fähre bis zur Endstation der Linie 12.
Gehzeit: 1.15 Std.
Distanz: 4,6 km.
Höhenunterschied: 5 m.
Anforderungen: Eine leichte Wanderung ausschließlich auf Asphalt ohne große An- und Abstiege. Sie folgt der Markierung des Kölnpfads.
Hinweis: Bänke zum Rasten, Stillen und Wickeln finden sich entlang der gesamten Strecke.
Variante: Wer den Weg auf dem Deich meiden möchte, der kann ab Kasselberg einen der vielen parallel laufenden Pfade über die Rheinwiesen mit direktem Zugang zu den vielen kleinen Rheinstränden nehmen, die mit einem geländefähigen Kinderwagen sehr gut zu begehen sind. Die Tour lässt sich teils entlang dem Deich um eine Runde nach Norden verlängern oder auch in entgegengesetzter Richtung unternehmen.

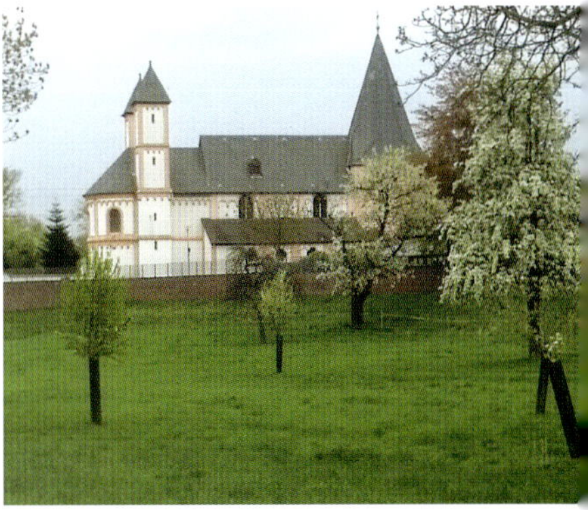

Obstblüte und St.-Amandus-Kirche in Rheinkassel.

Einkehr: Restaurant Café Zur Fähre in Langel mit Sonnenterrasse, Coffee-to-go und Wickeltisch, Tel. 0221/5399 8283, www.zurfaehre.com, kein Ruhetag; Eis und kalte Getränke gibt es zudem im Bauernladen Spargel Fuchs, Kasselberger Weg 153, Köln; Zum Kasselberger Gretchen, kleines Gasthaus mit Terrasse am Campingplatz in Kasselberg, montags Ruhetag, Kasselberger Weg 101, Tel. 0221/700 0013, kleine Terrasse.
Karte: Köln – Bonn und Umgebung (GeoMap, 1:50.000).

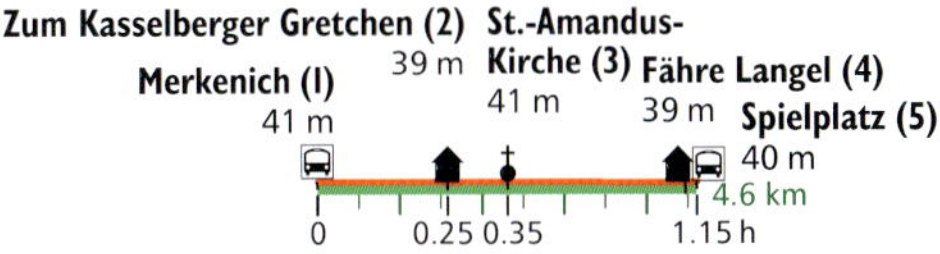

An der Endstation der Linie 12 in **Merkenich (1)** beginnen wir direkt unsere Wanderung. Bis zur ersten Markierung des Kölnpfads müssen wir allerdings noch einige Meter in Richtung Rhein zurücklegen. Dazu gehen wir den Zubringer zur Haltestelle bis zur »Edsel-Ford-Straße/Schlettstadter Straße« hinauf, biegen in diese nach links ein und laufen nun nach Osten dem Rhein entgegen. Wir kreuzen nach 200 m die K11 (Alte Römerstraße) und wandern durch das Pferdegehöft weiter auf den Rhein zu, bis wir auf den querlaufenden **Kasselberger Weg** stoßen. Wir folgen dem asphaltierten Uferweg nach links. Ab hier orientieren wir uns an der rot-weißen Markierung des Kölnpfads mit den Doppeltürmen des Doms im Symbol. Gott sei Dank liegen nun die Autobahn A1 sowie die Industrieanlagen von Leverkusen und Köln in unserem Rücken. Wir wandern nun über Wiesen und Felder nach Norden – den Rhein immer zu unserer Rechten. Bald kommen wir durch **Kasselberg** hindurch – ob nun ein kleines Örtchen oder im Wesentlichen Campingplatz bleibt einmal dahingestellt. Wer nach 1.600 m bereits Hunger oder Durst verspürt, kann sich im Gasthaus **Zum Kasselberger Gretchen (2)** stärken. Das gibt den Kindern die Gelegenheit, durch den Campingplatz hindurch erstmalig ans Rheinufer zu gelangen. Anschließend ge-

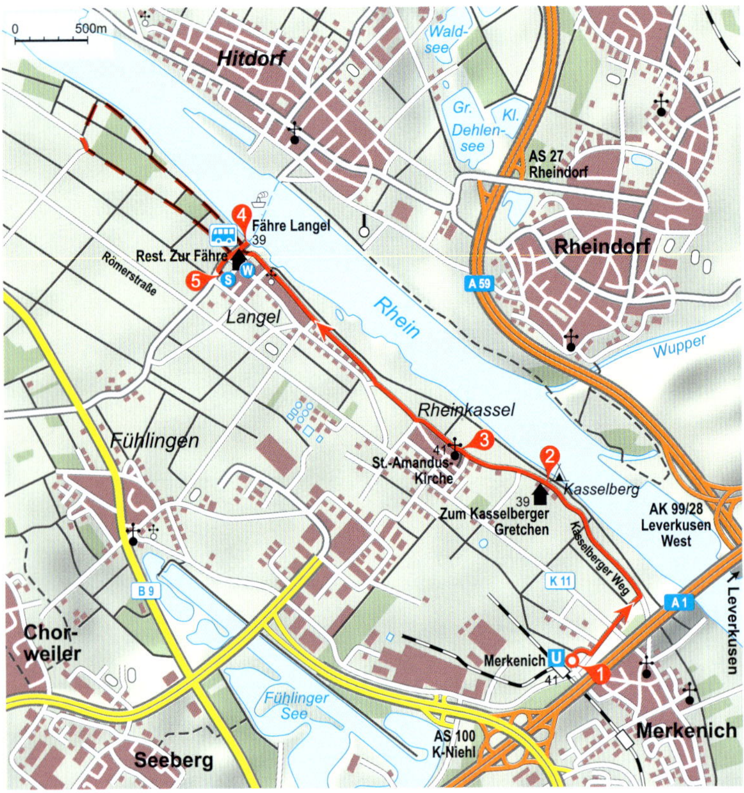

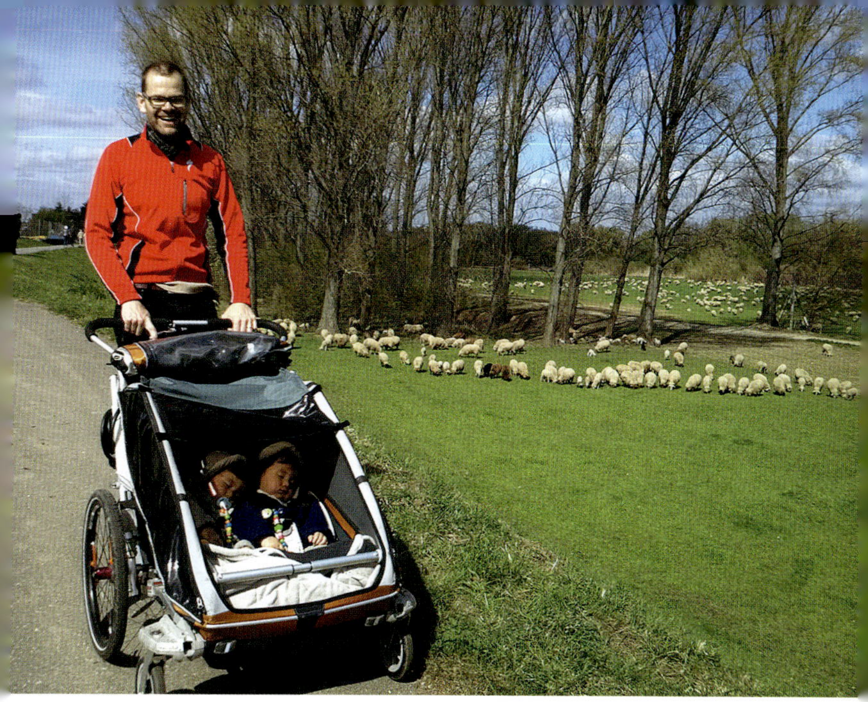

Im Frühjahr weiden oft Schafe auf den Deichen und Rheinwiesen bei Langel.

hen wir auf dem »Kasselberger Weg« weiter nach Norden und hinein nach **Rheinkassel**. Wir passieren den Bauernhof Spargel Fuchs, wo es meist frisches Obst, Gemüse und im Frühjahr auch Spargel sowie kalte Getränke und Eis zu kaufen gibt. Der »Kasselberger Weg« biegt hier nach links weg, wir halten uns jedoch weiter geradeaus, durch eine Absperrung hindurch und gehen auf den Deich hinauf. Nun stehen wir an der spätromanischen **St.-Amandus-Kirche (3)**, die einen Besuch lohnt. Wir wandern jetzt auf dem Deich gen Norden. Hinter Rheinkassel entfernt sich der Deich etwas von Rhein und die breiten Weiden sind recht idyllisch anzusehen. Durch die Wiesen führen mehrere Pfade parallel zum Deich (siehe Variante). Alsbald sehen wir am Horizont die Fähre von Langel nach Hitdorf den Rhein kreuzen. Nun nähert sich der Deich wieder dem Rhein und rechter Hand befinden sich, von Poldern eingefasst, mehrere Strandabschnitte. Meist hat man hier unter der Woche freie Platzwahl, ab Samstagnachmittag nimmt die Zahl der Sonnenhungrigen jedoch zu. Über den Rhein schauen wir hier auf das idyllische Poldergebiet der Hitdorfer Laach. An der **Fähre Langel (4)** angekommen, liegt linker Hand das Restaurant Café Zur Fähre. Die Kinder können sich nun richtig austoben, entweder am Strand oder die Fährzufahrt ein Stück nach Westen auf einem schönen **Spielplatz (5)**. Dahinter grenzt eine herrliche Streuobstwiese mit allerlei Kleingetier an, wie eine Informationstafel verrät. Alternativ ist eine Hin- und Rückfahrt mit der Fähre nach Hitdorf ein kleines Abenteuer für die Kinder.

3 Erlebnispfad Pulheimer Bach

Von der Glessener Höhe nach Geyen ★

Naturschutz hautnah miterleben

Zwischen Rübenackern und Braunkohlehalden ist die Gegend um Brauweiler und Bergheim nicht gerade ein Schmuckstück. Aber die Mütter und Väter des Erlebnispfads Pulheimer Bach haben nur wenige Fahrminuten westlich von Köln ein Kleinod geschaffen. Entlang des renaturierten Bachs führt ein interaktiver Naturpfad, auf dem wir zudem an zahlreichen Spielplätzen und Gasthöfen vorbeikommen. Eine ideale Wanderung für den kurzentschlossenen Nachmittagsausflug.

KURZINFO

Ausgangspunkt: Feuerwehr in Glessen (90 m), gegenüber der Bushaltestelle.
Anfahrt: Ideal, um mit der S12 bis Bhf. Lövenich und weiter mit dem Bus 961 bis zur Haltestelle »Im Selch« in Glessen anzureisen. Bei Anreise mit dem PKW das Auto vor dem Geyener Brauhaus am Zielort abstellen. Der Hauptstraße nach links und an der nächsten Kreuzung nach rechts bis zur Haltestelle »Sinthener Straße« folgen, weiter mit den Buslinien 980 oder 967 bis Brauweiler Kirche, umsteigen in Bus 961 bis Haltestelle »Im Selch«.
Gehzeit: 1.15 Std.
Distanz: 8,0 km.
Höhenunterschied: 70 m.
Anforderungen: Eine leichte Wanderung, die im ersten Teil über einen ruppigen Waldpfad führt, danach durchgängig asphaltiert und als Erlebnispfad Pulheimer Bach markiert ist.
Hinweis: An Parkbänken und Einkehrmöglichkeiten zum Verweilen, Wickeln und Stillen mangelt es auf dieser Wanderung nicht. Gleich vier Spielplätze in Glessen, Sinthern (2x) und gegenüber dem Geyener Brauhaus laden die Kinder zum Austoben ein. Darüber hinaus können Sie Kaulquappen und Sticklinge im Bach bestaunen.
Einkehr: Mehrere Einkehrmöglichkeiten in Glessen, u.a. nur 100 m abseits der Tour **Eiscafé Rizzardini**, Sommerhaus 2, 50129 Bergheim 02238/9549883, Sa. und So. ab 14 Uhr, sowie in Geyen: **Geyener Brauhaus** mit Biergarten und weitläufigem Spielplatz direkt gegenüber, Von-Harff-Straße 5, 50259 Pulheim, Tel. 02238/8453658.
Karte: Informationen und Karte zum Download unter www.erlebnispfad-pulheimer-bach.de.
Tipp: Ein Abstecher (z.B. für Busreisende beim Umsteigen) zur nahegelegenen **Abtei Brauweiler** lohnt, neben Ausstellungen und Konzerten locken hier zwei Eisdielen gegenüber der Abtei und ein netter Spielplatz im Norden, hinter dem angeschlossenen Park.

Von der Feuerwehr in **Glessen (1)**, direkt gegenüber der Bushaltestelle, aus wandern wir auf der Straße »An der Broicheiche« nach Westen. Sie biegt an einer Waldspitze nach links ab, wir nehmen aber den Feldweg geradeaus am Waldrand entlang. Der Weg ist nicht markiert und führt uns auf einem Schlenker durch das kleine Waldgebiet westlich von Glessen, das zugleich das Quellgebiet des Pulheimer Bachs ist. Wir gehen am Waldrand entlang und treten schließlich auf einen großen Rübenacker hinaus. Die Glessener Höhe liegt vor uns. Wir wandern auf einem Feldweg über das Rübenfeld, bis wir am Fuße der Glessener Höhe nach links in den quer laufenden Asphaltweg abbiegen. Hier finden wir

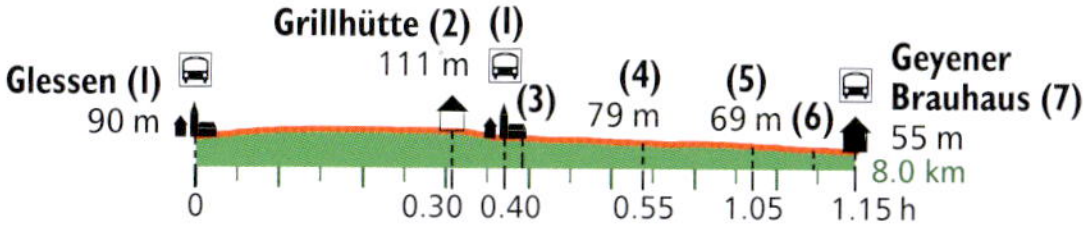

die erste Infotafel des Erlebnispfads. Ihm folgen wir bis zu unserem Ziel, dem Geyener Brauhaus. Dem Verlauf der Glessener Höhe in einem weiten Linksbogen folgend, passieren wir eine **Grillhütte (2)** mit einer Picknickwiese. An der nächsten Gabelung halten wir uns links und gelangen talwärts zurück zur Feuerwehr in **Glessen (1)**.

Nun folgen wir der L91 nach rechts auf dem Fußgängerweg in Richtung Ortsmitte. Wir treffen auf eine Informationstafel an einem grünen Zaun mit dem Titel »Im Selch«. Wir biegen nach links durch eine Absperrung in ein Wohngebiet – rechter Hand liegt der erste kleine **Spielplatz (3)** dieser Tour. Nun folgen wir dem Erlebnispfad von West nach Ost durch Glessen entlang der Straßen »Heidenpfuhl«, »Am Mühlenbach«, »Im Tal« und schließlich nach rechts »Am Frankenfeld«. Diese Straße gehen wir bis zu den letzten Häusern – hier liegen zwei weitere Quellgebiete von Zuflüssen des Pulheimer Bachs, die auf zwei Informationstafeln erklärt werden. Wir biegen nach rechts in die querlaufende Straße »Am Absthof« und wandern auf die Felder hinaus, biegen noch einmal links ab und gehen durch eine **Kläranlage (4)**, die Teil des Projekts Pulheimer

Herrlich grüne Wiesen am Fuße der Glessener Höhe, ideal auch für Laufräder.

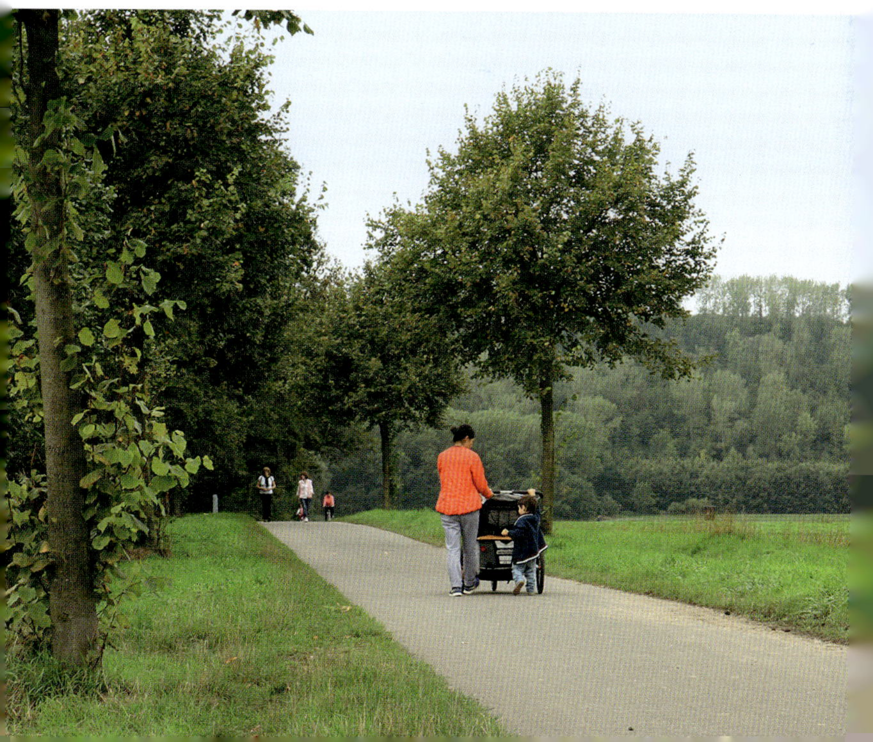

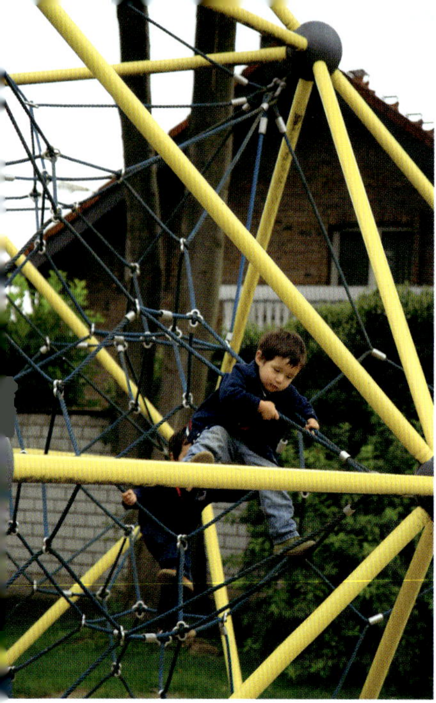

Gegenüber dem Geyener Brauhaus wartet ein Spielplatz auf die Kinder.

Bach ist. Durch die Anlage hindurch gelangen wir an eine kleine Aue des Bachs, den die Schöpfer des Erlebnispfads mit kleinen Tümpeln, Stromschnellen und Furten nett angelegt haben. Die Kinder können hier Stichlinge, Kaulquappen und Libellen bestaunen. Wir folgen dem markierten Weg weiter bis zur nächsten T-Kreuzung, biegen links und sofort wieder rechts ab. Über die Freifläche wandern wir nun auf **Sinthern** zu. Im Ort folgen wir dem »Quellenweg«. Wir passieren den zweiten kleinen **Spielplatz (5)**, biegen mit dem »Quellenweg« nach rechts und schließlich mit der »Jacob-Sand-Straße« nach links. Am Ende biegen wir links in die »Martinstraße« und sofort wieder rechts in einem Fußweg, der uns nun immer am Pulheimer Bach entlang bis nach Geyen führt. Wir gehen durch das Gelände des **Schulzentrums (6)** – hier gibt es einen dritten Spielplatz –, wechseln auf das andere Bachufer und stehen alsbald auf dem »Jacob-Pohl-Platz«. Auf diesem halten wir uns links und sofort wieder rechts mit der »Manstedtener Straße«. Wir wandern ins Dorfzentrum hinein – die Kirche und das **Geyener Brauhaus (7)** liegen zu unserer Rechten etwas versteckt hinter einer Häuserreihe.

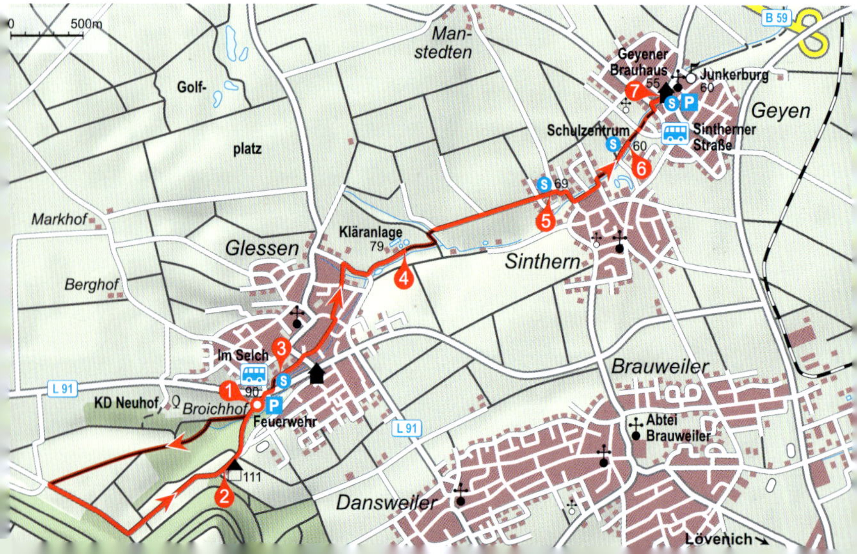

Zum Gipfelkreuz der Glessener Höhe

Höhenwanderung in der nördlichen Ville ★★

Weite Blicke vom Gipfelkreuz

Der Braunkohletagebau hat tiefe Löcher in die Ville gegraben und mächtige Aufschüttungen hinterlassen. Die gewaltigste von ihnen ist die Glessener Höhe, die hier mit den sanften Erhebungen der Ville zwischen Frechen und Bergheim verschmilzt. Der Bergbau ist inzwischen weitergezogen und seine Hinterlassenschaften sind renaturiert. So haben sich die Glessener Höhe und der an Buchen reiche Königsdorfer Forst zu einem stadtnahen Freizeitrevier entwickelt, der spontane Ausflüge mit Kindern lohnt. Vom höchsten Punkt bietet sich ein fantastischer Rundblick über die Kölner Bucht. Das Gipfelplateau hält einige Überraschungen bereit, die man hier oben nicht vermutet.

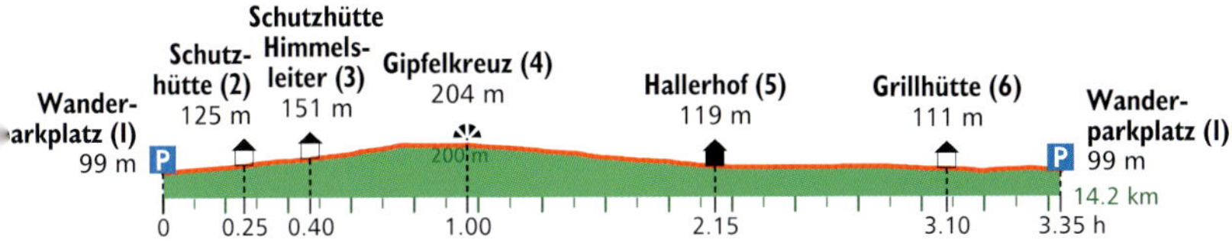

KURZINFO

Ausgangspunkt: Ausgangspunkt: Wanderparkplatz am Gestüt Gut Villehof (99 m).

Anfahrt: Ab AS Lövenich (A1) auf der Aachener Straße stadtauswärts bis Königsdorf, weiter auf der L91 in Richtung Glessen. Hinter der Ampel zwischen Königsdorf und Dansweiler links in den ersten Feldweg der Beschilderung zum Gestüt Gut Villehof folgen. Parkplatz am Ende des Weges am Waldrand. Mit der Regionalbahn bis Frechen-Königsdorf, weiter mit Bus 962 bis Haltestelle Dansweiler Marienhof. Weiter zu Fuß auf der Hauptstraße in Richtung Glessen, am Ortsende links ab, der Wohnstraße »Zum Sonnenberg« so lange folgen, bis wir im Wald vor der Himmelsleiter stehen, die uns bergauf zur Schutzhütte führt, wo wir in die Tour einsteigen.

Gehzeit: 3.35 Std.

Distanz: 14,2 km.

Höhenunterschied: 130 m.

Anforderungen: Aufgrund ihrer Länge und eines lang gezogenen Anstiegs mittlerer Steigung eine anspruchsvolle Wanderung über gut befestigte Wege. Im zweiten Teil flach und mit einem kurzen, moderaten Anstieg. Wechselnde Markierungen.

Hinweis: Zwei Schutzhütten und mehre Rastbänke zum Stillen und Wickeln; auf dem Plateau mehrere Gelegenheiten für ein Picknick.

Einkehr: Der Hallerhof beherbergt ein Restaurant mit nicht allzu überhöhten Preisen und Wickelgelegenheit. Er ist gleichzeitig Reithof und hat eine Landwirtschaft angeschlossen. Es gibt saisonal z.B. Spargel, Erdbeeren oder Kürbis zu kaufen. 50129 Bergheim-Oberaußem, Tel. 02271/52872, www.hallerhof.de.

Karte: Faltblatt Königsdorfer Wald – Glessener Höhe (zum Download unter: www.naturpark-rheinland.de/natur/die-waelder-im-naturpark/pois/4/index.html).

Tipp: Nach der Wanderung einen kurzen Spaziergang durch die Abtei Brauweiler mit herrlicher Parkanlage und nahe gelegenem Spielplatz anschließen. Gegenüber der Abtei zwei Eisdielen.

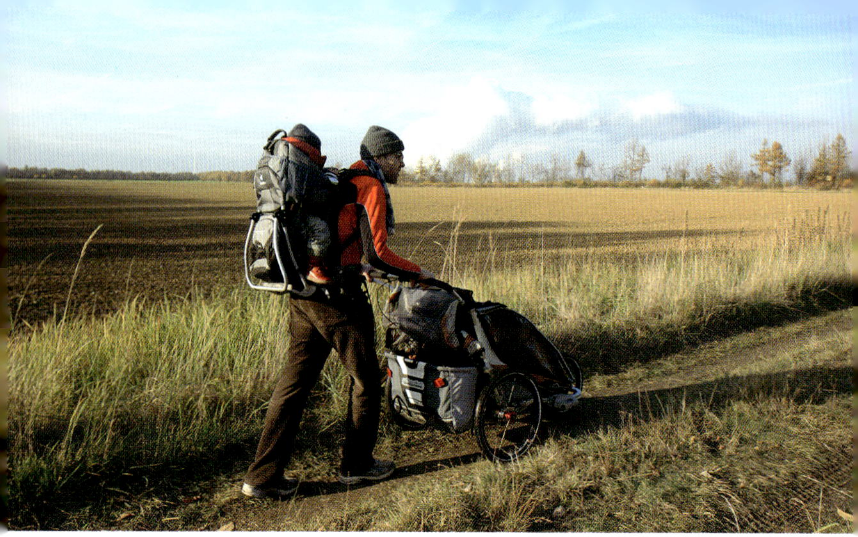

Unerwartete Naturlandschaft: Sogar Wild ist auf der Glessener Höhe kein seltener Anblick.

Am **Wanderparkplatz (1)** tauchen wir nach Westen direkt in den Königsdorfer Forst ein und wandern auf dem breiten Forstweg (Markierung A2) durch den herrlichen Buchenwald, der besonders im Herbst eine intensive Farbenpracht entwickelt. Der lang gezogene Weg mutet fast wie eine Allee an. Der vierte querlaufende Weg (ohne Markierung) ist asphaltiert. An der Kreuzung mit **Schutzhütte (2)** biegen wir nach rechts in ihn ein. Einer leichten Links-Rechtsbiegung folgend, gelangen wir zu einer Mehrfachkreuzung am südlichen Fuß der Glessener Höhe. An der Lichtung laufen fünf Wege zusammen, wir nehmen den leicht ansteigenden Sandweg (zweiter Weg im Uhrzeigersinn) und gelangen zur **Schutzhütte an der Himmelsleiter (3)**. Wer mit Bus und Bahn anreist, steigt hier in die Wanderung ein. Geradeaus an der Schutzhütte vorbei setzen wir den Anstieg zum Gipfelkreuz fort. Ein Holzschild weist uns die Richtung, zusätzlich ist der Weg mit A1 und dem Erlebnispfad Pulheimer Bach (siehe Tour 3) markiert. Zunächst steigt er noch moderat an. An der nächsten Weggabelung folgen wir dem **Jagdweg** nach links. Die Steigung nimmt nun zu. Der Wald ringsherum ist noch jung, es wird noch einige Jahre brauchen, bis er die Halde des Villetagebaus endgültig vergessen lässt. In einem lang gezogenen Linksbogen wandern wir um den Ostausläufer der Glessener Höhe herum und stehen alsbald auf dem ersten Plateau. Hier eröffnet sich eine unerwartete Landschaft, denn das Plateau ist weitläufig und wird landwirtschaftlich genutzt.

Wir wandern noch ein kleines Stück am Nordrand des Plateaus entlang und gelangen an ein kleines Waldstück. Hier gehen wir an einer Kreuzung geradeaus weiter auf die dahinterliegende zweite Anhöhe zu. An ihrem Fuß zweigt nach rechts eine Treppe ab und führt den Steilhang hinauf. Sie ist die kürzeste Verbindung zum Gipfelkreuz, allerdings nicht kinderwagengeeignet. Mit

Kinderwagen steigen wir nach links auf dem zweiten und breiten Sandweg im Uhrzeigersinn den Südhang der Anhöhe hinauf. Er führt uns über eine Serpentine (im Wendepunkt nehmen wir den rechten Weg) bis zum **Gipfelkreuz (4)**. Von hier oben haben wir einen fantastischen Blick über die Kölner Bucht. Die Rauchfahnen der Braunkohlekraftwerke Ober- und Unteraußem trüben allerdings die Aussicht ein wenig. Gelegenheit zur Rast am Gipfelkreuz bieten eine Parkbank und eine Wiese, die sich für ein Picknick eignet. Man kann sich sogar im Gipfelbuch verewigen.

Mit dem Erlebnispfad Pulheimer Bach wandern wir nun vom Gipfelkreuz am Nordostrand dieses zweiten Plateaus entlang auf einen Sendemast zu. Auf etwa halbem Weg dorthin biegen wir mit einem Asphaltweg rechts den Hang hinab. Wir folgen einer lang gezogenen Kehre und gelangen an eine Kreuzung, wo der Abstecher zum Hallerhof beginnt. Wir biegen dafür mit der Markierung A4 nach links und wandern den »neuen Heuweg« mäßig bergab. Unterhalb des nordwestlichen Ausläufers der Glessener Höhe gelangen wir an eine große Waldkreuzung und folgen dem Hauptweg nach rechts. Nach wenigen Metern treffen wir auf ein Hinweisschild zum noch ca. 30 m entfernten **Hallerhof (5)**. Auf demselben Weg kehren wir zum Osthang der Glessener Höhe zurück, biegen nach links mit dem Erlebnispfad Pulheimer Bach in den Asphaltweg ein und wandern talwärts. An der T-Kreuzung am Fuße der Höhe biegen wir nach rechts und folgen auf einem Asphaltweg dem Verlauf der Halde in einem weiten Linksbogen bis zu einer **Grillhütte (6)** oberhalb der Ortschaft Glessen. Die große Wiese an der Schutzhütte bietet noch einmal Gelegenheit für ein Picknick. Hier biegen wir rechts ab und folgen dem linken der beiden Wege am Waldrand entlang. Eine ganze Weile erblicken wir zur Linken Brauweiler mit seiner über 1.000 Jahre alten Benediktiner-Abtei. Im Hintergrund imponiert die Kölner Skyline. Unterwegs biegen alle Bahn- und Busfahrenden links in die Straße »Zum Sonnenberg« ein und gelangen zur Bushaltestelle in Dansweiler. Die Autofahrer folgen noch ein Stück dem Weg am Waldrand entlang und gelangen so zurück zum **Wanderparkplatz (1)**.

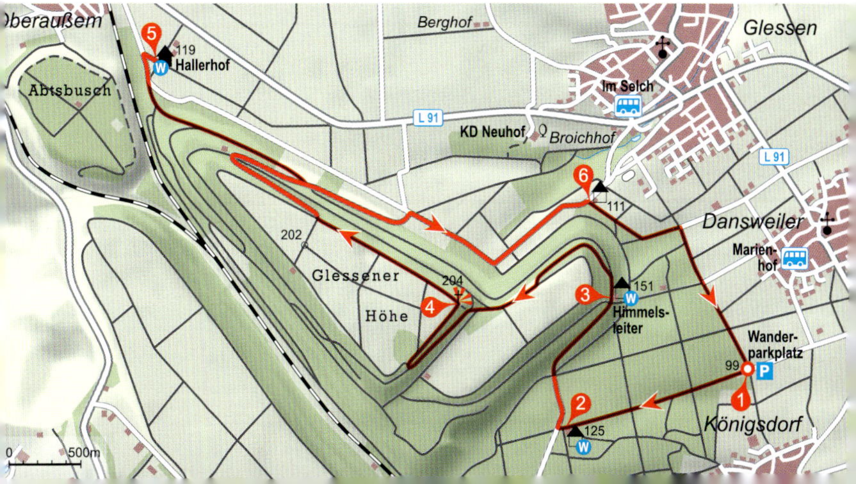

5 Rund um den Liblarer See

Umrundung eines der schönsten Badeseen bei Köln ★

Und zum Schluss Baden und ein Eis

Der Liblarer See ist einer der attraktivsten Badeseen im Westen von Köln und an warmen Tagen ein Hauptziel für stadtflüchtige Kölner. Wenn man aber die Stoßzeiten meidet, lässt sich hier ein herrlicher Tag mit Kindern, ein erfrischendes Bad und eine entspannte Wanderung rund um den See mit reichlich Einkehrgelegenheiten verbringen. Zum Beispiel im Clubheim des örtlichen Angelvereins, wo die Clubmitglieder selbstgemachte Frikadellen oder Kuchen an Wanderer und Badegäste verkaufen. Von der Clubterrasse hat man zudem einen schönen Blick auf den See.

KURZINFO

Ausgangspunkt: Parkplatz in der Seestraße (109 m).
Anfahrt: Von Köln aus über die Luxemburger Straße (B265), sonst auf der A61 bis AS Erftstadt und weiter auf der B265. Rechts bzw. links ab in die K45, im Kreisel links in die Seestraße. Mit der Regionalbahn bis zum Bhf. Liblar. Einstieg zum See entlang der Bahnschienen nach Norden über Bahnhofsstraße und Grubenweg bis zum Parkplatz, weiter in Verlängerung zu den Segelclubs am Südufer des Sees.
Gehzeit: 1.00 Std.
Distanz: 3,9 km.
Höhenunterschied: 15 m.
Anforderungen: Leichte Uferwanderung auf breiten Wegen ohne große Schwierigkeiten. Durchgehend mit A1 markiert.
Hinweis: Keine geschützte Wickelgelegenheit entlang der Wanderung. Zahlreiche Rastbänke bieten aber Gelegenheit zum Stillen und Wickeln.
Einkehr: Gastronomie und weitläufiges Strandbad im Camping Liblarer See (Tageskarte für Erwachsene 3 Euro, für Kinder ab 2 Jahre 2 Euro), 50374 Erftstadt, Tel. 02235/3899, www.camping-liblar.de, im Winter geschlossen; kleine Gastronomie im Clubhaus Angelverein Liblar 1959 mit Sonnenterrasse, Spielplatz und Liegeweise, www.angelvereinliblar.de, ganzjährig am Wochenende ab 10 Uhr geöffnet.
Karte: Freizeitkarte Brühl und die Villeseen (Naturpark Rheinland, 1:25.000).

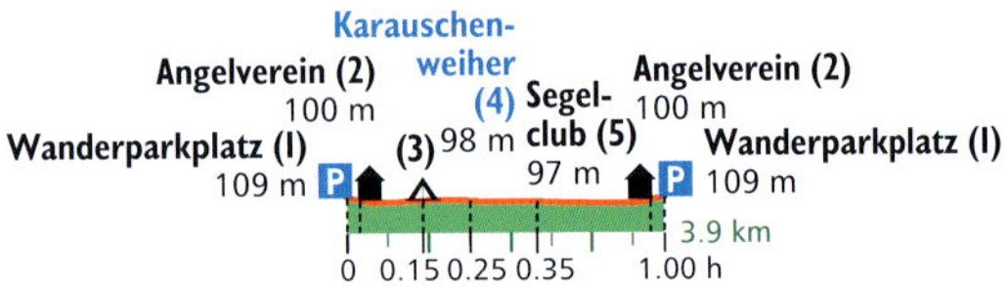

Vom kleinen **Wanderparkplatz (1)** in der Seestraße starten wir unsere Umrundung des Badesees und folgen dem Zuweg den Hang hinab zum **Angelverein (2)**. Hier biegen wir nach links und umrunden mit den Markierungen A1 und S für Seerunde den See im Uhrzeigersinn. Am Nordufer entlang wandern wir in Richtung Strandbad Liblar und Campingplatz. Immer wieder haben wir von dem breiten Uferweg Zugang zum See. Rund um ihn herum gibt es kleine Buchten, in denen im Sommer

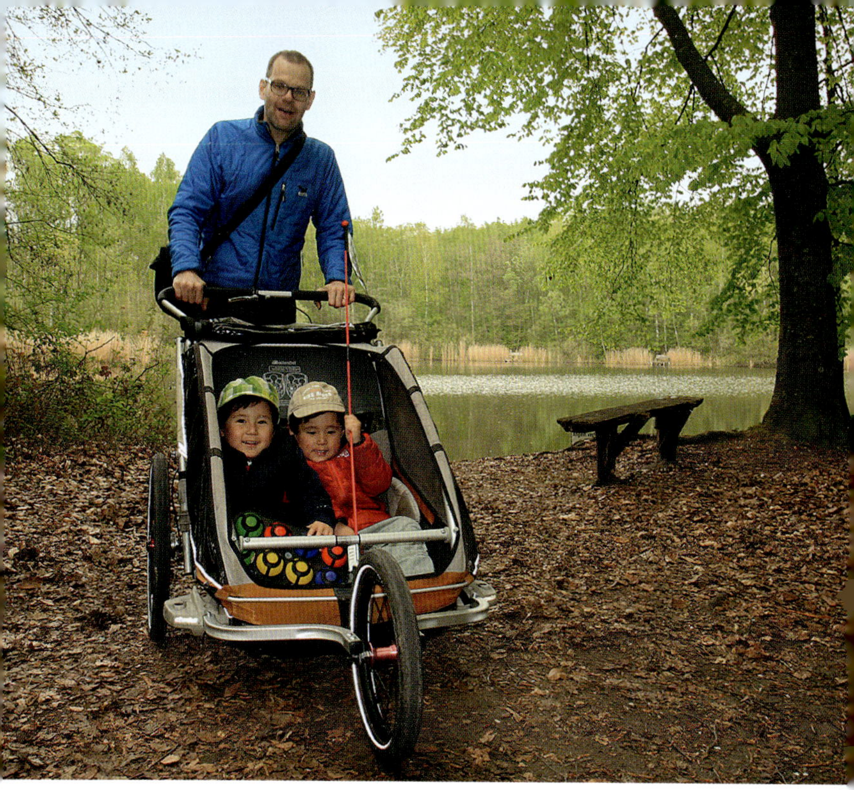

Beste Wanderstimmung am landschaftlich schönen Karauschenweiher.

Badegäste liegen, die nicht den Eintritt zum Strandbad zahlen wollen. Wenig später passieren wir die ersten Wohnwagen des Campingplatzes und wandern an seinem Zaun entlang. An seinem Ende biegen wir nach rechts auf den Parkplatz des **Camping Liblarer See (3)** ein. Wir gehen nach Osten über den Parkplatz an der Haupteinfahrt vorbei. Am Ostende biegt der Wanderweg A1 nach Süden ab. Auf ihm erreichen wir nach gut 300 m den **Karauschenweiher (4)**, einen kleinen Nachbarsee, der naturbelassen und daher sehr schön anzusehen ist. Wir wandern nun in einem Rechtsbogen auf den Liblarer See zu und folgen dem Uferweg bis zum **Segelclub (5)**. Nach links gehen wir die Zufahrtsstraße ein kleines Stück bergan und biegen die nächste Gelegenheit sofort nach rechts ab, um auf dem Uferweg am Südufer entlang unsere Seeumrundung fortzusetzen. Auch hier gibt es eine Reihe kleiner Badebuchten. Die Uferböschung ist üppig mit Mischwald und reichlich Strauchwerk bewachsen. Wir umrunden die Südspitze des Sees und wandern nun das Westufer hinauf zurück zum Angelverein. Unterwegs haben wir immer wieder freie Sicht auf den See und das Strandbad mit seinem helllen feinen Sandstrand. Die schönste Aussicht aber bietet sich von der Sonnenterrasse des **Angelvereins (2)** auf den See. Auf der dazugehörigen Picknickwiese mit einem kleinen Spielplatz können

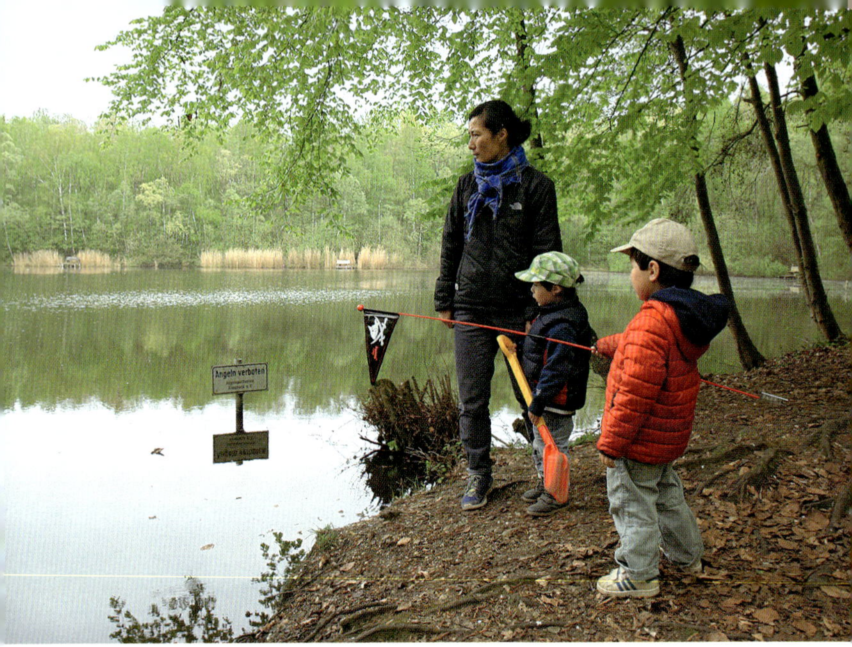

Angeln verboten im Karauschenweiher, auch für Piraten.

sich zudem die Kinder richtig austoben. Die kleine, von den Mitgliedern betriebene Gastwirtschaft ermöglicht einen schönen Blick auf den See und eine gute Einkehr zum Abschluss unserer Wanderung.

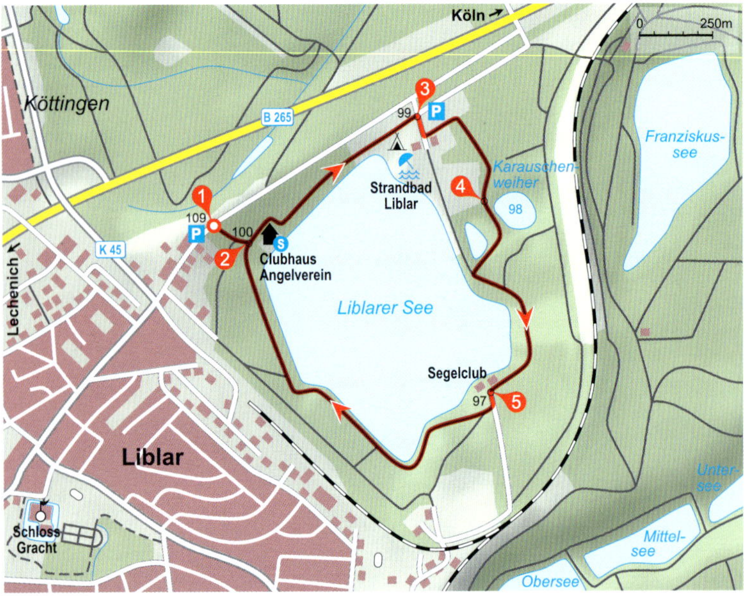

Rund um den Otto-Maigler-See

Wandern und Baden in unmittelbarer Nähe zu Köln ★

Wandern und Baden für Kurzentschlossene

Sogar Kurzentschlossene können diese leichte Wanderung rund um einen der nahegelegensten Kölner Badeseen noch am frühen Nachmittag starten und anschließend den Tag mit einem Sonnenbad am Badestrand des Otto-Maigler-Sees ausklingen lassen.

KURZINFO

Ausgangspunkt: Parkplatz am Südostende des Sees (91 m).

Anfahrt: Ab Köln Universitätsstraße über die Berrenrather Straße bzw. K2 oder ab AS Köln-Klettenberg über die B265, L92 und K2 bis zum Otto-Maigler-See. Mit Buslinie 960 ab Köln Hauptbahnhof bis Haltestelle Hürth-Burbach.

Gehzeit: 1.25 Std.

Distanz: 5,5 km.

Höhenunterschied: 10 m.

Anforderungen: Eine leichte Wanderung ohne wesentliche Steigungen und Orientierungsschwierigkeiten.

Hinweis: Als beliebter Badesee ist der Otto-Maigler-See an Sommerwochenenden und Ferientagen übervölkert, aber unter der Woche selbst in der warmen Jahreszeit angenehm ruhig gelegen. Entlang der Wanderroute gibt es mehrere kleine Buchten für ein kurzes Picknick. Außerhalb des Strandbades ist Baden nicht erlaubt.

Einkehr: OMS Beach Club im Strandbad Otto-Maigler-See, 50354 Hürth, Tel. 02233/35248, www.otto-maigler-see.de mit Spielplatz und Wickelgelegenheit.

Karte: Brühl und die Villeseen (Freizeitkarte Naturpark Rheinland, 1:25.000).

Tipp: Auf dem Rückweg in Richtung Köln, in gut 3 km Entfernung, befindet sich der Gertrudenhof, ein Erlebnisbauernhof der netteren Sorte für Stadtkinder mit Streichelzoo, Spielplatz und Bauernladen: www.erlebnisbauernhof-gertrudenhof.de. Eines der schönsten Kinos der Region ist das Berli in Berrenrath (www.berli-huerth.de, Kinderprogramm).

Auf dem Seerundweg am Otto-Maigler-See.

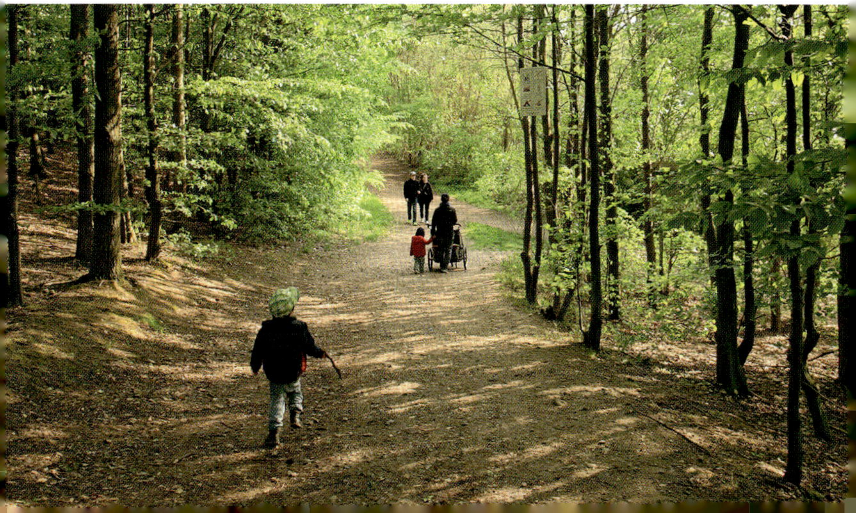

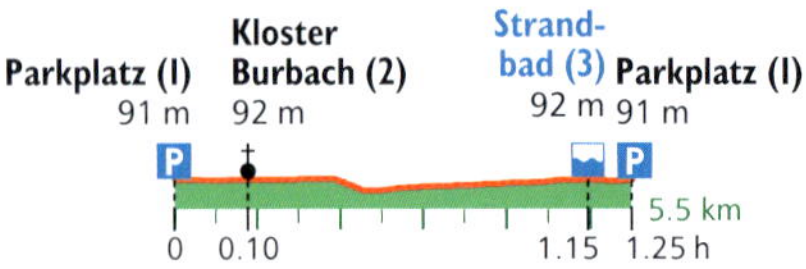

Die Orientierung für diese Wanderung ist denkbar einfach. Im Grunde benötigt man noch nicht einmal eine Karte, denn wir folgen dem Uferweg im Uhrzeigersinn rund um den Otto-Maigler-See. Vom **Parkplatz (1)** am Ende der Zufahrtstraße zum See steigen wir zunächst einen nicht markierten Waldweg die Böschung hinab zum Ufer und biegen links in den Uferweg ein. Wir wandern auf dem breiten und gut befestigten Weg am See entlang. Nach rund 400 m passieren wir den Steg des örtlichen **Ruderclubs** – ein guter Ort, damit die Kinder Enten füttern können. Wenn dann die Ruderer noch eines ihrer Rennboote zu Wasser lassen, ist das Staunen meist groß. 200 m weiter gelangen wir an eine T-Kreuzung. Von links, die Uferböschung hinab, gesellt sich der Otto-Maigler-See-Rundweg (Markierung runder Kreis) zu uns, dem wir nun bis zum Eingang des Strandbads folgen. Vor dem Weitergehen nehmen wir aber noch etwas Kultur mit und unternehmen einen gut 200 m langen Abstecher die Böschung hinauf zum ehemaligen **Kloster Burbach (2)**. Zurück am See setzen wir unseren Rundweg am lang gezogenen Südufer fort. Das deutlich sichtbare Strandbad auf dem gegenüberliegenden Ufer entschwindet nun unserem Blick. Die Ufer des Sees verengen sich zusehends. Die Umgebung wird von einem für einen ehemaligen Tagebau-See typischen, jungen Laub-Mischwald dominiert. Vor uns über den Baumwipfeln thront etwas unansehnlich ein Schornstein des Knapsacker Industrieparks. Wir gelangen alsbald an die Westspitze des Sees und umrunden das schmale **Südwestufer**, um schließlich wieder das lang gezogene Nordufer zurückzuwandern. Hier gibt es mehr Stellen als am Südufer, an denen die Kinder an das Wasser gelangen können. Die eine oder andere kleine Bucht bietet hier Gelegenheit für ein Picknick. Nach gut 2 km gelangen wir an eine kurze Steigung. Wir wandern vom Ufer weg, um das Gelände des **Strandbades (3)** herum und biegen schließlich nach rechts auf den großen Besucherparkplatz. Hier befindet sich auch der Eingang zu dem Gelände. Es beherbergt ein Restaurant, einen Spielplatz und einen langen, mit weißem Sand aufgeschütteten Strand –

Buntes Treiben am Bootsanleger gegenüber vom Strandbad.

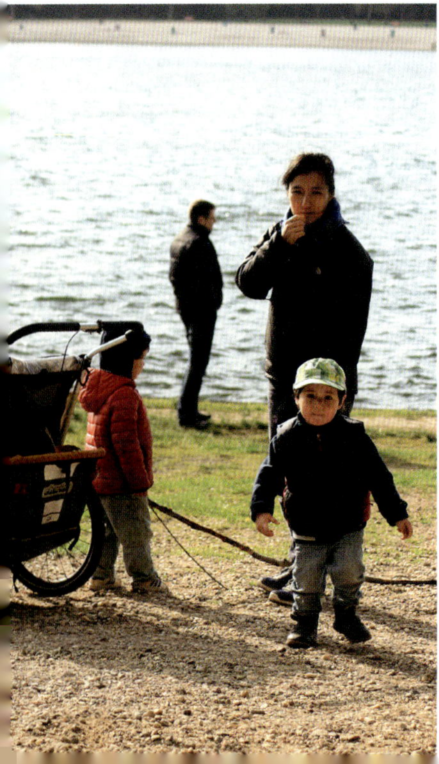

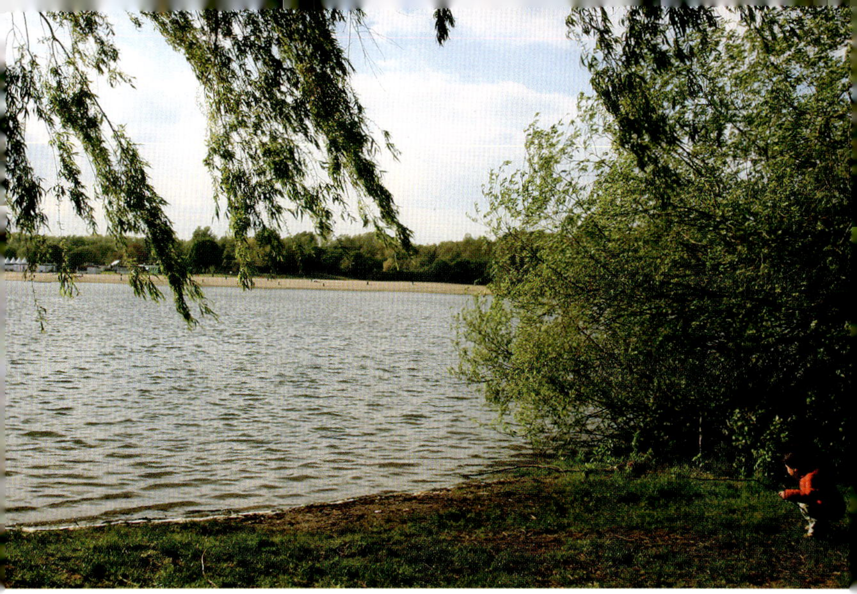

Kleiner Stockangler genießt den Blick auf das Strandbad.

also im Grunde alles, was ein Sommer-Familienglück ausmacht. Das vom Strandbad nur noch kurze, letzte Stück zu unserem Ausgangspunkt setzen wir am Südende des Parkplatzes fort. Der Uferweg führt gut 500 m am Ostufer entlang bis zu der Kreuzung, an der wir nach links die Böschung hinauf zum **Parkplatz (1)** zurückkehren.

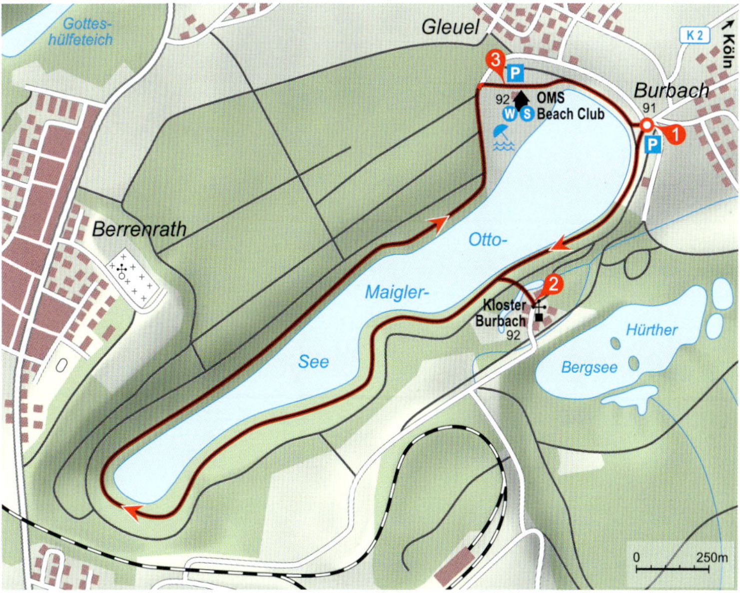

7 Seerunde um den Heider Bergsee

Wandern und Baden zwischen Köln und Bonn ★★

Abkühlung an heißen Tagen

Einen Steinwurf vom Stadtgebiet Köln entfernt liegt der beliebte Heider Bergsee mit seinem recht naturbelassenen Strandbad. Auf dem gegenüberliegenden Ufer lockt ein weitläufiger Spielplatz mit einer Parkanlage, in der man herrlich picknicken kann. Eine leichte Wanderung auf dem lauschigen Uferweg lässt sich mit beidem verbinden.

KURZINFO

Ausgangspunkt: Parkplatz an der Grubenstraße (97 m).

Anfahrt: Ideale Wanderung für die Anfahrt mit der Eifelbahn von Köln bis zum Kaiserbahnhof Kierberg, weiter zu Fuß bis zum Startpunkt (siehe Tourbeschreibung, plus 3,6 km Hin- und Rückweg). Mit dem Auto auf der Luxemburger Straße (B265) und L184 bis Heide, weiter über die »Willy-Brandt-Straße«, »Winterburg«, »Kloster Benden« und »Grubenstraße« bis zum kostenlosen Parkplatz am Ausgangspunkt.

Gehzeit: 1.15 Std.

Distanz: 4,8 km.

Höhenunterschied: 15 m.

Anforderungen: Eine leichte Wanderung auf der nur am Schluchtsee (Westende des Heider Bergsees) ein kurzer An- und Abstieg auf uns wartet. Wechselnde Markierungen. Wer mit der Bahn anreist, muss in etwa die doppelte Distanz draufschlagen.

Variante: Der kurze Anstieg am Schluchtsee lässt sich durch eine weitere Schleife direkt am Seeufer entlang umgehen. Dazu folgen wir am Fuße des kurzen Anstiegs scharf links dem nicht markierten Uferweg. Er führt uns recht eben um die mit Kiefern bewaldete Landzunge, bis wir an einer Parkbank links in den Normalweg einbiegen (plus 1 km).

Hinweis: Die Seerunde ist gespickt mit Rastbänken zum Wickeln, Stillen und Verweilen. Zudem gibt es zwei Spielplätze. Der Spielplatz am Startpunkt ist sehr weitläufig und bietet reichlich Gelegenheit für ein Picknick.

Einkehr: Eine einfache Gastronomie bietet das **Strandhaus Brühl** auf dem Gelände des Campingplatzes Heider Bergsee (50321 Brühl, Tel. 02232/1501985, täglich 11 bis 22 Uhr geöffnet). Über die Sonnenterasse erreicht man das Strandbad, ein weitläufiges Areal mit einem kleinen Spielplatz.

Karte: Freizeitkarte Brühl und die Villeseen (Naturpark Rheinland, 1:25.000).

Tipp: Auch ohne Wanderung ist der **Kaiserbahnhof** in Kierberg mit seinem schönen Biergarten und seiner guten Gastronomie im Frühjahr und Sommer einen Ausflug wert. Auf dem Gelände befindet sich ein kleiner Spielplatz und es gibt einen Wickeltisch. Bahnreisende können sich hier auf dem Rückweg von der Wanderung stärken (Kierberger Straße 158, 50321 Brühl, Tel. 02232/25581, www.kaiserbahnhofbruehl.de).

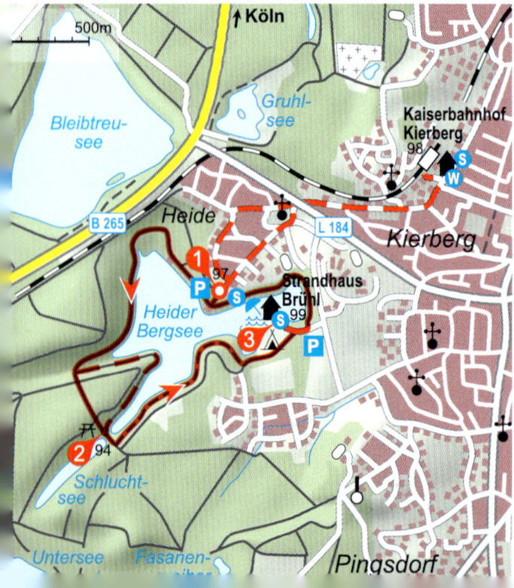

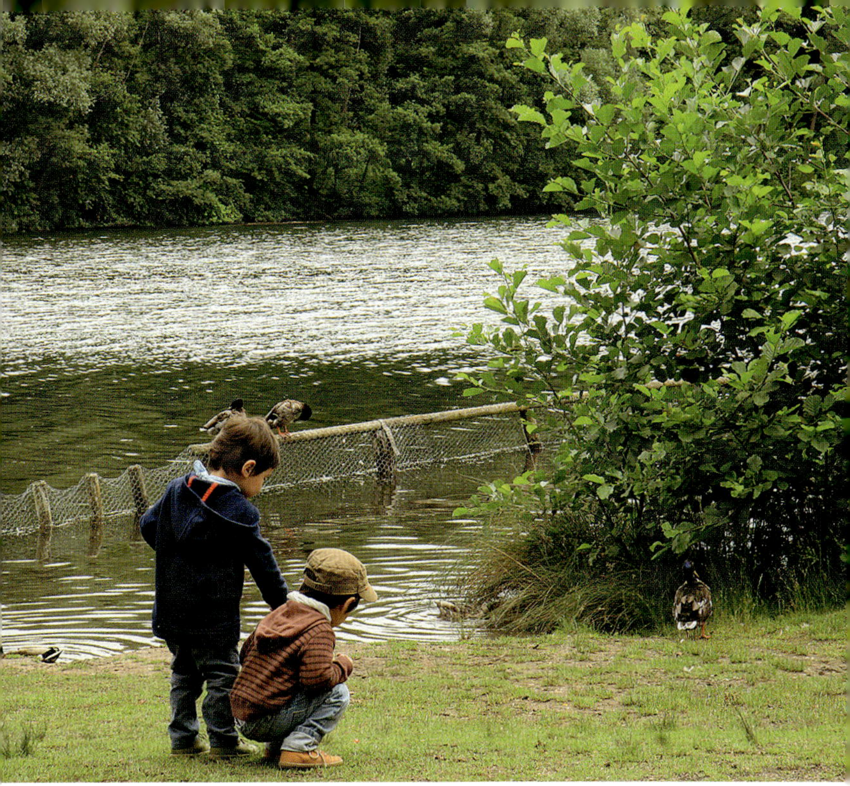

»Entenjagen« ist eine beliebte Wanderunterbrechung am Heider Bergsee.

Wer mit der Bahn anreist, beginnt die Wanderung am **Kaiserbahnhof Kierberg** und folgt der »Schulstraße« und dann der »Talstraße« in westlicher Richtung. Nach der Unterquerung der L184 halten wir uns mit der »Kloster Beden«-Straße links, steigen leicht bergan um eine Streuobstwiese herum und folgen in Verlängerung der »Grubenstraße« bis zum Wendehammer. Hier befindet sich linker Hand der schöne **Spielplatz (1)** – Start- und Zielpunkt unserer Wanderung. Über den Parkplatz gehen wir hinab zum Vereinsheim der Wassersportfreunde Brühl-Heide. Hier treffen wir auf den Uferweg, dem wir nach rechts, einmal rund um den schön gelegenen Badesee folgen. Zunächst trägt er die Markierung Seerunde, die jedoch an der nächsten Kreuzung rechts wegbiegt. Wir halten uns jedoch links, weiter auf dem Weg am Ufer entlang. Er trägt nun die Markierung des Radwegs Wasserburgenroute. Der Weg ist schattig, führt er doch stets durch einen lauschigen Mischwald. Nach der nächsten scharfen Biegung stehen wir vor dem **Anstieg zum Schluchtsee**. Nach links führt die Variante direkt am Ufer entlang. Wir nehmen jedoch die kurze, aber steile Heraus-

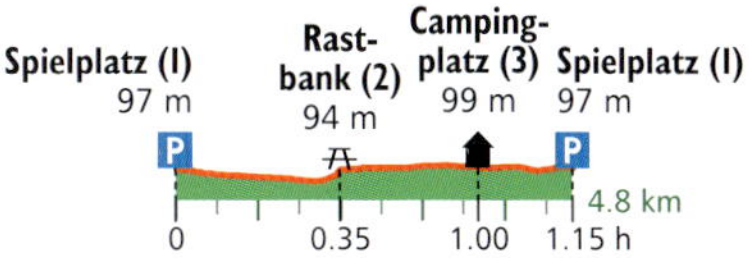

forderung in Angriff und erklimmen den Mini-Berg. Von rechts gesellt sich auch wieder die Seerunde zu uns. Am Fuße des Abstiegs treffen wir auf eine **Rastbank (2)**. Alle Wanderer, die der Variante gefolgt sind, kommen hier wieder auf den Hauptweg. Von der Rastbank hat man einen schönen Blick nach Nordosten auf den Heider Bergsee und im Rücken auf den kleinen Schluchtsee. An der Kreuzung hinter der Rastbank biegen wir mit der Markierung Seerunde in Richtung Kierberg in einen breiten Forstweg und wandern vorwiegend durch Kiefernwälder das Südufer des Sees entlang bis zum **Campingplatz (3)**. Die Zufahrtsstraße führt nach links zum Strandhaus Brühl und zum Freibadgelände. Der Seerunde folgen wir weiter bis zum Parkplatz, hier biegen wir links zum Ufer hinunter. Die Markierung der Seerunde verlässt uns wieder, stattdessen folgen wir dem Römerkanalwanderweg um den Ostzipfel des Sees herum. Gegenüber des Campingplatzes gelangen wir an einen freien Zugang zum Wasser. Hier stehen drei Rastbänke, und die Kinder können die Enten und Gänse beobachten. Mit Blick hinüber zum Campingplatz lässt es sich hier gut entspannen. Auf dem letzten Stück des Weges am Ufer entlang gelangen wir zurück zur Vereinshütte der Wassersportfreunde. Wenige Meter zuvor führt eine Treppe hinauf zu den weitläufigen Wiesen am **Spielplatz (1)**.

Ein Bad im Strandbad am Campingplatz rundet die Wanderung ab.

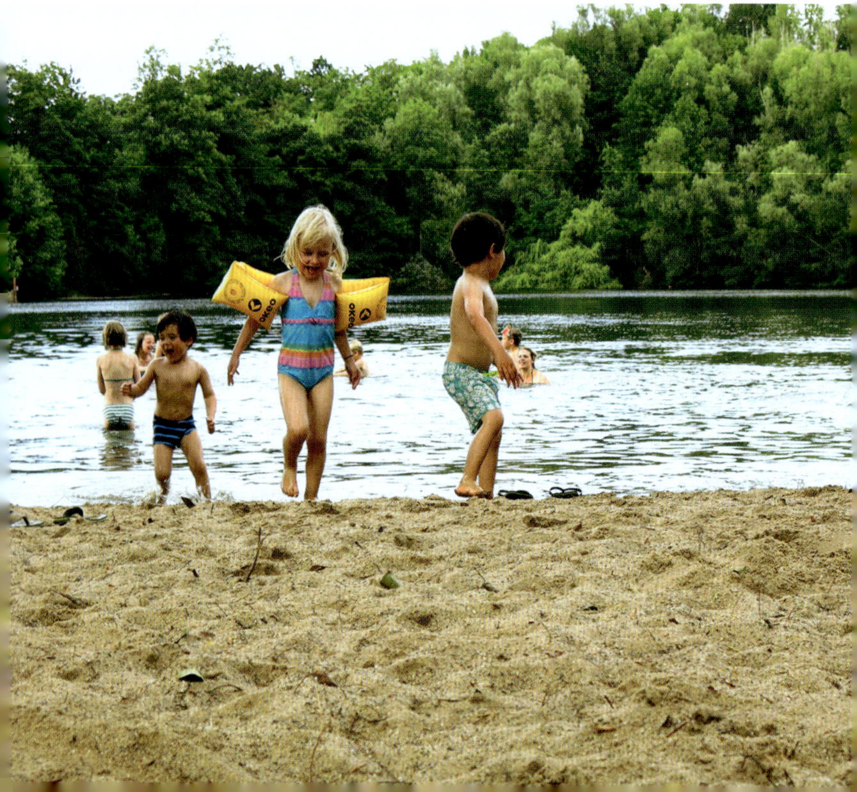

Herrenhaus Buchholz – Kamelleboom

Panoramatour über der Rheinebene bei Bornheim ★★★

Lass es bitte Kamelle regnen!

Hoch über dem Rhein bietet sich von der Ebene rund um das ehemalige Ausflugslokal Heimatblick und das Herrenhaus Buchholz einer der schönsten Blicke über die Kölner Bucht. Hier startet diese Wanderung durch die Waldville. Der Wendepunkt unserer einfachen Tour ist der Kamelleboom. Gut für unsere Kleinen, dass es hier nur unter kräftiger Mithilfe der Eltern Bonbons regnete, wenn die Kinder ihren Kopf in die Höhlung des alten Baumstamms steckten. Wer ausreichend Kondition hat, hängt vom Kamelleboom noch einen Abstecher zum ebenfalls traditionsreichen Eisernen Mann dran. Alle anderen wandern durch die herrlichen Ville-Wälder zurück zum Herrenhaus Buchholz.

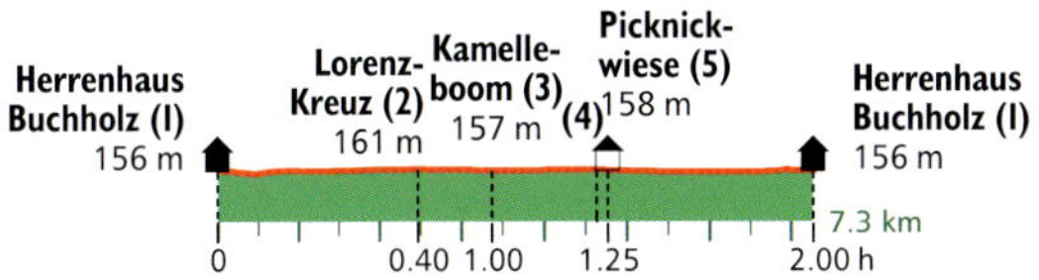

KURZINFO

Ausgangspunkt: Parkplatz am Herrenhaus Buchholz (156 m).

Anfahrt: Auf der A555 bis zu AS Bornheim/Alfter, weiter auf der L118 bis Roisdorf und L183 sowie L113 bis Alfter. Über die Bahngleise der S-Bahn weiter geradeaus der »Bahnhofsstraße« und »Am Herrenwingert« folgen. Am Kindergarten Matthias-Claudius rechts in den »Schlossweg« und sofort wieder links in den »Buchholzweg« bis zum Ausgangspunkt. Oder mit der S18 von Köln oder Bonn nach Alfter und weiter mit einem Taxi. Zu Fuß sind es 2,3 km bergan (ca. 40 Minuten).

Gehzeit: 2.00 Std.

Distanz: 7,3 km.

Höhenunterschied: 30 m.

Anforderungen: Überwiegend breite und ebene Waldwege. Wechselnde Markierung.

Hinweis: Nur wenige Gelegenheiten zum Rasten, Stillen und Wickeln. Daher eine Picknickdecke mitnehmen.

Einkehr: Gartenwirtschaft Buchholz am Herrenhaus Buchholz, nur bei Ausflugswetter an Sonn- und Feiertagen 12 bis 18 Uhr geöffnet, Tel. 02222/8040873, www.gartenwirtschaft-buchholz.de. Mehrere Restaurants in Alfter.

Karte: Rheinbach Alfter (Eifelvereinskarte Nr. 6, 1:25.000).

Variante: Vom Kamelleboom führt ein rund 3 km langer Abstecher Richtung Süden zum Eisernen Mann, einer großen Waldlichtung mit Grillplatz und dem etwa einen Meter hohen Eisenpfahl. Um den Eiserner Mann ranken sich viele Geschichten. Dorthin gelangen wir mit der Markierung Römerkanalwanderweg bis zur Breiten Schneise und weiter zum Eisernen Mann. Auf dem Rückweg folgen wir demselben Weg zurück zum Kamelleboom (plus 6 km; 1½ Std).

Tipp: Informationen zur Geschichte des Kamellebooms und Eisernen Mannes findet man auf www.heimatfreunde-roisdorf.de. Passend zu unserem Thema bietet sich mit älteren Kindern der Besuch des Freilichtwandertheaters auf dem Rückweg nach Alfter linker Hand des »Buchholzweges« an (www.freilichtbuehne-alfter.de). Hier gehen die Kinder und Eltern mit Peter Pan oder dem Räuber Hotzenplotz auf Wanderschaft.

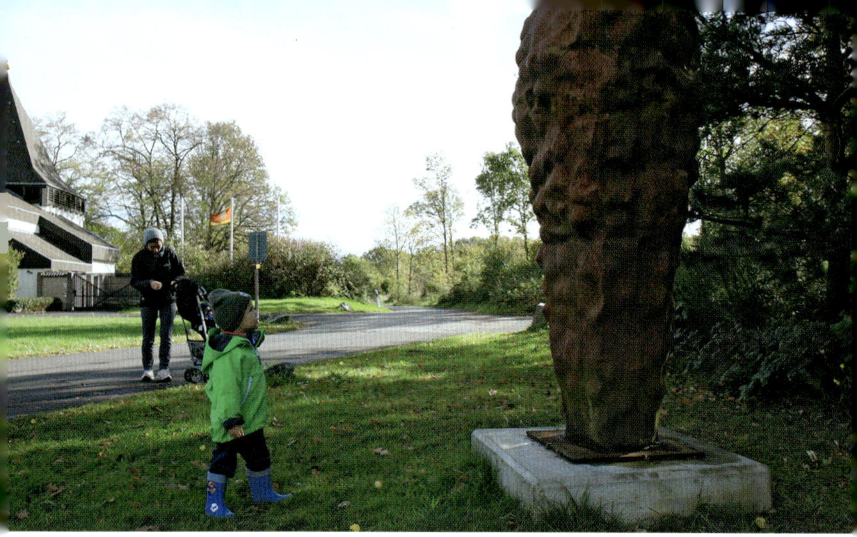

Noch nicht der Kamelleboom: Skulptur am Herrenhaus Buchholz.

Vom Parkplatz am **Herrenhaus Buchholz (1)** folgen wir dem »Buchholzweg« ein Stück zurück in Richtung Alfter. Es geht zunächst etwas bergab. Kurz nachdem wir den Wald betreten haben, biegt die Straße nach links ab. Rechter Hand verzweigen sich drei Wanderwege an einem Wegekreuz. Geradeaus geht es zum Aussichtspunkt Böhling. Wir aber folgen dem Karl-Kaufmann-Weg (Markierung schwarzes Dreieck Variante 2b) scharf rechts und in westlicher Richtung am Waldrand entlang, bis wir ca. 500 m weiter die »Alfterer Hufebahn« queren. Wir biegen mit dem Karl-Kaufmann-Weg nach links in sie ein und wandern nun in südwestlicher Richtung immer weiter in die Waldville hinein. Zwischenzeitlich treten wir auf eine Freifläche hinaus und blicken am Rand der Siedlungsgebiete von Alfter auf Koppeln. Der alte Wirtschaftsweg führt anschließend schnurstracks wieder in das ausgedehnte Waldgebiet hinein. Bis zum Kamelleboom gehen wir ohne Abzweigung stets geradeaus. Im weiteren Verlauf passieren wir einen Bildstock mit Marienbild und wenige Meter weiter unter einer Eiche das kleine, steinerne **Lorenz-Kreuz (2)** zu Ehren von Heinrich Löben, der im Winter 1811 an dieser Stelle beim Holzsuchen erfror. Rund 800 m weiter stoßen wir schließlich auf eine Doppelkreuzung. Hier mitten im Wald treffen mit der »Alfter-« und »Roisdorfer Hufebahn« und dem »Pützweg« drei wichtige Wirtschaftswege zusammen. Uns Wanderer lädt der Ort zum Verweilen ein. Inmitten der großen Waldlichtung steht eine junge Eiche mit einer alten Grenzmarkierung. Dies ist allerdings nicht der alte Baum, der dem Ort seinen Namen gab. Der eigentliche **Kamelleboom (3)** steht etwas abseits am Waldrand. Der Stumpf des alten Baums ist heute ein bedeutendes Kulturdenkmal. Seinen Namen erhielt er, weil in den alten Tagen die Bäuerinnen auf ihrem Heimweg vom Markt in Köln hier durch den Wald kamen. Um ihre Kinder aufzuheitern, ließen sie durch den hohlen Baumstamm Bonbons rieseln. 1978 riss ein Waldfahrzeug den Baum allerdings um. Man konservierte die Reste des alten Stamms und pflanzte einen neuen an seine Seite. Noch heute hinterlassen Eltern ihren Kindern Kamelle im alten Baum – für die ganz Kleinen tun es auch Hirsebällchen oder Ähnliches. Rechter Hand im Wald liegt übrigens eine weitere Attraktion – der Aufschluss 51 der Römischen Wasserleitung.

Wer noch Kraft für den Abstecher zum **Eisernen Mann** hat, hält sich an der Einmündung der »Alfterer Hufebahn« in die Doppelkreuzung direkt links und folgt dem Römerkanalwanderweg nach Südwesten. Um stattdessen direkt zum Heimatblick zurückzukehren, biegen wir mit der »Roisdorfer Hufebahn« nach Nordosten ab. Wir folgen dem breiten Waldweg mit dem Römerkanalwanderweg in Richtung Brenig und gelangen nach 1,3 km zum **Weißen Stein (4)** – einem alten Grenzstein. Hier biegen wir rechts ab in einen weiteren breiten Forstweg und wandern mit dem Karl-Kaufmann-Weg (Markierung schwarzes Dreieck Variante 2b) weiter in nördlicher Richtung. Wir treten alsbald aus dem Wald wieder auf die Freifläche rund um den Heimatblick hinaus und passieren einen Parkplatz mit Schutzhütte und weitläufiger **Picknickwiese (5)**. In der Gegend wachsen besonders viele Brombeersträucher. An schönen Herbsttagen begegnet man daher auch vielen Sammlern mit Körben. Kurz vor unserem Ziel biegt die Markierung noch einmal rechts ab in einen Feldweg und an der nächsten Kreuzung gleich wieder links, um an der folgenden Kreuzung noch einmal nach rechts in den »Brombeerweg« abzubiegen. Auf dem Asphaltweg wandern wir nun noch wenige Meter weiter auf dem Kamm entlang bis zu einer Weggabelung. Hier gehen wir zunächst noch nach links über den Brombeerweg zum ehemaligen Ausflugslokal Heimatblick. Kurz zurück und in den »Buchholzweg«, der zum Ausgangspunkt am **Herrenhaus Buchholz (1)** zurückführt.

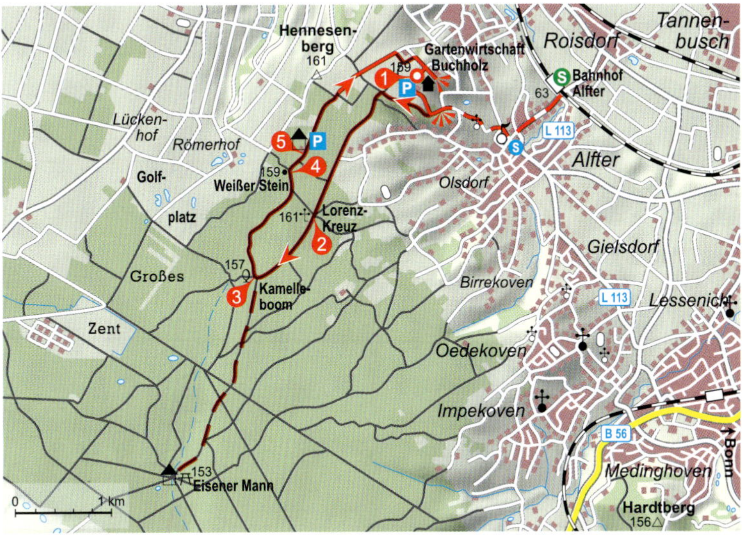

9 Rund um den Annaberger Hof

Zu Rehen und Wildschweinen in der Bonner Waldau ★★

Beliebt bei Bonner Familien

Ein riesiger Kinderspielplatz, ein aufregendes Wildgehege, ein Naturpfad und anschließend Kaffee und Kuchen. All das wäre eigentlich schon genug für einen gelungenen Kurzausflug. Wir verbinden diese Attraktionen mit einer schönen Wanderung rund um die Freifläche am Annaberger Hof im nördlichen Kottenforst.

KURZINFO

Ausgangspunkt: Haus der Natur an der Bonner Waldau (169 m).

Anfahrt: Auf der A564 bis zum Kreuz Poppelsdorf, weiter über die Reuterstraße in Richtung Godesberg, rechts ab in den Bonner Talweg, im ersten Kreisel rechts ab in die Graf-Stauffenberg Straße. In Verlängerung die Robert-Koch-Straße hinauf zum Venusberg. Kurz vor den Universitätskliniken rechts ab in den Haager Weg und schließlich links ab zur Waldau. Mit Bus 602 vom Bonner Hauptbahnhof.

Gehzeit: 1.20 Std.

Distanz: 5,5 km.

Höhenunterschied: 14 m.

Anforderungen: Leichte Wanderung ohne wesentliche Anstiege, aber mit wechselnden Markierungen. Die Orientierung ist aufgrund des Charakters als Rundweg leicht.

Einkehr: Gasthaus Waldau mit Wickelgelegenheit, An der Waldau 50, 53127 Bonn, Tel. 0228/20727000, www.waldau-restaurant.de, sowie kleines Cafe mit Kaffee und Kuchen im Blockhaus gegenüber dem Spielplatz.

Karte: Drachenfelser Ländchen und Siebengebirge (Eifelvereinskarte Nr. 38, 1:25.000).

Tipp: Die Wanderung lässt sich ideal mit einem Naturerlebnis pur verbinden: Das Haus der Natur hat einen Bauerngarten und ein Bienenhotel sowie wechselnde Ausstellungen. Von hier führt unsere Wanderung entlang des Bonner Wegs der Artenvielfalt (Informationen unter www.bonn.de/microsite/haus-der-natur). Auch die ganz Kleinen können hier kindgerecht Naturerfahrungen sammeln. Und zum Schluss der Wanderung gehen wir durchs Wildgehege an der Waldau mit Reh- und Damwild sowie Wildschweinen.

Im Blumengarten am Haus der Natur gibt es viel zu entdecken.

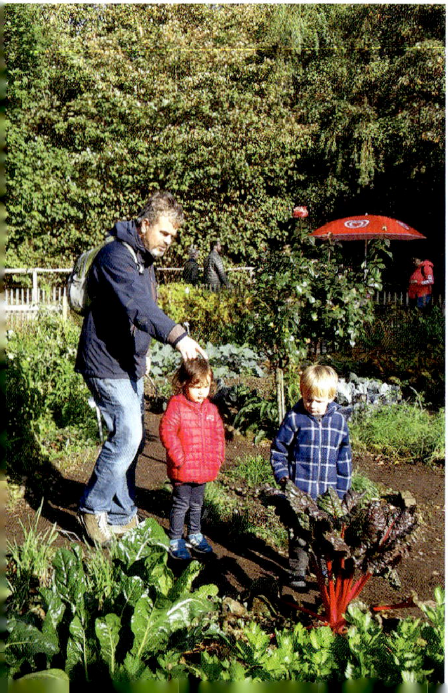

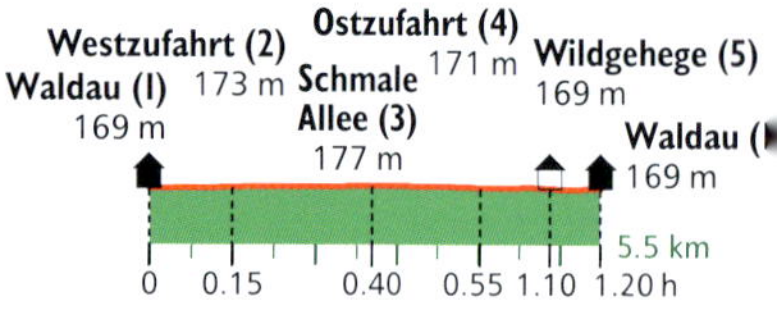

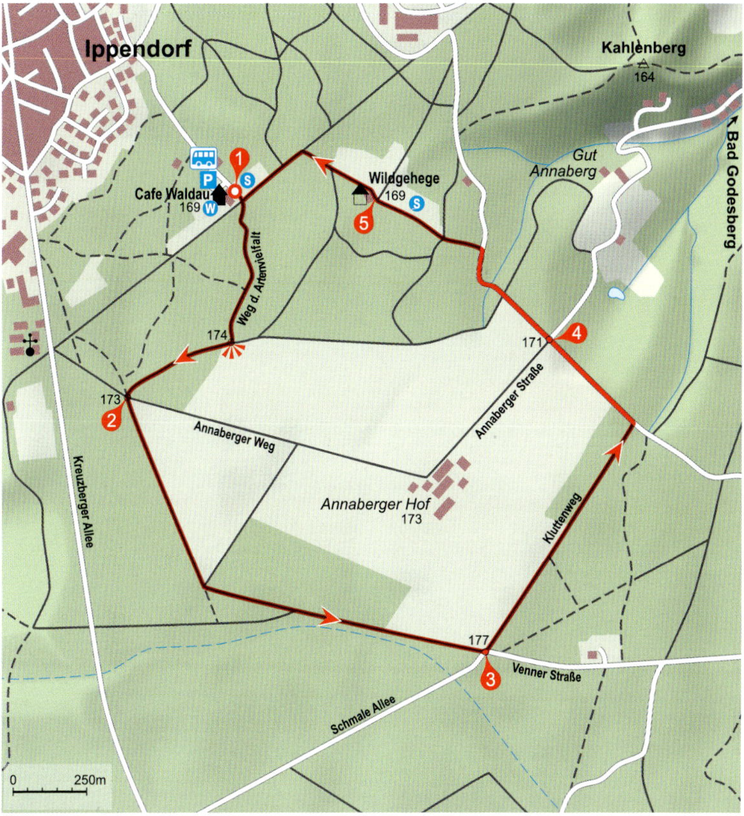

Wir starten unsere Wanderung am Haus der Natur an der **Waldau (1)** gegenüber dem großen Spielplatz, gehen wenige Meter nach Süden, überqueren einen großen Forstweg und folgen geradeaus dem **Bonner Weg der Artenvielfalt** durch das große Holztor, auf dem eine Eule wachsam thront. Der Lehrpfad stimmt uns auf ein schönes Naturerlebnis im Laufe der Wanderung ein. Auch die ganz Kleinen können hier schon zwischen morschen Ästen, in Astlöchern und einem Waldhotel allerhand Getier entdecken. Nach rund 500 m treffen wir auf eine Aussichtsplattform, von der wir den ersten Blick auf die große Freifläche rund um den Annaberger Hof haben. Gen Osten können wir bei gutem Wetter das Siebengebirge erblicken. Wir verlassen nun den Walderlebnispfad und wandern gegen den Uhrzeigersinn um die Freifläche herum. Dazu biegen wir rechts in den Wanderweg A17 ein und gehen am Waldrand entlang in südwestlicher Richtung. Bald gelangen wir zur **Westzufahrt (2) zum Annaberger Hof**, überqueren diese und folgen weiter der Markierung A17. Die Freifläche liegt linker Hand von uns. Der Weg ist recht eben und als breiter Forstweg angelegt. Wir gelangen an eine große Wegkreuzung und biegen mit A17 nach links. Nun wandern wir am Westrand der Frei-

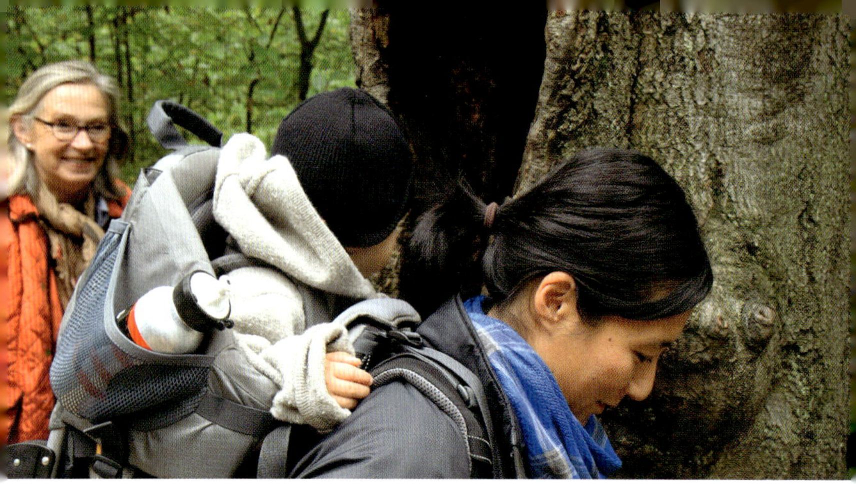

Natürliches Waldhotel in einem hohlen Baum auf dem Bonner Weg der Artenvielfalt.

fläche entlang. Der Mischwald hat in diesem Teil einen starken Buchenanteil. Bald verschwindet die Freifläche hinter einem kleinen Waldstück linker Hand. Aber schon nach 500 m haben wir wieder einen freien Blick auf die Wiesen, die zu dem Bauernhof, einem Gestüt, umgeben von einer weitläufigen Geländereitanlage, gehören. Wir entdecken mehrere Hindernisse aus alten Baumstämmen und gelangen an eine größere Wegkreuzung mit einer Parkbank. Hier, am südlichen Zipfel der Freifläche, laufen mehrere Hauptwege zusammen. Von rechts kommt die asphaltierte **»Schmale Allee« (3)** auf uns zu und biegt nach Osten in die »Venner Straße« ein. Wir aber biegen nach links mit der Markierung A17 in den **»Kluttenweg«** und gehen nun am Ostrand der Freifläche entlang. Schließlich kommen wir an einen querlaufenden Asphaltweg, in den wir mit der Markierung A17 nach links einbiegen. Der Allee folgen wir nun am Ostrand der Freifläche, überqueren die **Ostzufahrt (4) zum Annaberger Hof** und halten uns noch ein kurzes Stück entlang der Freifläche, um den schönen Blick auf die Pferdekoppeln zu genießen. Am nordöstlichen Zipfel der Fläche verlässt uns die Markierung A17 und wir gehen weiter geradeaus auf dem Asphaltweg in den Wald hinein. Der Weg ist nun mit A18 markiert. Wir folgen ihm in einer Rechtskurve durch einen schönen Buchenwald mit alten knochigen Bäumen. An der nächsten Kreuzung biegen wir mit der Markierung nach links. Ein Hinweisschild verrät uns, dass es noch 20 Minuten bis zur Waldau sind. Alsbald treffen wir auf das Eingangsgatter zum **Wildgehege (5)**. Nun beginnt für die Kinder der aufregende Teil der Wanderung und unser Tempo verlangsamt sich schlagartig. Denn wir passieren nacheinander das Gehege mit Damwild, Rehwild und Wildschweinen. Einige Meter weiter gesellt sich von links kommend der Weg der Artenvielfallt zu uns und mit ihm allerhand Interessantes. Am Ende des Forstweges biegen wir nun noch links in einen breiten querlaufenden Forstweg ein und stehen schließlich wieder vor dem großen Spielplatz an der **Waldau (1)**.

Von Buschhoven zum Bahnhof Kottenforst

Leichte Waldwanderung zwischen Ville und Kottenforst ★

Schnell mal raus aus der Stadt

Südwestlich des Römerkanaldorfs Buschhoven verbindet ein schmaler Waldstreifen die Waldville mit dem Kottenforst. Für kurzentschlossene Bonner führt eine einfache Wanderung durch dieses Waldgebiet zum beliebten Ausflugsziel am Bahnhof Kottenforst. Am Startort lassen sich Ausgrabungen der römischen Wasserleitung Eifel – Köln bestaunen, ein Spielplatz und Gasthaus bieten am Zielort Gelegenheit zur Entspannung. Ein weiterer Vorteil der Tour: An- und Abreise mit Bus und Bahn sind optimal.

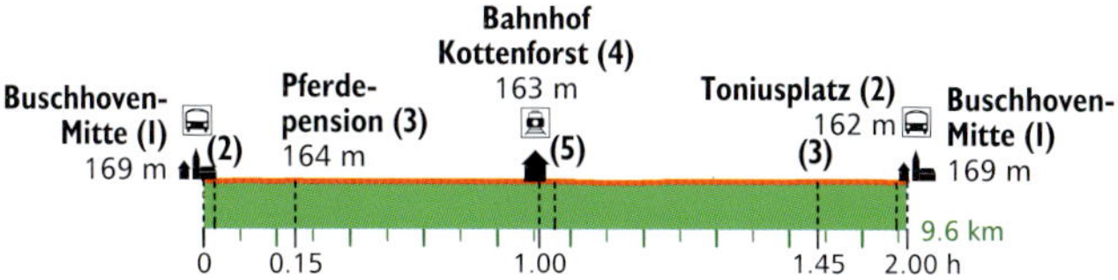

KURZINFO

Ausgangspunkt: Bushaltestelle Buschhoven-Mitte (169 m).
Anfahrt: Statt mit dem Auto besser mit Bus 845 vom Bonner Hauptbahnhof bis zum Ausgangsort. Rückfahrt entweder direkt ab Bhf. Kottenforst mit der Voreifelbahn in Richtung Bonn oder Bad Münstereifel oder ab Buschhoven mit Bus 845.
Gehzeit: 2.00 Std.
Distanz: 9,6 km.
Höhenunterschied: 9 m.
Anforderungen: Leichte Wanderung auf breiten und ebenen Forstwegen, keine durchgehende Markierung.
Einkehr: Waldgaststätte Bahnhof Kottenforst mit einem kleinen Spielplatz, Wickelgelegenheit und Sonnenterrasse, Montag Ruhetag, Bahnhof Kottenforst 8, 53340 Meckenheim, Tel. 02225/7322, www.waldgaststätte-bahnhof-kottenforst.de; mehrere Gasthäuser im Zentrum von Buschhoven
Karte: Rheinbach Alfter (Eifelvereinskarte Nr. 6, 1:25.000).
Tipp: Buschhoven ist zwar kein ausgesprochen schönes Dorf, bietet allerdings zwei Attraktionen: An der alten Burganlage in der Ortsmitte informiert eine Tafel über die **römische Wasserleitung** aus der Eifel nach Köln. Hier ist auch ein Teil der Leitung freigelegt. Im Garten der nahe gelegenen Gaststätte »Zum Römerkanal« befindet sich ein Zugang zur unterirdischen Wasserleitung. Informationen auf www.buschhoven-info.de.

Am Bahnhof Kottenforst gibt es natürlich auch einen Spielzeugzug.

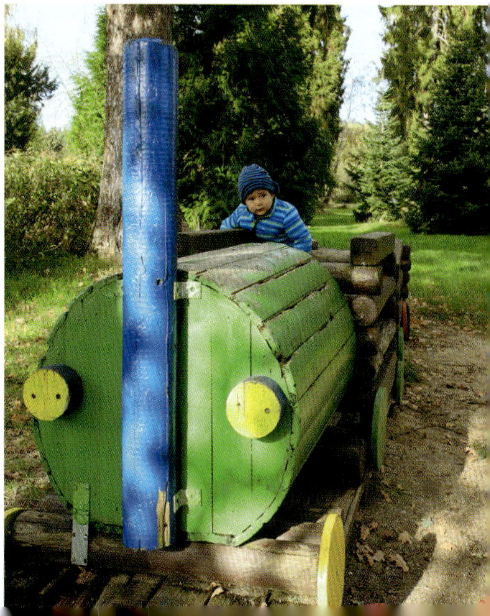

Gegenüber der **Bushaltestelle Buschhoven-Mitte (1)** befindet sich der örtliche Tante-Emma-Laden. Rechter Hand an ihm vorbei wandern wir auf den **Toniusplatz (2)** zu. Um diesen herum liegen alle wichtigen Attraktionen des Dorfes: rechter Hand die alte Burg mit Weiher. Hier befindet sich auch das freigelegte Stück der römischen Wasserleitung. Linker Hand eine Bäckerei, das Spritzenhaus und der örtliche Italiener. An der gegenüberliegenden Stirnseite des Marktplatzes befindet sich die **St.-Katarina-Kirche** mit der Marienstatue Rosa Mystica, die hier seit 1190 verehrt wird. Damit ist Buschhoven einer der ältesten Wallfahrtsorte Deutschlands. Wir wandern nach rechts zwischen Kirche und Burgweiher hindurch über den Kirchvorplatz auf die Turnhalle zu und biegen nach links in die »Dietkirchenstraße« ein. Ihr folgen wir mit der Markierung des Römerkanalweges nach Süden und aus dem Dorf hinaus. Auf dem freien Feld haben wir bei gutem Wetter nach rechts über Rheinbach hinweg einen tollen Panorama-Blick auf die Eifel. Wir nähern uns einem Gehöft und biegen davor nach links in den ersten Feldweg ein. Ohne Markierung gehen wir nun nach Westen auf den Kiefernwald zu, passieren eine **Pferdepension (3)** und biegen am Waldrand nach rechts in den querlaufenden Schotterweg. Der »Jagdweg« führt uns im weiteren Verlauf fast bis zum Bahnhof Kottenforst, ohne dass wir eine Abzweigung nehmen müssten. Markiert ist er nur als Fahrradweg. Er ist breit angelegt und mit Kinderwagen oder Laufrad gut zu befahren.

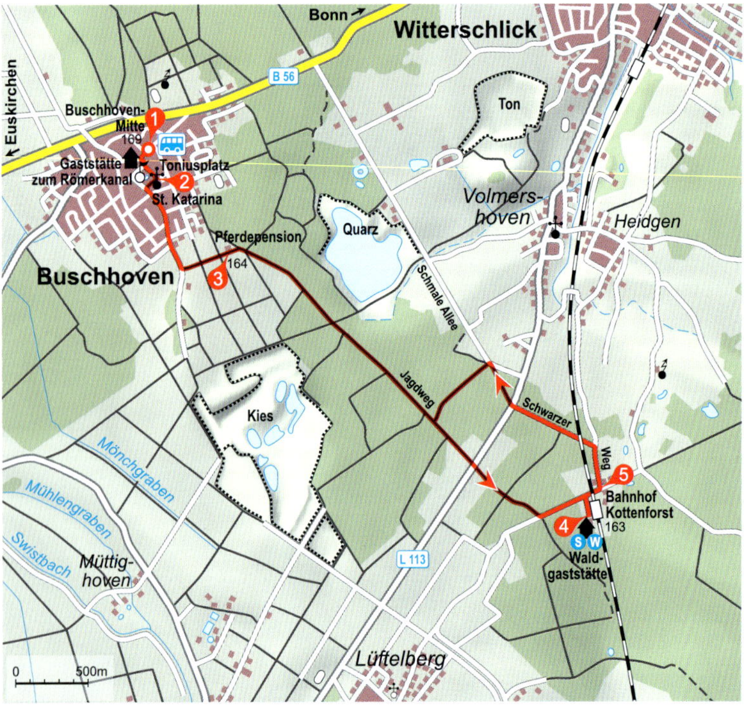

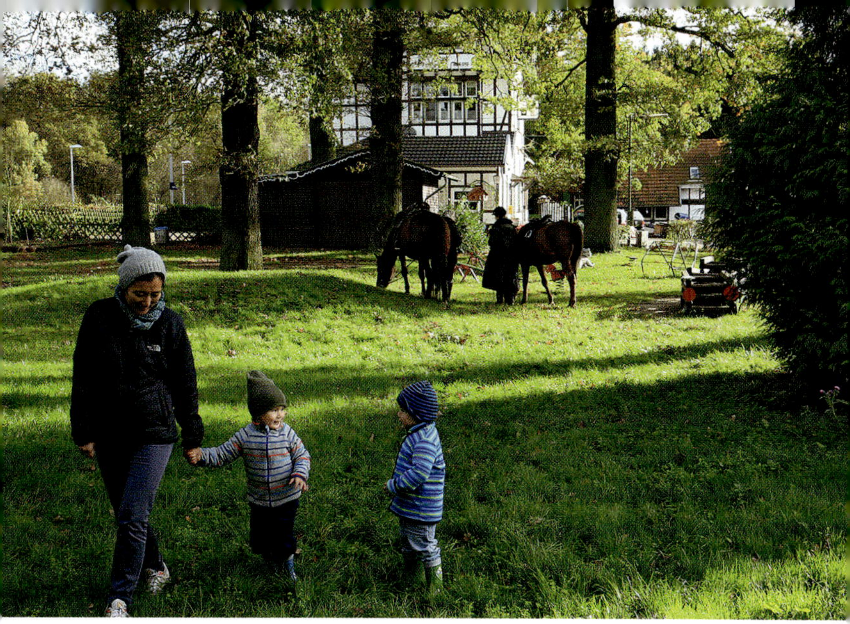

Wanderer und Reiter treffen sich am Bahnhof Kottenforst zur Rast.

Wir wandern zunächst noch am Waldrand entlang. Dann geht es hinein in den schönen Kiefernwald, der bei Sonne immer leicht nach Mittelmeer duftet. Wir überqueren alsbald die L113 von Witterschlick nach Lüftelberg und gehen noch ein kleines Stück geradeaus bis zum zweiten querlaufenden Weg. Er ist asphaltiert und führt nach links zum **Bahnhof Kottenforst (4)**. Den erreichen wir nach weiteren 500 m. Im alten Bahnhofsgebäude finden wir eine ansprechende Gastronomie. Für Kinder gibt es einen Spielplatz, der leider schon etwas in die Jahre gekommen ist, aber seinen Zweck erfüllt.

Nach einer Stärkung bestehen zwei Möglichkeiten für den Rückweg: Entweder schließen wir die Wanderung hier ab und fahren mit der Eifelbahn zurück nach Bonn oder in Richtung Bad Münstereifel oder wir wandern wieder nach Buschhoven zurück. Dazu nehmen wir eine Variante unseres Hinwegs. Wir überqueren auf der Zufahrtsstraße die Bahngleise nach rechts und halten uns gleich die nächste Möglichkeit mit der Markierung 1 links in den **Schwarzen Weg (5)**. Wir kommen an einigen Häusern vorbei und biegen nach dem letzten mit der Straße nach links über die Bahngleise und wandern bis zur L113. Der Wanderweg trägt den Namen »Villeweg«. Die Landstraße überqueren wir und folgen auf der gegenüberliegenden Seite einem Sandweg weiter geradeaus, bis er an der nächsten Kreuzung in einen Asphaltweg mündet. Wir ignorieren jedoch den Asphalt und biegen scharf links in den ersten Waldweg (ohne Markierung). Ihm folgen wir durch Kiefernwälder bis zum »Jagdweg«, den wir bereits vom Hinweg kennen. Wir biegen nach rechts in ihn ein und wandern nun auf dem Hinweg in entgegengesetzter Richtung bis zum **Toniusplatz (2)** und zum Bushalt in **Buschhoven-Mitte (1)**.

11 Rund um den Töpferort Adendorf

Burgenwanderung im Obstgarten des Rheinlandes ★

Zwischen Kottenforst und Eifel

Das kleine Dorf in Meckenheimer Land ist regional bekannt für seine Töpferkunst. Die Wanderung rund um das selbsternannte Töpferdorf führt im Norden durch die Ausläufer des Kottenforsts und im Süden durch Obstplantagen, die in der Gegend besonders zahlreich sind. An den beiden Burgen, die wir passieren, gibt es unter Umständen Reitturniere oder mondäne Gartenschauen zu bestaunen. Plicht ist in Adendorf auf jeden Fall die anschließende Shoppingtour in den Töpferstuben des Dorfes.

KURZINFO

Ausgangspunkt: Parkplatz an der Pfarrkirche St. Margareta (198 m).
Anfahrt: Auf der A565 bis AS Meckenheim-Merl, weiter auf der L158 bis Meckenheim und L123 bis Adendorf. Mit der Regionalbahn bis Meckenheim und weiter mit Bus 848.
Gehzeit: 1.25 Std.
Distanz: 5,6 km.
Höhenunterschied: 60 m.
Anforderungen: Eine leichte Tour mit wechselnden Markierungen.
Einkehr: Restaurant in der Reithalle der Burg Münchhausen (Tel. 02225/948369, www.restaurant-burg-muenchhausen.jimdofree.com) sowie Bäckereien, Cafés und einige weitere Restaurants im Dorfzentrum entlang der Adendorfer Hauptstraße.
Karte: Drachenfelser Ländchen und Siebengebirge (Eifelvereinskarte Nr 38, 1:25.000).
Tipp: Das kleine Dorf (www.toepferort-adendorf.de) bietet eine Vielzahl an Veranstaltungen, z. B. im Oktober die Adendorfer Töpfertage, in der Vorweihnachtszeit einen idyllischen Weihnachtsmarkt, Kinderkonzerte auf Burg Adendorf (www.burgadendorf.de) sowie Reitturniere auf Burg Münchhausen (www.reitstall-burg-muenchhausen.de).

Durch die herbstgoldenen Buchenwälder bei Adendorf.

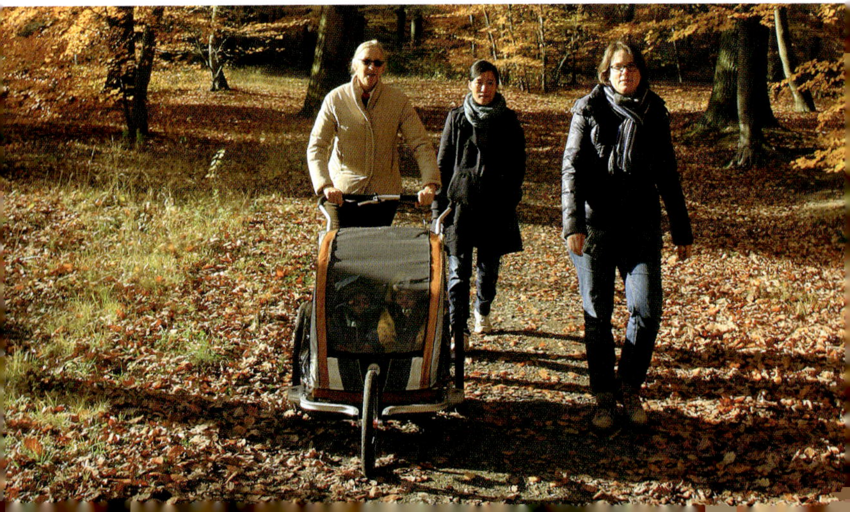

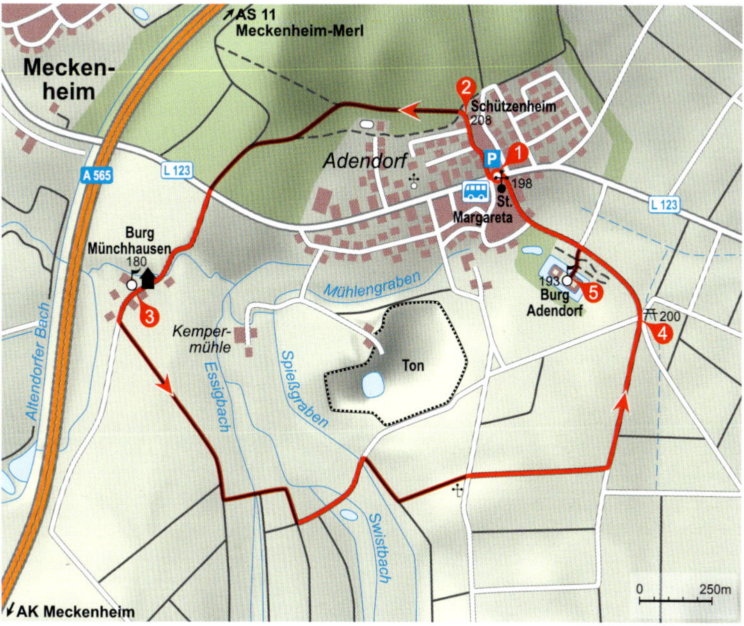

Gegenüber der katholischen Pfarrkirche **St. Margareta (1)** wandern wir die »Schützenstraße« bergan nach Norden (Markierung 6) vorbei an einigen netten Fachwerkhäusern, bis die Straße am Schützenheim nach rechts abbiegt. Wir gehen zwischen **Schützenheim (2)** und einem Privathaus weiter geradeaus in den Buchenwald hinein. Wenige Meter weiter mündet der Weg in einen querlaufenden Waldweg. Wir biegen mit der **Markierung W** nach links und wandern nun durch den von herrlichen Buchen gesäumten südlichen Ausläufer des Kottenforsts westwärts um Adendorf herum. Die Buchen sind im Spätherbst in ein hell leuchtendes Gelb gefärbt. Oberhalb des örtlichen **Sportplatzes** biegt unser Weg an der nächsten Gabelung nach links und wir gehen nun nach Süden auf die »Töpferstraße« zu, die wir westlich des Ortes überqueren. Auf der gegenüberliegenden Seite folgen wir der Zufahrt bis zur **Burg Münchhausen (3)**. Wird hier an Wochenenden eines der vielen Springreit-Turniere veranstaltet, reiten edle Pferde die Zufahrtsstraße auf und ab. Der Zugang zur Springhalle ist meist frei und die Kinder sind hellauf begeistert, wenn die Springreiter den Parcours meistern – oder auch nicht. In der Springhalle gibt es zudem ein Restaurant. Unser Weg führt an der Reithalle vorbei. An einer zweiten biegen wir mit der Markie-

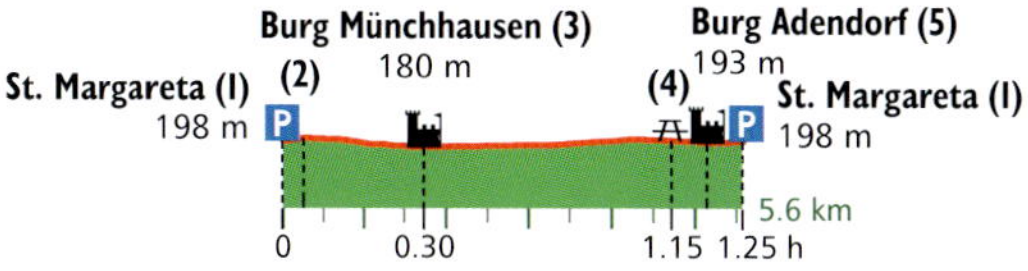

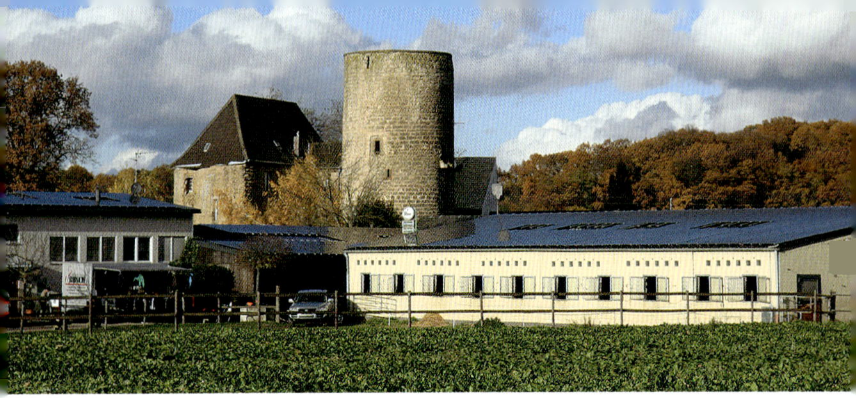

Die Burg Münchhausen ist Ort spektakulärer Reitturniere.

rung W nach links in einen Feldweg und wandern nun in südöstlicher Richtung über die Felder auf eine Hochspannungsleitung zu. Nun gelangen wir langsam, aber sicher in die Obstplantagen südlich von Adendorf hinein. Auf dem nächsten Kilometer verläuft unser Weg in einem wilden Zickzack: Wir biegen an der nächsten Abzweigung noch mit der Markierung W nach links und überqueren auf einer kleinen Brücke einen Seitenarm des **Swistbachs**. Schon 200 m weiter biegt der Feldweg nach rechts weg und nach nur weiteren 100 m verlassen wir den mit W markierten Weg wieder und biegen mit der Markierung 6 (sie ist hier schwer zu finden) nach links, um weitere Zuflüsse des Swistbachs zu überqueren. Insgesamt sind es in dieser Auenniederung vier. Gleich nachdem wir den letzten Zufluss überquert haben, biegen wir nun mit der Markierung 15 noch einmal nach rechts und 200 m weiter nach links. Leicht bergan wandern wir den Asphaltweg hinauf zur Landstraße. Diese überqueren wir an einem Steinkreuz und wandern geradeaus durch Obstplantagen, die diese Gegend rund um Meckenheim so nachhaltig prägen. Nach Norden gerichtet, erblicken wir bereits die Bäume im Park von Burg Adendorf und dahinter den Töpferort. Als Nächstes gelangen wir an eine T-Kreuzung und biegen ohne Markierung nach links in den Asphaltweg. Der führt uns geradewegs auf die Burg zu. Kurz vor ihrem Parkgelände biegen wir links in die querlaufende Landstraße. An dieser Kreuzung stehen zwei mächtige Eichen und eine einladende **Rastbank (4)**. Von hier kann man an schönen Tagen nach Süden auf die ersten Anstiege der Eifel blicken. Nun geht es in nördlicher Richtung mit der Markierung 6 (sie ist nur schwer zu erkennen) weiter die Landstraße entlang. Linker Hand erstrecken sich eine Parkanlage und dahinter die gut erhaltenen Gemäuer der **Burg Adendorf (5)**, die seit 1837 im Privatbesitz der Freiherren von Loë ist. Der Park ist zugänglich und einen Blick in die Burg darf man auch wagen. Gruppen ab 10 Personen erhalten nach Voranmeldung eine Führung. Mit der Burg erreichen wir wieder den Südrand von Adendorf. Die Eingangspforte der Burg links liegen lassend, gehen wir durch die Absperrung weiter nach Norden und schließlich die Georg-von-Loë-Straße entlang zurück zur Pfarrkirche **St. Margareta (1)**.

Vom Rodderberg zum Rolandsbogen

Hoch über dem Rhein durch einen erloschenen Vulkan ★★★

Tanz auf dem Vulkan

Vor rund 300.000 Jahren sprengte eine gewaltige Eruption den Kegel des Rodderbergs in die Luft und hinterließ die heutige Landschaft mit einer seichten Mulde inmitten grüner Weiden. In dieser Senke liegt malerisch das Gut Broichhof, ein internationales Zentrum für den Pferde- und Vielseitigkeitsreitsport. Auf unserer leichten Wanderung durch diese idyllische Naturlandschaft haben wir mehrere tolle Ausblicke auf das Rheintal und Siebengebirge. Den schönsten genoss 1999 sogar Bill Clinton, der damals mächtigste Mann der Welt, vom Rolandsbogen und war laut den Einheimischen »natürlich begeistert«.

KURZINFO

Ausgangspunkt: Parkplatz Broichhofkapelle (147 m).

Anfahrt: Mit dem Auto auf der B9, links bzw. rechts ab in die L129, in Niederbachem links ab in die Konrad-Adenauer-Straße und später rechts in die Vulkanstraße bis zur Einfahrt zum Gut Broichhof. Mit der Regionalbahn bis Bonn-Bad Godesberg, weiter mit Bus 857 bis Haltestelle Niederbachem Vulkanstraße und ca. 750 m zu Fuß bergauf bis zum Startpunkt.

Gehzeit: 1.20 Std.

Distanz: 4,4 km.

Höhenunterschied: 120 m.

Anforderungen: Kurze Wanderung mit drei moderaten Steigungen. Wechselnde Markierung. In weiten Teilen laufradgeeignet.

Hinweis: Mehrere Parkbänke und zwei Gasthäuser entlang der Strecke bieten Gelegenheit zum Verschnaufen und Stillen. Zudem gibt es mehrere Wiesen, die sich für ein Picknick anbieten.

Einkehr: **Lutter & Wegner am Rolandsbogen**, Rolandsbogen 0, 53424 Rolandswerth, Tel. 02228/372, www.rolandsbogen.de, ziemlich idyllisch gelegen, mit Sonnenterrasse und Wickelgelegenheit.

Karte: Drachenfelser Ländchen und Siebengebirge (Eifelvereinskarte Nr. 38, 1:25.000).

Tipp: Im Anschluss an die Wanderung lohnt ein Besuch im berühmten **Arp-Museum Bahnhof Rolandseck** oder Plantschen im **Freizeitbad Grafenwerth** auf der gleichnamigen Rheininsel unterhalb des Rolandbogens (dazu mit der Fähre von Rolandseck nach Bad Honnef übersetzen).

Das ganze Rheintal liegt uns am Rolandsbogen zu Füßen.

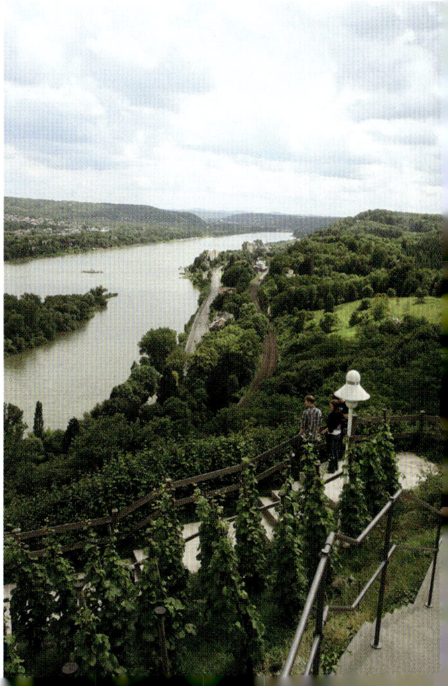

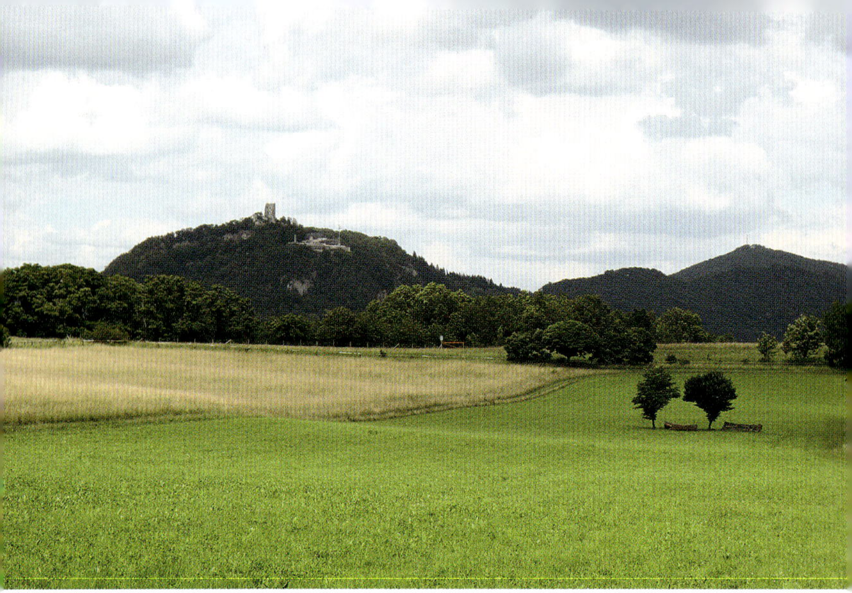

Bilderbuchlandschaft mit Blick auf das Siebengebirge.

Wir starten am **Parkplatz Broichhofkapelle (1)** und wandern nach Süden mit der Markierung »Rund um Wachtberg (w)« auf einem breiten Sandweg. Alsbald geht es leicht bergan. An der nächsten Kreuzung halten wir uns links und steigen nun zum Südrand des alten Vulkankraters auf. Linker Hand im Tal liegt der Broichhof. Wir wandern durch einen schattigen Eichen-Kiefern-Mischwald über den höchsten Punkt hinweg und genießen den weiten Blick auf Bonn, Rheintal und Siebengebirge. An der nächsten T-Kreuzung biegen wir mit der Markierung des Rheinhöhenwegs nach rechts in die querlaufende Asphaltstraße und starten den Abstecher zum **Rolandsbogen (2)**. Wir folgen der Straße gut 300 m nach Süden und biegen dann nach links in die Zufahrtsstraße zur rheinromantischen Burgruine. Es geht ca. 300 m bergab, gefolgt von einem leichten Gegenanstieg hinauf zum Kegel, auf dem der Rolandsbogen und das Restaurant thronen. Von hier oben genießen wir den phantastischen Rheinblick, den 1999 Bundeskanzler Gerhard Schröder seinem Staatsgast, dem damaligen US-Präsidenten Bill Clinton, präsentiert hat. Zum Ausgangspunkt des Abstechers gelangen wir auf demselben Weg zurück und gehen an der T-Kreuzung vorbei mit der Markierung W die Asphaltstraße entlang bis zum **Heinrichsblick (3)**. Der Ort hat als alte Richtstätte der Gemeinde Mehlem eine blutige Vergangenheit. Heute genießt man den ebenfalls tollen Blick auf das Rheintal und Siebenge-

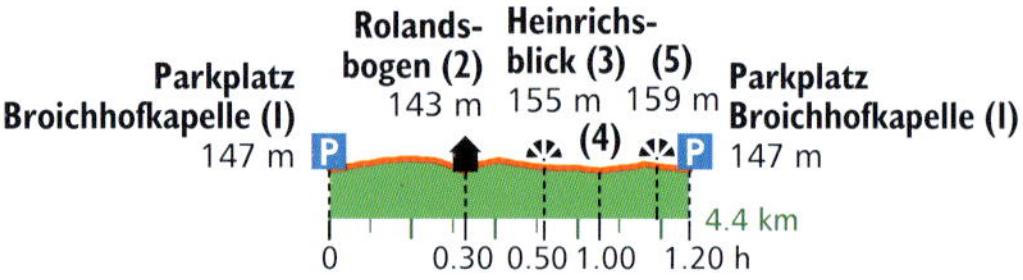

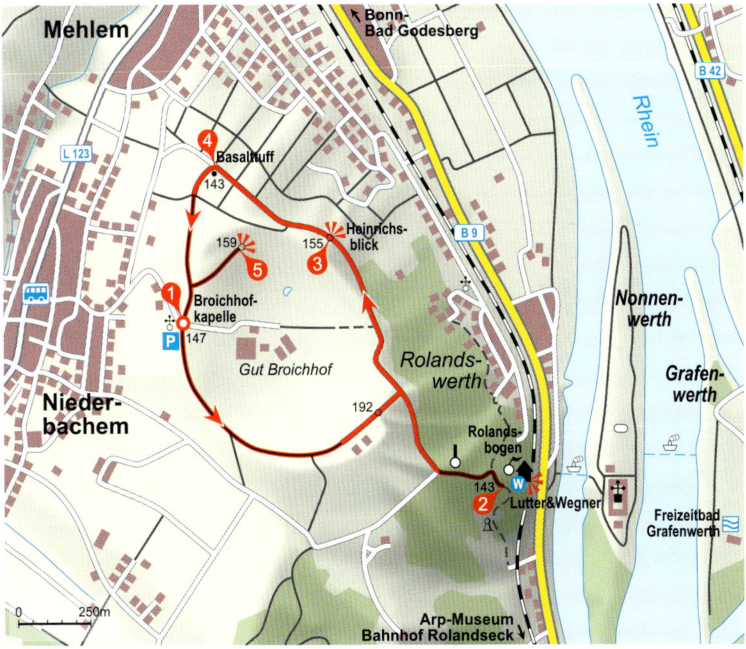

birge. Wir wandern weiter auf der Asphaltstraße bis zum Naturdenkmal **Basalttuff (4)**, einer Anhäufung von vulkanischem Gestein aus der Zeit der großen Erruption. Vor dem Basalttuff biegen wir links in einen Feldweg, der uns zurück zur Marienkapelle führt. Circa 300 m vor ihr nehmen wir aber noch einmal links einen schmalen Trampelpfad die kleine **Anhöhe (5)** hinauf. Von ihr hat man einen schönen Blick über die Gegend und die beste Aussicht auf den Rodderberg. Da der Weg nicht für Kinderwagen geeignet ist, lassen wir diesen einfach an der großen Wiese an der Abzweigung stehen und gehen, die Kleinen auf dem Arm, den kurzen Anstieg hinauf. Hier oben kann man ein nettes Picknick einlegen. Allerdings bitte auf den Wegen bleiben, die mit dicken Holzbalken begrenzt sind. Nach dem Abstieg biegen wir einfach mit der Markierung W nach links und gelangen zurück zum **Parkplatz Broichhofkapelle (1)**. Er liegt an der Einfahrt zum **Broichhof**, in dem es ein nettes Restaurant und edle Pferde zu bestaunen gibt.

Wandern auf herrlichen Graswegen am Rodderberg.

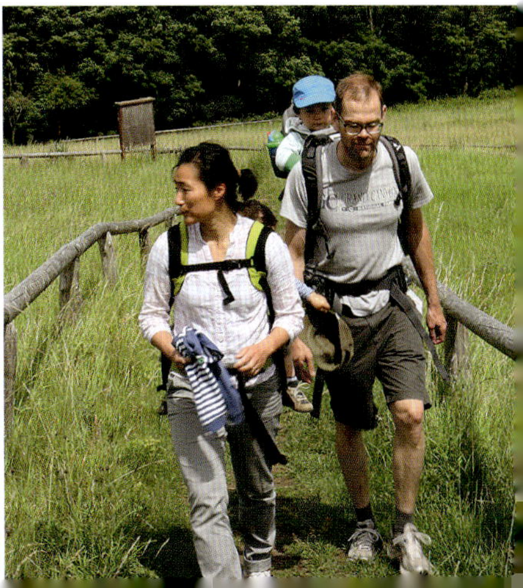

13 Von der Waldkapelle zur Ruine Tomburg

Waldwanderung durch den Rheinbacher Stadtwald ★★

Auf zur alten Raubritterburg

Markant thront die Tomburg auf einer der ersten Anhöhen der Eifel und ist daher weithin über die Obstanbau-Ebene rund um Rheinbach sichtbar. Sollte Ihnen die Ruine und das dazugehörige Panorama bekannt vorkommen, ist das gut möglich. Ziert sie doch das Etikett des Zuckerrübensirups Grafschafter Goldsaft, der im nahen Meckenheim hergestellt wird. Zu der ehrwürdigen Ruine wandern wir durch die herrlichen Wälder des Rheinbacher Stadtwalds. Die Ruine selbst ist für größere Kinder ein Erlebnispark und ein Geheimtipp für Kindergeburtstage, wenn man abseits von Spielhallen und Kindererlebnisgärten feiern will.

KURZINFO

Ausgangspunkt: Parkplatz an der Waldkapelle bei Rheinbach (234 m).
Anfahrt: Über die A61 bis Rheinbach. Im Stadtzentrum der L113 in Richtung Merzbach folgen, an der Kreuzung am Waldhotel links ab in die L492 Richtung Todenfeld und rund 1 km weiter bis zum Parkplatz an der Waldkapelle. Mit der Regionalbahn bis Rheinbach, weiter mit der Buslinie 844 oder 848 bis Wormersdorf Denkmal. In diesem Fall steigen wir am Wanderparkplatz Tomburg in die Tour ein. Hierhin gelangen wir entlang der »Tomburger Straße« in südwestlicher Richtung (1,7 km, 25 Min.).
Gehzeit: 1.25 Std.
Distanz: 5,2 km.
Höhenunterschied: 80 m.
Anforderungen: Leichte Wanderung über gut befestigte Waldwege mit wechselnden Markierungen; mehrere kurze und moderate Gegenanstiege; der einzige steile Anstieg führt hinauf zur Ruine Tomburg.
Einkehr: Keine Einkehrgelegenheit an der Strecke selbst, jedoch mehrere Gasthäuser in Wormersdorf (ca. 1,7 km vom Wanderparkplatz Tomburg nach Norden). Wer an der Waldkapelle die Wanderung beendet, kann anschließend im stilvollen Waldhotel Rheinbach mit Biergarten, Wickeltisch und großer Parkanlage mit Spielplatz einkehren, 1 km nordwestlich an der Kreuzung L113 und L492; Ölmühlenweg, 53359 Rheinbach, Tel. 02226/169220, www.waldhotel-rheinbach.de.
Karte: Rheinbach Alfter (Eifelvereinskarte Nr. 6, 1:25.000).
Tipp: Frisches Obst und Gemüse direkt vom Erzeuger ist in Meckenheim und Rheinbach leicht zu bekommen, denn die Region ist als Obstgegend bekannt. Viele der Bauern verkaufen ihre Ware in Hofläden oder am Straßenrand. In Rheinbach gibt es nach der Wanderung noch so einiges zu erleben: Freizeitbad monte mare (www.monte-mare.de), städtischer Freizeitpark (www.rheinbach.de/cms121/tfk/freizeitpark) und Glasmuseum (www.glasmuseum-rheinbach.de).

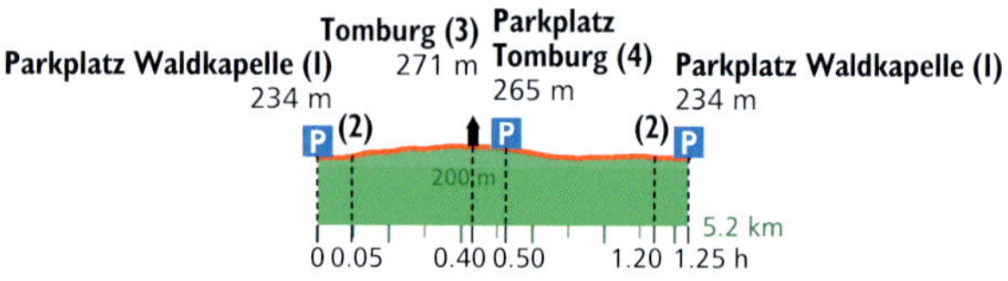

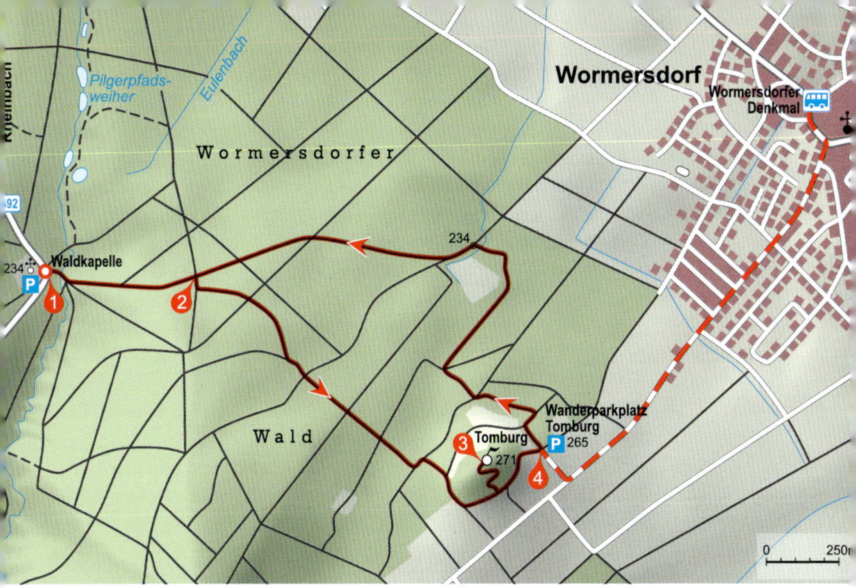

Vom **Parkplatz an der Waldkapelle (1)** gehen wir den breiten Forstweg nach Osten. Nur wenige Meter vom Parkplatz entfernt biegen wir mit der Markierung A2 nach links in einen schmalen Waldpfad ein und folgen der Beschilderung »Tomburg«. Über den recht sanften Waldweg gehen wir durch lauschige Buchenwälder nach Osten, passieren mehrere Stege und zwei Parkbänke, die zum Verweilen einladen. Schließlich gelangen wir an eine **Gabelung (2)** und folgen dem leicht ansteigenden

Ohne Kinderwagen geht es hinauf auf den Burgfried der Tomburg und wieder hinab.

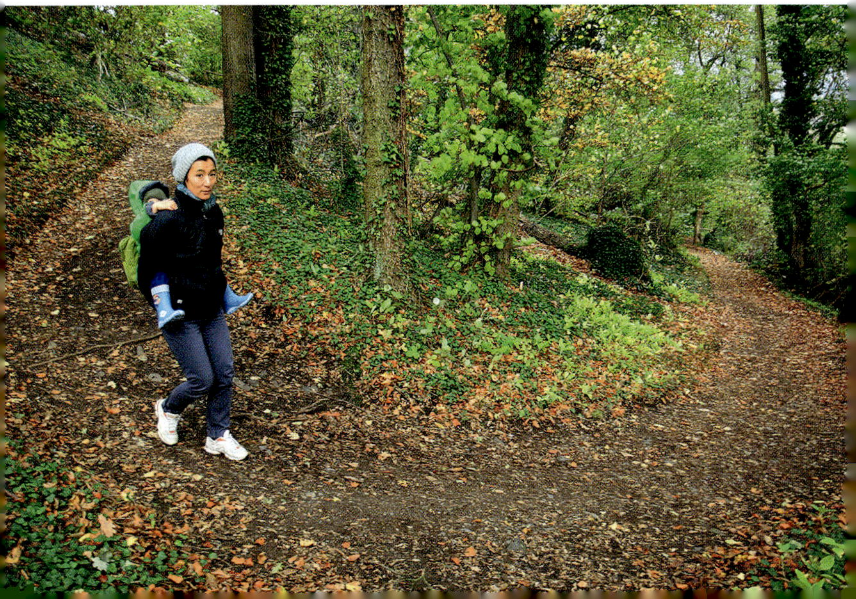

Weg nach rechts in Richtung »Tomburg«. Der Waldweg verläuft weiter recht idyllisch durch den ausgedehnten Buchenwald und kreuzt mehrere querlaufende Forstwege. Schon bald gesellt sich die Markierung A12 und wenig später auch der Karl-Kaufmann-Weg dazu. Wir wandern weiter gen Osten. Schließlich fällt der inzwischen breite Waldweg in eine kleine Mulde ab, macht eine Links-Rechts-Biegung und wir stehen vor dem dicht bewaldeten Burgberg der **Tomburg (3)**. Die Ruine bleibt allerdings noch eine Weile durch das Dickicht verborgen. Wir laufen rechter Hand um den Burgberg herum und treten aus dem Wald heraus; nach Süden öffnet sich der Blick über Weiden und Felder. Schließlich biegen wir mit der Burganlage links ab. Nur wenige Meter weiter nach Norden geht ein Pfad links in den Wald der Burganlage ab. Auf dem kleinen Platz unterhalb der Ruine werden meist Pferde angebunden, hier ist jedoch auch Platz für den Kinderwagen. Der Aufstieg zur Ruine ist kurz, aber steil. Vom Bergfried aus haben wir einen tollen Blick über das Drachenfelser Ländchen hinweg auf das Rheintal und das dahinterliegende Siebengebirge. In der Burganlage gibt es eine kleine Picknickwiese und auch reichlich Fläche zum Spielen. Wieder von der Burg hinabgestiegen, folgen wir nach links dem Weg weiter um den Burgberg herum und schauen noch einmal weit über das Drachenfelser Ländchen hinweg. Am **Wanderparkplatz Tomburg (4)** folgen wir der Markierung 1 links in die Zufahrtstraße. (Wer mit Bus und Bahn anreist, beginnt hier die Wanderung und folgt ab der Haltestelle Wormersdorf Denkmal der »Tomburger Straße« ca. 1,7 km in südwestlicher Richtung.) Am Ende des Parkplatzes biegen wir rechts in den Wald und sofort wieder links in einen Waldweg mit der Markierung 1 und wandern erneut durch einen schönen Buchenwald. Nach einem Rechtsknick gehen wir auf eine **Wiese (5)** zu, umrunden sie gegen den Uhrzeigersinn und gelangen an ihrem Nordrand über einen Steg nach links auf einen querlaufenden Forstweg (zusätzlich Markierung 2), um bei nächster Gelegenheit sofort wieder rechts in einen schmaleren Waldweg abzubiegen. Ihm folgen wir nach Westen und ignorieren die folgenden Abzweigungen. Schließlich verlässt uns die Markierung 1 nach rechts.

Blick in den mächtigen Burgfried der Tomburg.

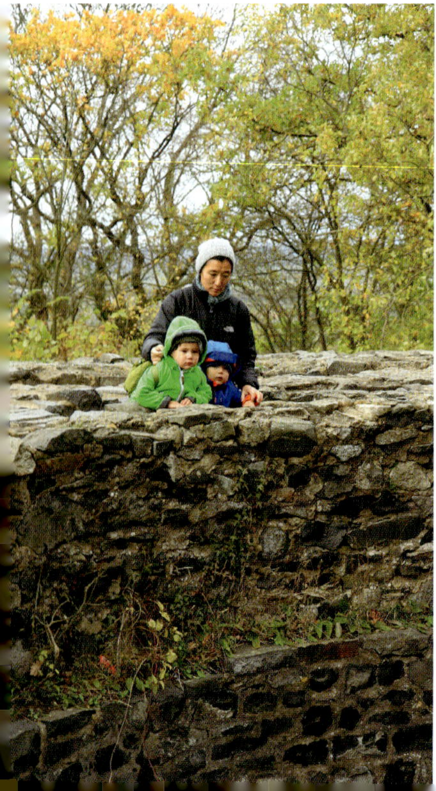

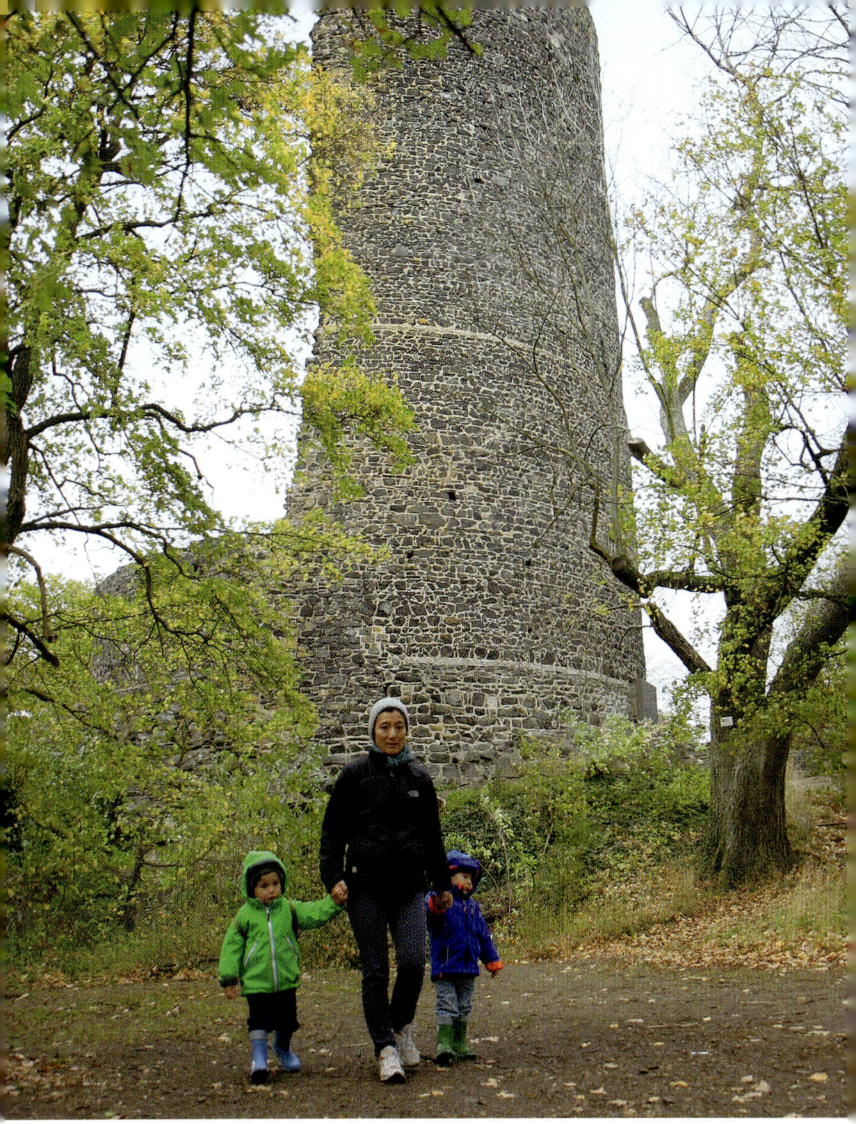

Kinder- und Kletterparadies Ruine Tomburg.

Den Rest des Weges folgen wir der Markierung 2. Der Wald hier ist lauschig, der Waldboden weich – es ist Zeit, die Kinder laufen und die Natur ein wenig entdecken zu lassen. Wir gelangen schließlich zurück an die **Gabelung (2)** vom Hinweg, wandern auf dem uns schon bekannten Weg weiter nach Westen, wieder über mehrere Stege hinweg, bis wir schließlich nach rechts in den breiten Forstweg einbiegen und alsbald auf dem **Parkplatz an der Waldkapelle (1)** stehen. Sie ist bis heute eine regional bedeutsame Wallfahrtsstätte.

14 Uferwanderung in Heimbach

Über den Meuchelberg zum Staubecken Heimbach ★★

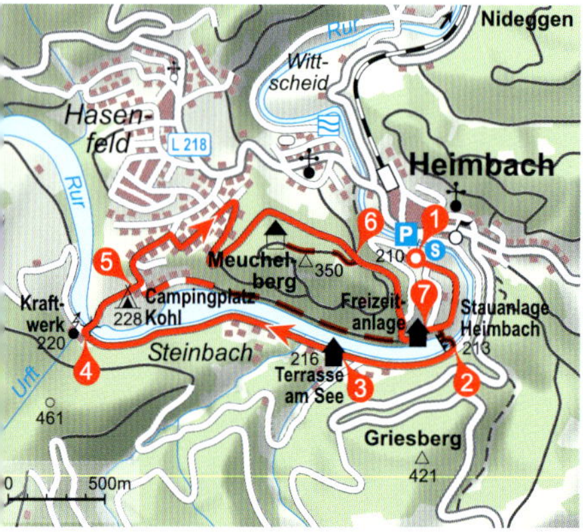

Am Rande des Nationalpark Eifel

Heimbach ist eines von mehreren Toren zum Nationalpark Eifel. Wer aber nicht allzu weit in die tiefen Wälder des Naturrefugiums vorstoßen möchte, findet auch rund um den Eifler Touristenort schöne Wanderungen. Eine von diesen führt auf sonnigen Pfaden durch idyllische Gärten und über wildbewachsene Uferwege um das Staubecken bis zum sehenswerten Jugendstil-Kraftwerk Heimbach. Über einen steilen Anstieg hinauf zum Meuchelberg gelangen wir zurück nach Heimbach. Wer sogar den Anstieg bis ganz hinauf zum höchsten Punkt wagt, wird mit einem fantastischen Blick über die beeindruckende Wasserlandschaft des Nationalparks belohnt. Aber auch ohne steilen Anstieg und weite Blicken lohnt der Ausflug nach Heimbach mit vielen Angeboten für Familien.

Blick auf das Staubecken Heimbach.

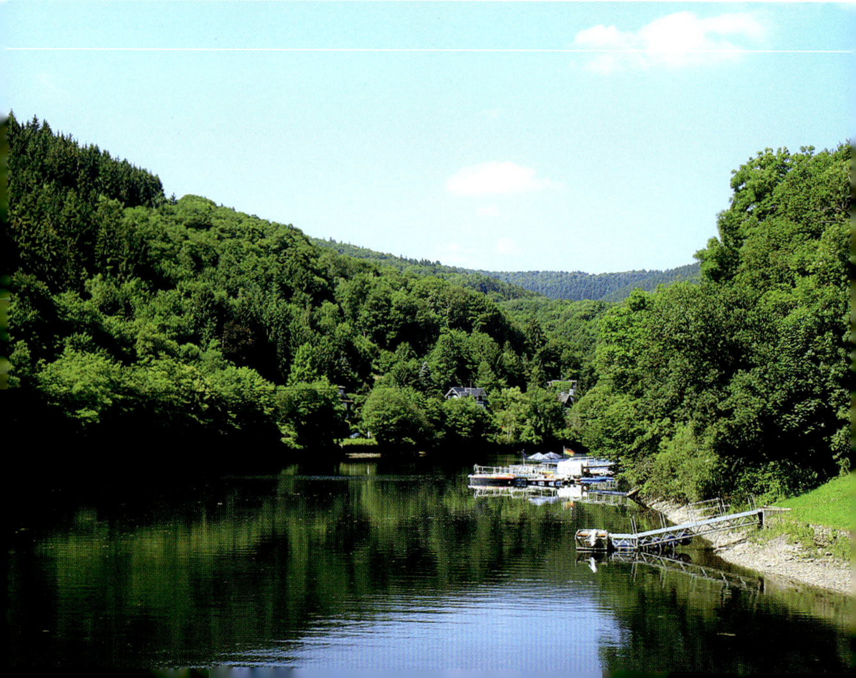

KURZINFO

Ausgangspunkt: Parkplatz im Zentrum von Heimbach, Südufer der Rur (210 m).
Anfahrt: Ökologisch korrekt fährt man in den Nationalpark mit der Regionalbahn bis Düren und weiter mit der Rurtalbahn bis Heimbach. Zum Ausgangspunkt folgen wir noch 400 m der »Hengebachstraße« und biegen mit einer Steinbrücke (Straßenname »Über Rur«) nach rechts zum Parkplatz auf dem Westufer der Rur. Mit dem Auto ab der AS Erftstadt (A61) auf der B265 und L218.
Gehzeit: 1.40 Std.
Distanz: 6,7 km.
Höhenunterschied: 110 m.
Anforderungen: Keine leichte Wanderung, denn im zweiten Teil wartet ein kurzer steiler Anstieg auf einem Asphaltweg, der den halben Weg hinauf zum Meuchelberg führt. Zwischen dem Staubecken und dem Meuchelberg ohne Markierung.
Varianten: Variante 1 führt hinauf zur Schutzhütte am Meuchelberg. Dazu gehen wir von der großen Wegespinne (6) scharf nach rechts mit der Markierung 21 bergan bis zu einer Schutzhütte, wo sich eine schöne Aussicht bietet. Wer mit einer Kraxe unterwegs ist, kann den Anstieg zum Meuchelberg umgehen und stattdessen vom Campingplatz Kohl auf einem schönen Wanderpfad das Nordufer des Staubeckens entlang zurück nach Heimbach gehen (Variante 2, Markierung Schwarzer Pfeil des Krönungsweges; insgesamt 5,5 km). Mit einem Kinderwagen ist dieser Weg allerdings nicht begehbar. Die Variante 3 führt ebenfalls ohne Anstiege auf dem beschriebenen Weg zum Kraftwerk Heimbach und auf demselben Weg wieder zurück (insgesamt 5,4 km).
Hinweis: Parkbänke zum Stillen, Wickeln und Rasten sowie Einkehrgelegenheiten finden sich entlang der gesamten Strecke. Unterhalb der Burg Hengebach liegt ein gepflegter Kinderspielplatz idyllisch an der Rur. Der Zugang ist an der Strecke beschildert. Die Wanderung ist lediglich in der Variante 2 für Laufräder und Zwillingswagen geeignet.
Einkehr: Mehrere Restaurants und Eisdielen im Ortskern von Heimbach. Im ersten Abschnitt der Wanderung passieren wir das idyllisch gelegene Restaurant **»Terrasse am See«**, Tel. 02446/3314, www.terrasse-am-see.de. Getränke und Snacks am Campingplatz Kohl. Nach dem Abstieg vom Meuchelberg kann man sich in der Außengastronomie der **Freizeitanlage Franz Pütz** am Staubecken Heimbach stärken. Über Rur, 52396 Heimbach, Tel. 02446/3294. Neben Getränken und kleinen Gerichten gibt es in der Anlage auch einen Tretbootverleih.
Karte: Nationalpark Eifel (Eifelvereinskarte Nr. 50, 1:25.000).
Tipp: In und um Heimbach gibt es viel zu erkunden (u. a. Nationalpark, Rursee, Niedeggen, Kloster Mariawald etc.). Die Wanderung kann man gut mit einem **Wochenendaufenthalt** verbinden. Unterkünfte bietet die Region viele. Sehenswert an der Strecke ist das ehemalige **Kraftwerk Heimbach**. Seine imposante Jugendstilarchitektur beeindruckt bis heute. Das **Freibad der Stadt Heimbach** mit einem schönen Kinderbecken liegt idyllisch in einer Schleife der Rur (www.freibad-heimbach.jimdofree.com).

Am Ostende des Parkplatzes in **Heimbach (1)** folgen wir der Straße »Über Rur« die Rur entlang in Richtung »Staubecken Heimbach« (Markierung schwarzer Pfeil des Kröhnungswegs). Sie ist nur für Anlieger frei und führt mit einigem Abstand parallel zur Rur. Zur Linken liegen die sehr gepflegten Gärten einiger Heimbacher Bürger. Über ihnen thront ansehnlich die Burg Hengebach. Mit einer leichten Rechtskurve gelangen wir an die **Stauanlage Heimbach (2)**. Wir überqueren die Staumauer ohne Markierung nach links und biegen auf dem Ostufer nach rechts in den »Seerandweg« ein. Nun folgen wir dem Uferweg bis zum Kraftwerk

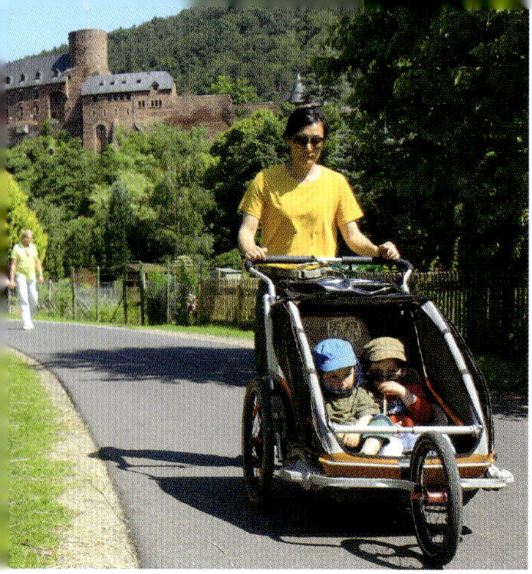

Gemütlicher Tourauftakt im Schutze der Burg Hengebach.

Heimbach. Er ist überwiegend asphaltiert und führt zunächst an einem Steilufer entlang. Seine feuchten Felsen und der dichte Laubbewuchs spenden im Sommer eine willkommene Kühle. Unterwegs passieren wir das idyllische gelegene **Restaurant »Terrasse am See« (3)**. Später wechselt der Weg seinen Namen in »Langerscheidt«. An dem wegen seiner Jugendstilarchitektur sehenswerten **Kraftwerk Heimbach (4)**, biegen wir mit der Brücke nach rechts über die Rur und wandern die »Kleestraße« am Gelände des **Campingplatzes Kohl (5)** entlang. Dahinter biegt der Krönungsweg nach rechts weg und führt als Variante direkt das Nordufer des Staubeckens entlang zurück nach Heimbach. Auf der Normalstrecke folgen wir weiter der »Kleestraße« durch eine Links-Rechts-Kurve bergan – der Weg ist nun unmarkiert. Wir wandern durch ein Wohngebiet von **Hasenfeld** und biegen bei nächster Gelegenheit nach rechts in den »Kornblumenweg«. Ihm folgen wir an der nächsten Kreuzung nach links. Die Wohnstraße mündet schließlich in die querlaufende Straße »Am Meuchelberg«, in die wir nach rechts einbiegen. Nun beginnt der Anstieg zum Meuchelberg. Es geht ca. 400 m steil bergan, der Weg verflacht allerdings schon hinter den letzten Häusern wieder. Nach einer scharfen Linkskurve steigt er nur noch sehr moderat an. Wir wandern durch einen schattigen Wald, auf halber Höhe den West- und danach den Nordhang entlang und ignorieren alle Abzweigungen. Schließlich gelangen wir an eine große **Wegespinne (6)**. Wer noch gut bei Kräften ist, kann hier die Variante zur Schutzhütte am **Meuchelberg** wagen.

Zurück nach Heimbach bleiben wir jedoch geradeaus auf dem Asphaltweg, der ins Tal abfällt, (zweiter Weg im Uhrzeigersinn, ebenfalls Markierung 21). Der ungefähr. 400 m lange Abstieg ist steil. Wir ignorieren die nächste Abzweigung, an der die Markierung 21 nach links wegbiegt. Noch ein Stück weiter bergab gelangen wir zur **Freizeitanlage Franz Pütz (7)**, an der wir links die Straße »Über Rur« nehmen. Wenige Meter weiter gelangen wir mit der Markierung 49 zum Staudamm und wandern wieder auf unserem Hinweg durch die schönen Gärten von Heimbach mit Blick auf die Burg zurück zum Ausgangspunkt in **Heimbach (1)**. Kurz vorher weist ein Schild nach rechts zu einem sehr schönen **Spielplatz**.

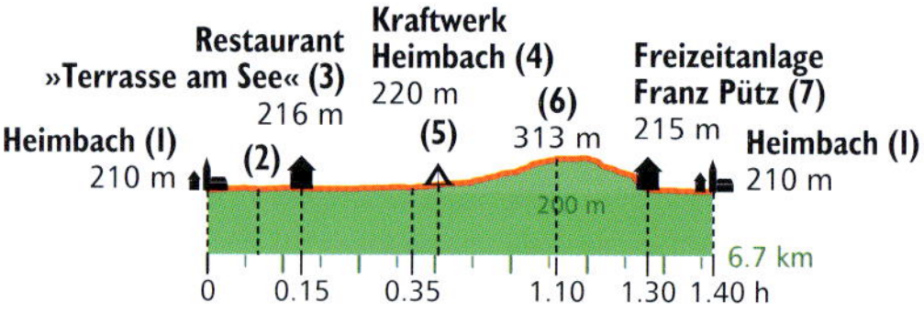

Entlang des Kermeterufers

Per Schiff und zu Fuß durch den Nationalpark Eifel ★★

Buchenwälder und Stauseen

Die Bootsfahrt über den Rurstausee ist eigentlich schon Erlebnis genug. Wir verbinden den Ausflug von der Staumauer Schwammenauel nach Rurberg und zurück mit einer einfachen, aber herrlichen Wanderung durch die ausgedehnten Buchenwälder des Kermeter. Sie sind das Herzstück im Nationalpark Eifel. Die Wanderung ist bewusst kurz gewählt, denn in Rurberg gibt es neben einem Naturfreibad auch das Nationalparkinformationszentrum, eine Minigolfanlage und einen Spielplatz zu erobern, bevor wir mit dem Rursee-Schiff wieder zurück nach Schwammenauel schippern.

KURZINFO

Ausgangspunkt: Anleger Schwammenauel am Staudamm des Rursees. Weiterfahrt mit einem der Ausflugsschiffe der Rursee-Schifffahrt bis zum Anleger Kermeterufer. Hier beginnt die eigentliche Wanderung. (275 m).
Anfahrt: Bis Heimbach siehe Tour 14. Bahnreisende fahren von Heimbach mit dem Touristenzug Rurseebahn bis zur Staumauer, Autoreisende folgen der Beschilderung Schwammenauel.
Gehzeit: 1.25 Std.
Distanz: 5,4 km.
Höhenunterschied: 90 m.
Anforderungen: Eine leichte Wanderung mit durchgehender Markierung. Lediglich die ersten 1000 m vom Anleger Kermeterufer führen leicht bergan.
Hinweis: Entlang der Wanderung gibt es mehrere Parkbänke zum Stillen, Wickeln und Verweilen, die schönste an der Aussicht auf Woffelsbach. Zusätzliche Wickelgelegenheiten gibt es in Rurberg in der Informationsstelle Nationalparktor.
Einkehr: Zahlreiche Lokalitäten in Rurberg sowie auf den Rursee-Schiffen.
Karte: Nationalpark Eifel (Eifelvereinskarte Nr. 50, 1:25.000).
Variante: Wer statt der Hinfahrt mit dem Schiff lieber auf ganzer Länge am Kermeterufer entlangwandern möchte, folgt dem Uferweg mit der Markierung T2 ab dem Parkplatz Büdenbach, südlich des Staudamms Schwammenauel gelegen (plus 5,4 km).
Tipp: Pack die Badehose ein. Das **Naturfreibad Eiserbachsee** in Rurberg lädt zum Verweilen ein, bevor es mit dem Schiff zurück nach Schwammenauel geht. Das Bad ist ganzjährig geöffnet, kostenfrei und es hat eine schöne, weitläufige Liegewiese, Kinderspielplatz und ein Bistro mit Sonnenterrasse (www.rursee.de). Infos bei der Rursee Touristik, Tel. 02473/93770.

Rurseeidyll bei Woffelsbach.

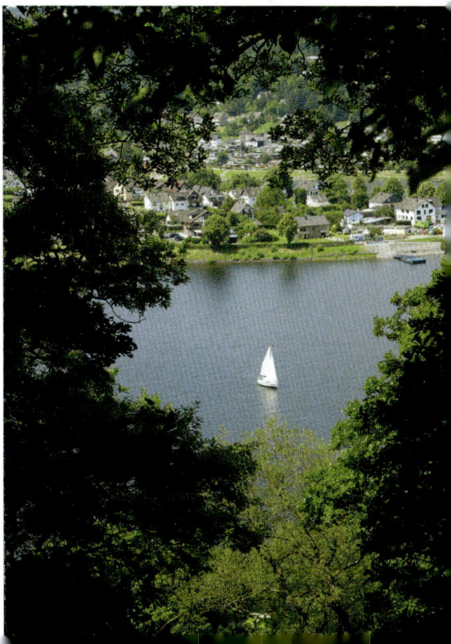

Auf der ca. 20-minütigen Schifffahrt von Schwammenauel bis zum **Anleger Kermeterufer (1)** können wir uns an der Bordbar der »Aachen« oder »Stella Maris« stärken und uns beim schönen Anblick von Wasser, Inseln, Hügeln und weitläufigen Wäldern ausruhen. Aber Achtung: Die Rursee-Schiffe halten nur auf Anfrage am Behelfsanleger Kermeterufer. Nach dem Anlegemanöver am schmalen Behelfssteg tauchen wir schnell in die Buchenwaldwelt des Kermeters ein. Dieser Teil des Nationalparks Eifel ist der größte zusammenhängende Buchenwald in Deutschland. Von der Infotafel am Steg folgen wir zunächst dem mit **T2 kurz** markierten Zubringer hinauf zum eigentlichen Uferweg, der etwas oberhalb am Hang verläuft. Gleich zu Beginn geht es moderat bergauf. Weil der Waldweg nun aber ein wenig über Stock und Stein führt, sind die ersten 1000 m auch die anspruchsvollsten der ganzen Tour. Ca. 80 Höhenmeter weiter oben am Hang angekommen, biegen wir nach rechts in den breiten Waldweg ein, der dem Südufer des Rursees von Schwammenauel bis Rurberg folgt (Markierung T2). Neben dem einen oder anderen Wanderer benutzen ihn vor allem Fahrradfahrer. Wir steigen noch einige Meter weiter leicht bergan und gelangen an einen querlaufenden Weg, wo wir jedoch mit T2 weiter geradeaus am Hang entlang wandern und zu einer **Sitzbank (2)** mit einem sehr schönen Blick durch die Buchenzweige hinab zum See und auf Woffelsbach am gegenüberliegenden Ufer kommen. An dieser Stelle

Durch die sonnendurchfluteten Mischwälder des Kermeters.

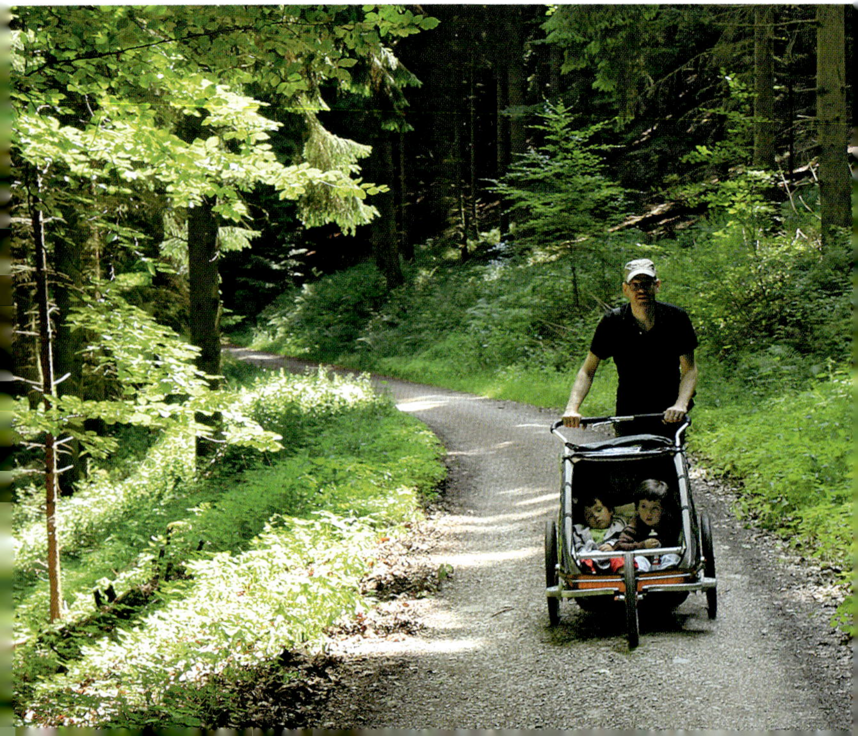

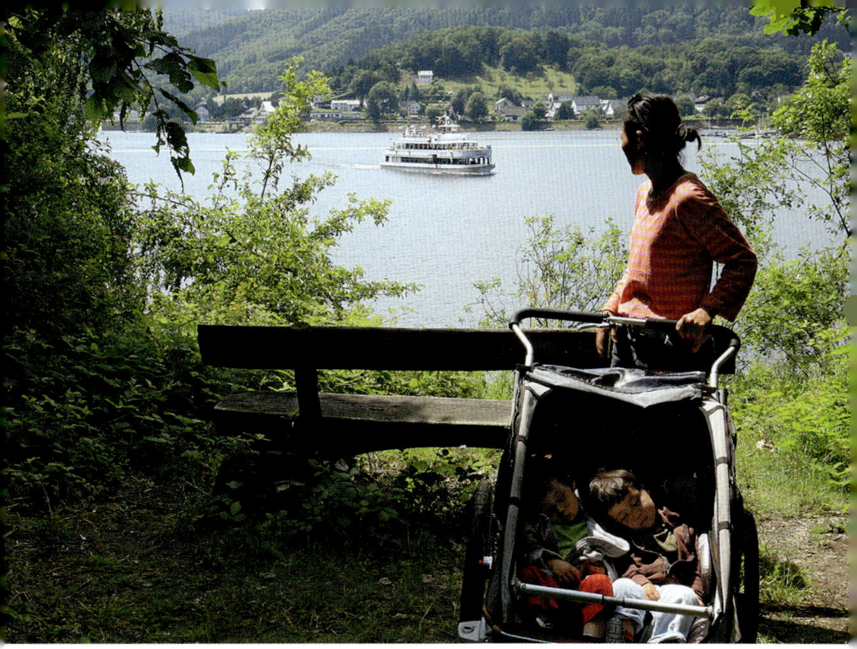

Ein Rursee-Dampfer verlässt Rurberg.

biegen wir um den Felsvorsprung nach Süden, wandern weiter am Hang entlang und genießen die herrlichen Aussichten, die der Wald immer wieder freigibt. Die Felsen des Steilufers spenden dabei eine angenehme sommerliche Wärme. Als nächstes läuft von links ein Asphaltweg den Hang hinab auf den Uferweg zu. Die Markierung T2 biegt nun den Hang hinauf in Richtung Paulushof. Wir aber setzen unseren Weg weiter am See fort. Der Weg ist nun asphaltiert und führt mit mäßiger Neigung zum Ufer hinab. Nach einer scharfen Rechtskurve stehen wir unvermittelt am sogenannten **Staudamm Paulushof (3)**. An seinem Südende gehen wir geradeaus über den Parkplatz und halten uns bei der nächsten Gelegenheit rechts über den Staudamm des Eiserbachs. Nach links blickend, sehen wir das schön gelegene Naturfreibad. Wir wandern auf das **Nationalparktor (4)** zu, einem umfangreichen Informationszentrum.

Zum **Anleger Rurberg (5)** biegen wir abschließend nach rechts in die Seeufer-Straße. 300 m hinter dem Schiffsanleger gibt es weitere Einkehrgelegenheiten, außerdem eine Minigolf-Anlage und einen Kinderspielplatz. Rurberg bietet reichlich Gelegenheit zur Zerstreuung für Groß und Klein, aber verpassen Sie nicht das letzte Schiff zurück nach Schwammenauel.

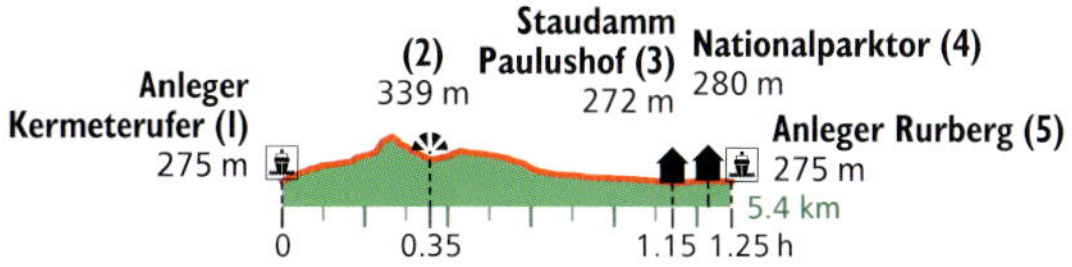

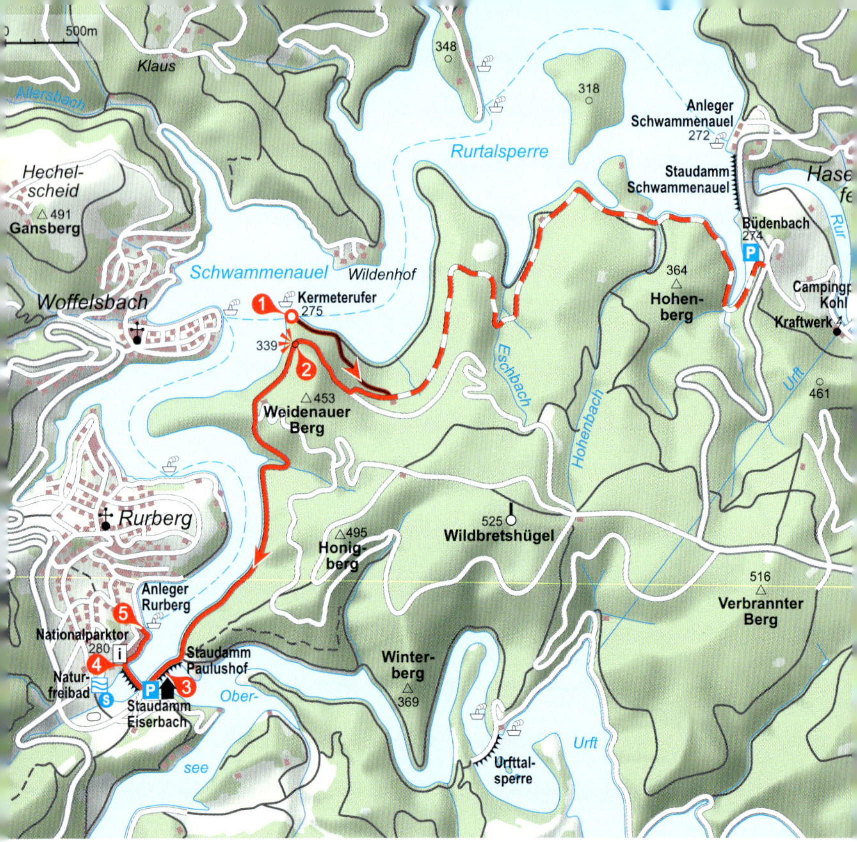

Auf dem Sonnendeck der »Stella Maris« ist guter Sonnenschutz angesagt.

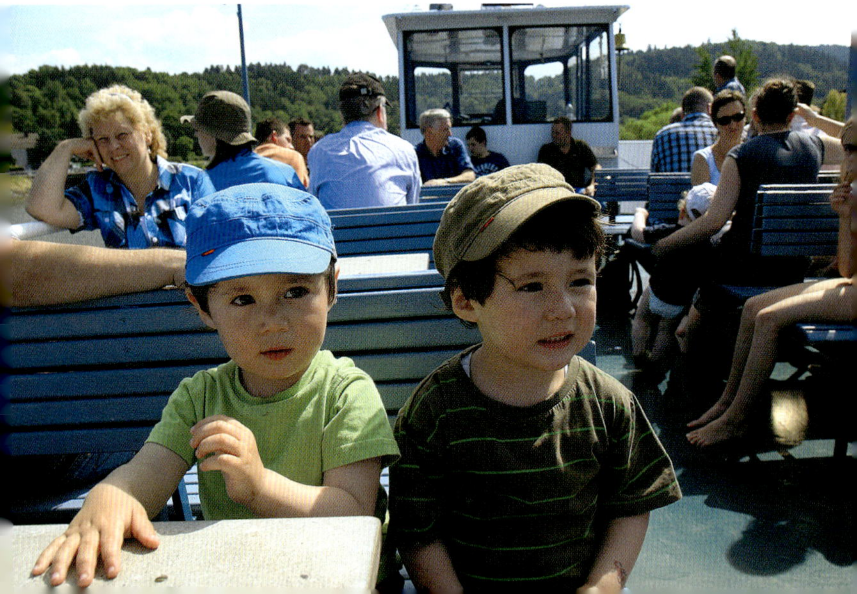

Durch das Tal der Erkensruhr

In der Abgeschiedenheit des Nationalparks Eifel ★★★

Abseits des großen Trubels

Durch eines der schönsten Täler der Eifel, das noch vom Wochenendtourismus im Nationalpark verschont wird, wandern wir ungestört vom Lärm der Zivilisation, vorbei an einer Fledermaushöhle, einem kretischen Labyrinth und schönen Fachwerkhäusern über saftige Wiesen, durch lauschige Täler und wilde Hochmoore. Hier im hinteren Zipfel des Nationalparks bildet sich die Natur noch mit aller Vielfalt nach ihren eigenen Gesetzen. Die Wanderung ist eine der schönsten, aber auch anspruchsvollsten in diesem Buch.

KURZINFO

Ausgangspunkt: Parkplatz am Sportplatz Erkensruhr (340 m).

Anfahrt: Auf der A1 bis AS Wißkirchen und weiter auf der A266 über Kommern, Gemünd nach Einruhr. Kurz vor Einruhr links ab ins Tal der Erkensruhr und der Beschilderung »Sportplatz« folgen. Mit Bus und Bahn ist die Anreise zwar möglich, sie dauert ab Köln aber z. B. gut 3 Stunden.

Gehzeit: 2.15 Std.

Distanz: 8,0 km.

Höhenunterschied: 210 m.

Anforderungen: Aufgrund des kurzen und knackigen Anstiegs hinauf zum Müsauelsberg sowie des steilen Abstiegs vom Gierberg nach Erkensruhr ist die Wanderung anspruchsvoll. Weil zudem der Weg zwischen Müsauelsberg und Gierberg etwas ruppig ist, sollte man unbedingt einen geländegängigen Kinderwagen oder eine Kraxe benutzen. Nach Regenfällen kann der Weg matschig sein. Die Wanderung ist nur für Kleinkinder geeignet. Sie bietet viele Attraktionen am Wegesrand.

Variante: Wer den steilen An- und Abstieg scheut, bleibt einfach auf dem beschriebenen Weg bis zur Fledermaushöhle und kehrt ab den Fischteichen über die asphaltierte Straße »Erkensruhr« zurück zum Sportplatz. Wer nach dem Abstieg vom Gierberg statt im Tal die Straße entlang lieber noch im Wald weiter wandern möchte, folgt in der letzten Kehre vor Erkensruhr der Beschilderung »Waldkapelle«. Dorthin führt ein Waldweg, der nur für geländegängige Einsitzer geeignet ist, und weiter zum Kreisel in Finkenauel. Wer auf dem Weg zum Gierberg abkürzen möchte, der folgt ungefähr auf halber Strecke nach dem Labyrinth dem Zubringer des Wildnis-Trail zum Gasthaus »Zum weißen Stein« in Hirschrott.

Hinweis: Die Wanderung ist nur mit geländegängigen Kinderwagen problemlos gehbar. Unterwegs findet man viele Rastbänke sowie eine Schutzhütte zum Stillen und Wickeln.

Einkehr: Im Tal gibt es mehrere Einkehrmöglichkeiten, die netteste liegt direkt an der Route. **Gasthaus »Zum Weißen Stein«** mit einfachen Speisen (z. B. Apfel- und Pfannkuchen), Getränken, einer Sonnenterrasse und einem Koch, der sich selbst als wandelnde Speisekarte bezeichnet. Hirschrott 11, 52152 Simmerath, Tel. 02485/469, www.zum-weissen-stein-eifel.de.

Karte: Nationalpark Eifel (Eifelvereinskarte Nr. 50, 1:25.000).

Tipp: Am Ortseingang von Erkensruhr befindet sich ein kleiner Park mit dem Treffpunkt für eine **geführte Rangertour**, die ausdrücklich auch kinderwagengeeignet ist (jeden Freitag um 11 Uhr), sowie ein kleiner Spielplatz (zu Fuß vom Sportplatz 1 km). Wer den Tag noch für einen Sprung ins kalte Nass nutzen möchte, fährt ins **Naturerlebnisbad** nach Einruhr (ca. 3 km, www.naturerlebnisbad-einruhr.de).

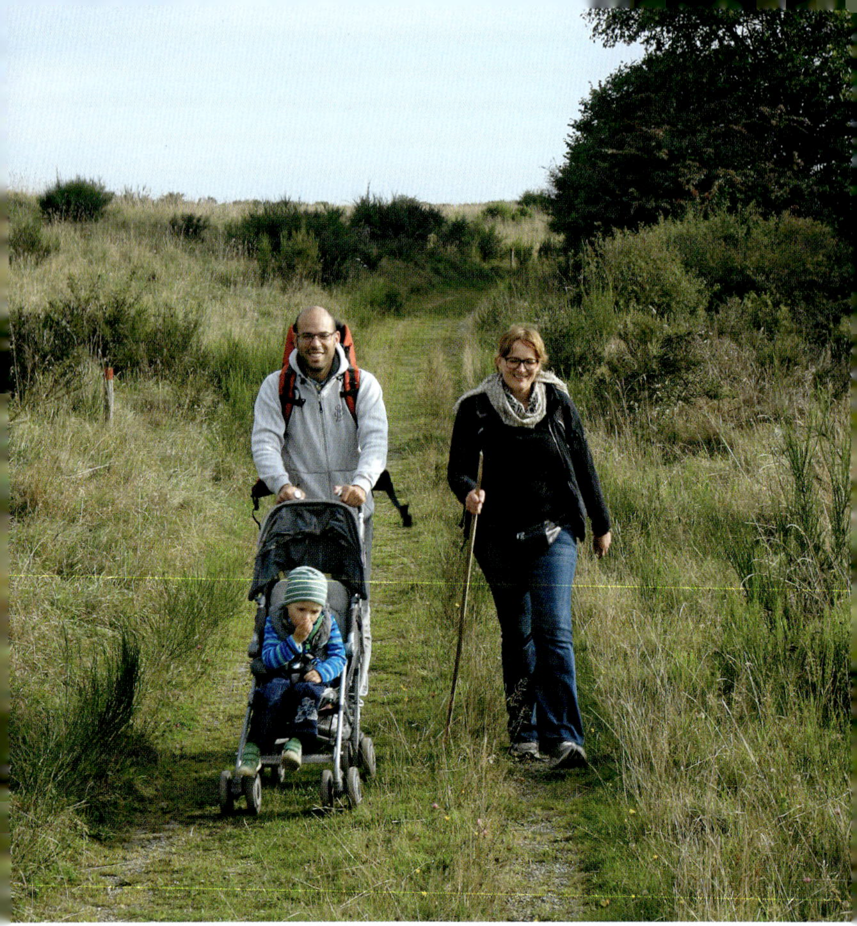

Herrliche Wiesenwege auf der Dreiborner Hochfläche.

Auf den ersten Kilometern der Wanderung folgen wir ohne Markierung und auf asphaltierten Wegen dem Tal nach Süden. Vom Sportplatz in **Erkensruhr (1)** aus wandern wir die wenig befahrene Straße entlang durch schöne Wiesen, auf denen meist Pferde weiden, und gelangen über einen kurzen Anstieg zum Kreisverkehr in **Finkenauel (2)**. Hier läuft von links der Weg von der Waldkapelle zu (siehe Variante). Wir wandern weiter geradeaus und gelangen nach Hirschrott. Idyllisch schmiegen sich einzelne Häuser inmitten weitläufiger Wiesen an den Hang. Hier hat die Zivilisation einen letzten Außenposten. Am Ende der Straße treffen wir zunächst auf ein sehr schönes Fachwerkhaus, mit einem Traum von (privatem) Spielplatz und danach auf das **Gasthaus »Zum weißen Stein« (3)**. Die Wanderung ist noch jung, und wer jetzt nicht einkehrt, sollte nach Abschluss der Tour unbedingt noch einmal zurückkehren und sich stärken. An der T-Kreuzung biegen wir nach rechts ins Tal, vorbei an einem Teich, in dem mit einiger Sicherheit die Forellen

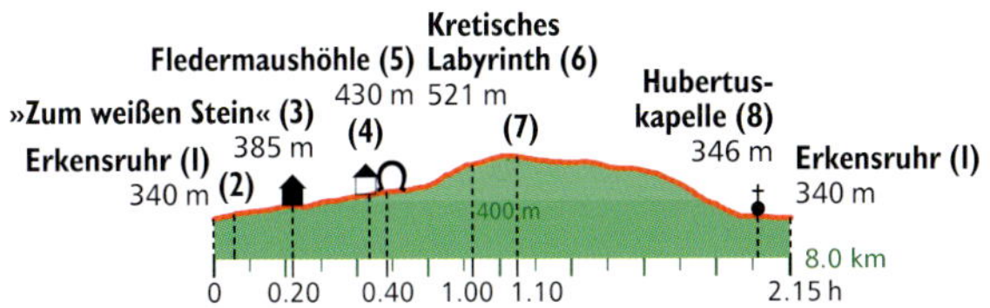

schwimmen, die der Koch im Weißen Stein zubereitet. An der großen Kreuzung dahinter ist eine Entscheidung fällig: Wer den anspruchsvollen Anstieg zum Müsauelsberg nicht bewältigen will, biegt nach rechts und wandert mit der Straße »Erkensruhr« das Tal wieder zurück (siehe Variante). Auf dem Normalweg halten wir uns mit der Markierung T3 nach links. Auf dem breiten Forstweg gehen wir nun direkt an der Erkensruhr entlang, die idyllisch zu unserer Linken plätschert. Schließlich gelangen wir zu einer Gabelung an einer **Schutzhütte (4)**. Hier vereinen sich der Wüste- und der Pingelbach zur Erkensruhr. Wir biegen mit der Markierung T3 nach links und folgen dem Lauf des Wüstebachs in Richtung »Dreiborn«. Unterwegs passieren wir die durch ein Gitter verschlossene **Fledermaushöhle (5)** und, die folgende Abzweigung ignorierend, etwas weiter eine Brücke über den wilden Bach. Dahinter beginnt der Anstieg zum Müsauelsberg – zunächst auf einem breiten Forstweg noch recht moderat. In der nächsten Kehre biegt T3 nach rechts weg. Aus dieser Richtung gesellt sich der Wildnistrail (Symbol Wildkatze) zu uns (ihm folgen wir bis zum Tourende in Erkensruhr). Unser Weg macht eine Linkskehre und die Steigung nimmt nun deutlich zu. Der Weg ist mit einer Mischung aus Asphalt und Schotter befestigt. Nach zwei weiteren Kehren und rund 500 m bergan treten wir aus dem Wald in eine weitläufige Wiesen-

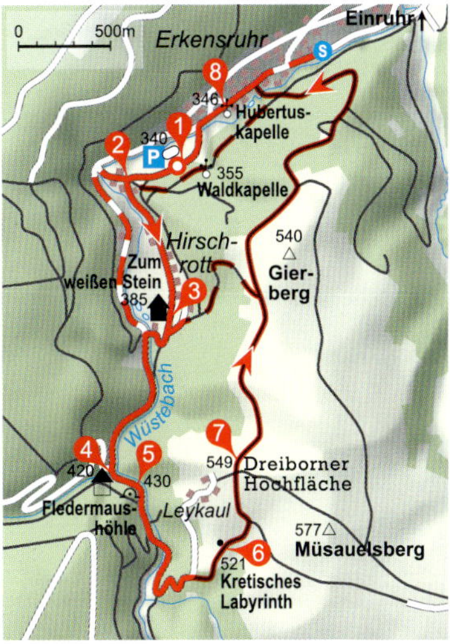

Im Nationalpark gibt es selbstverständlich viel zu entdecken.

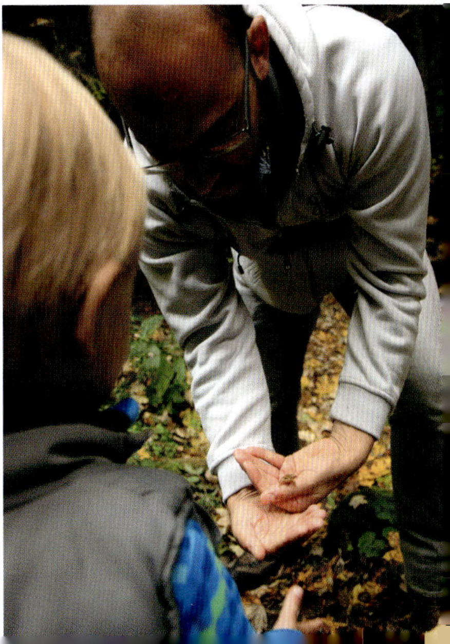

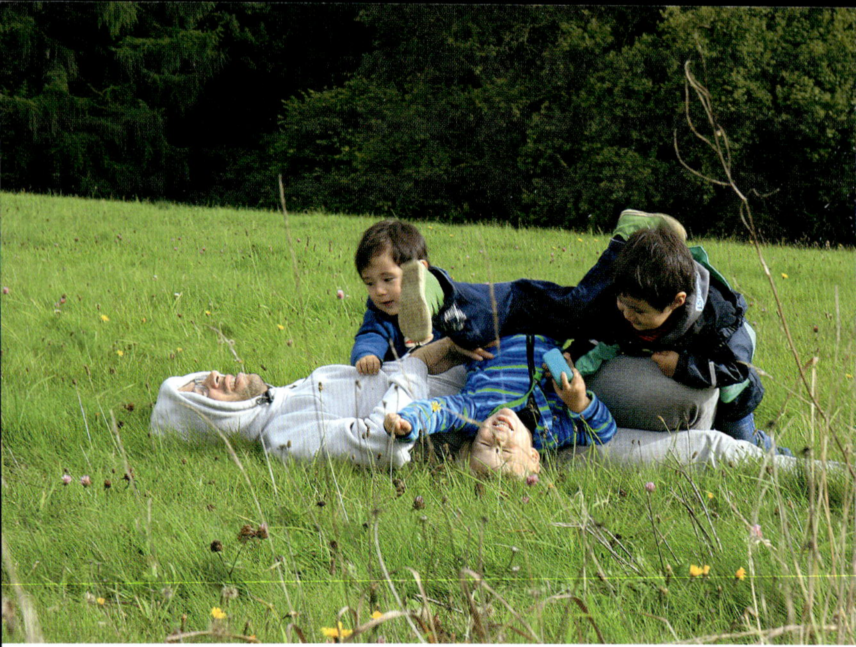

Toben auf herrlichen Wiesen am Kretischen Labyrinth.

landschaft hinaus. Der Wiesenweg steigt nun moderat an und wir gelangen an das **Kretische Labyrinth (6)**. In dem Steinlabyrinth, das in die Wiese eingelassen ist, lassen sich noch ein paar Extrameter absolvieren. Es ist Teil des Schöpfungspfads und symbolisiert den Weg zur Mitte. Eine massive Holzbank lädt zur Rast ein, die saftigen Wiesen um uns herum zum Picknicken und zu Erkundungen. Hier wachsen verschiedene Wildblumen und – für Kleinkinder besonders interessant – Parasolpilze. Wir steigen anschließend auf dem Wiesenweg weiter bergan über die Grenze des Nationalparks hinweg zur **Dreiborner Hochfläche (7)**. Unterhalb des Müsauelsberg biegen wir nach links. Ein Holzpfeiler weist uns den Weg in Richtung »Erkensruhr« (4,2 km). Nun wandern wir auf dem grasbewachsenen Wirtschaftsweg in einem leichten Auf und Ab in nördlicher Richtung durch die wundervolle Offenlandfläche. Neben weiten Blicken beeindruckt sie mit ihrer Artenvielfalt. Wir ignorieren die folgenden Abzweigungen bis wir schließlich unterhalb des 540 m hohen **Gierbergs** auf einen querlaufenden Weg stoßen. Ihm folgen wir nach links (in Richtung Erkensruhr, 2,2 km).

Nun beginnt der Abstieg. Zunächst verläuft er noch moderat, ab einer Rastbank den letzten Kilometer deutlich steiler. In der letzten Kehre führt links ein Waldweg zur **Waldkapelle** (siehe Variante). Auf dem Normalweg gelangen wir schließlich über die Erkensruhr in den Ort und treten gegenüber dem in dieser Gegend wenig passenden Hotelkasten auf die Hauptstraße. Nach rechts führt uns ein Abstecher zur Parkanlage mit Spielplatz. Nach links gelangen wir vorbei an der **Hubertuskapelle (8)** zurück zum Ausgangspunkt in **Erkensruhr (1)**.

Durch das Schmetterlingstal

Von Urft entlang der Bahnlinie nach Nettersheim ★★

Auf ins Naturdorf

In gut einer Stunde bringt uns der Eifelexpress nach Nettersheim ins Herz der Eifel. Die letzten Meter in das selbsternannte Naturdorf legen wir allerdings zu Fuß zurück, denn von Urft aus führt ein flacher Weg durch das idyllische Urfttal nach Nettersheim. Wegen seines milden Klimas leben hier besonders viele Arten von Schmetterlingen. Und auch in Nettersheim gibt es viele weitere Attraktionen rund um Fauna und Flora. Den Namen Naturdorf trägt Nettersheim zu Recht. Ein lohnenswerter Tagesausflug für die ganze Familie.

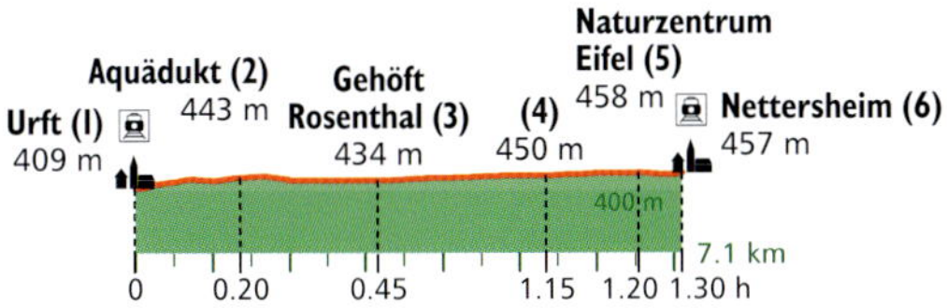

KURZINFO

Ausgangspunkt: Bahnhof Urft (409 m).
Anfahrt: Ideale Tour für die Anreise mit dem Eifelexpress von Köln bzw. Euskirchen bis Urft. Mit dem Auto auf der A1 bis AS Nettersheim, weiter auf der N477 bis Zingsheim und der L206 bzw. L22 bis Urft. Hier das Fahrzeug stehen lassen und nach der Wanderung von Nettersheim aus mit der Bahn eine Station zurückfahren.
Gehzeit: 1.30 Std.
Distanz: 7,1 km.
Höhenunterschied: 80 m.
Anforderungen: Die leichte Wanderung führt überwiegend über geteerte Wege. Unterwegs sind lediglich zwei kurze Anstiege zu bewältigen. Wechselnde Markierungen.
Hinweis: Entlang der Tour finden sich einige Rastbänke zum Stillen und Wickeln. Einkehrmöglichkeiten gibt es in Urft und dann erst wieder in Nettersheim.
Abstecher: Das Naturzentrum Nettersheim bietet zwar viele Attraktionen, wer mit seinen Kinder vor der Rückfahrt noch auf den schön gelegenen Abenteuerspielplatz an den Werkhäusern gehen will, folgt dem Erlebnispfad nach Süden an der Urft entlang.
Einkehr: Urfter Hof, Urfttalstraße 30, 53925 Kall, Tel. 02441/4259, www.urfter-hof-weckmann.de. In Nettersheim-Zentrum finden sich mehrere Bäckereien und Cesars Eiscafé Serafin, Bahnhofstraße 29, 53947 Nettersheim, täglich 11 bis 18 Uhr.
Karte: Kall, Kommern, Mechernich, Nettersheim (Wanderkarte Nr. 5 Eifelverein, 1:25.000).
Tipp: Über 60 verschiedene Schmetterlingsarten leben im Urfttal, die man v. a. im Frühjahr und Herbst beobachten kann. Dafür hat die Gemeinde Nettersheim eigens den Schmetterlingspfad installiert, dem wir auf den letzten Metern in das Naturdorf folgen. Nähere Informationen, vor allem zu naturnahen Themen, sowie ein imposantes Salzwasseraquarium gibt es dazu im Naturzentrum Eifel (Urftstraße 2–4, 53947 Nettersheim, Tel. 02489/1246, www.naturzentrum-eifel.de, mit Wickelraum). Das Personal ist sehr hilfreich und verkauft Kaffee und Kuchen in einer kleinen Cafeteria.

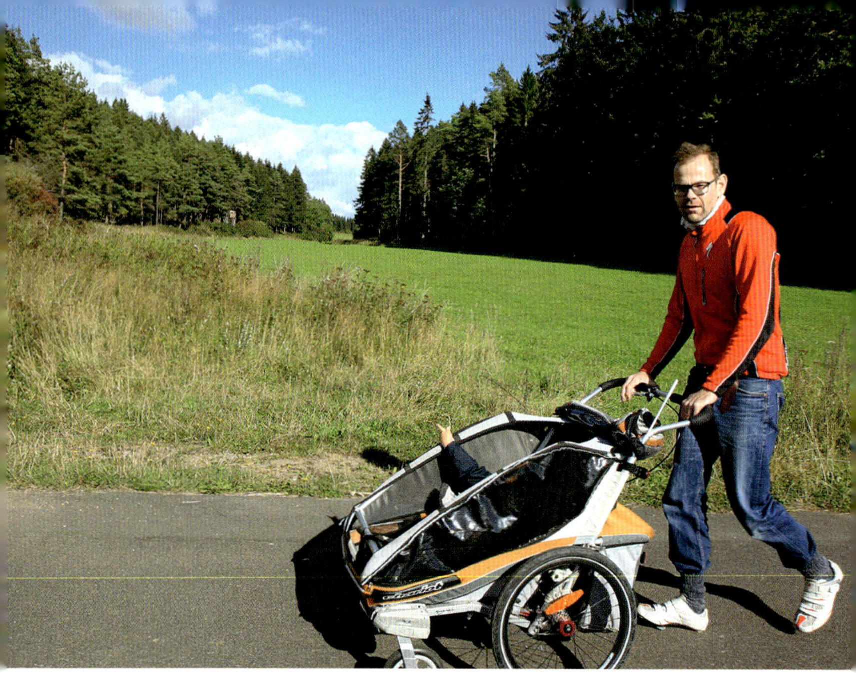

Auf leichtem Weg durch das idyllische Urfttal.

Der schnellste und kürzeste Weg zwischen Urft und Nettersheim verläuft entlang der Bahntrasse. Warum dann nicht gleich mit der Eisenbahn fahren? Wer aber die vielen Schmetterlingsarten des Urfttals bestaunen will, muss sich schon zu Fuß auf den Weg machen. Dazu gehen

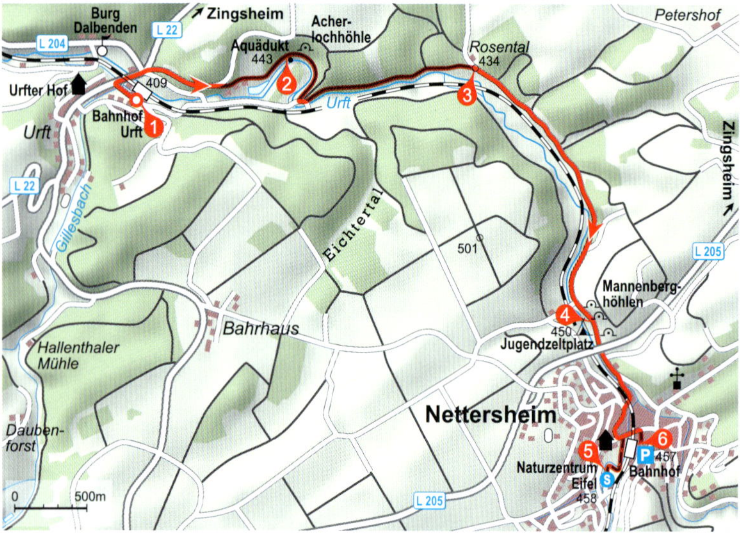

wir vom Bahnhof in **Urft (1)** die L204 nach rechts über die Bahnlinie und biegen gegenüber der Einmündung der Landstraße nach Kall rechts in die Straße »Neuwerk« ab. Linker Hand steht eine Rastbank. Wir nehmen den linken der beiden Wege mit der Markierung des Römerkanalwanderwegs. Der anfängliche Asphalt geht später in Schotter über. Wir folgen dem Weg durch den Wald bergan. Rechter Hand fließt die Urft im Tal, an ihrem Steilhang stehen noch vereinzelte Häuser. Wir kommen an eine Gabelung, wählen den rechten Weg, passieren ein großes Anwesen rechter Hand und eine Weide linker Hand. Weiter am Steilhang entlang wandern wir durch einen dichten Laubmischwald, dem Verlauf einer weit ausholenden Flussschleife folgend. Der Weg verengt sich nach zwei Felsbrocken als Hindernis für motorisierte Gefährte zu einem Pfad. Wir passieren eine Informationstafel, die darauf verweist, dass hier einstmals ein **Aquädukt (2)** der römischen Wasserleitung nach Köln den Fluss querte. Nicht weit entfernt, auf dem gegenüberliegenden Ufer, steht übrigens der Grüne Pütz, eine der Quellen für die Wasserleitung und ein lohnendes Wanderziel für alle, die an diesem Tag noch Zeit für einen Abstecher mitbringen.

Weiter der Flussschleife folgend, geht der raue Teil dieser Wanderung zu Ende. Wir treten aus dem dichten Wald auf eine Kreuzung hinaus. Geradeaus führt der Römerkanalwanderweg über eine Betonbrücke auf das gegenüberliegende Urftufer und weiter zum Grünen Pütz. Wir halten uns allerdings mit der leider schlecht gepflegten Markierung 11 nach links und kommen an eine Schranke, durch die wir einfach weiter geradeaus wandern. Trotz schlechter Markierung ist unser Weg einfach zu finden,

»Herzliches Willkommen im Naturzentrum Eifel!« Drinnen wartet ein tolles Aquarium auf die Kinder.

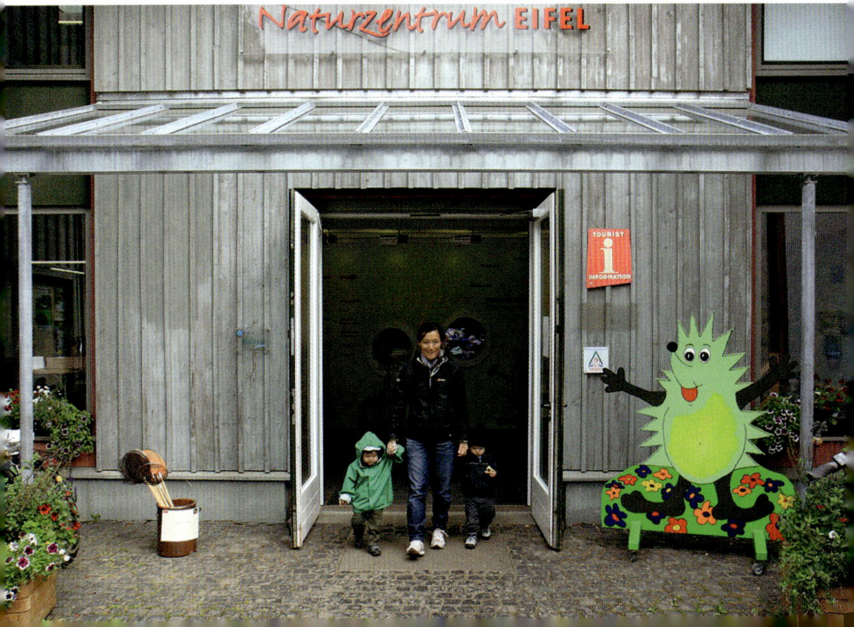

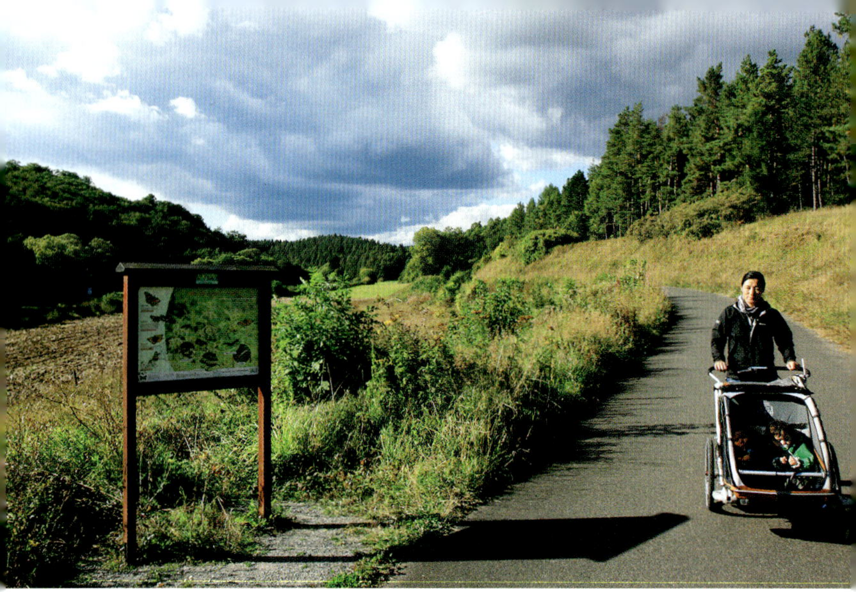

Auf dem Schmetterlingspfad gibt es viel zu sehen und einiges zu lernen.

folgt er doch immer am Nordufer dem Flusslauf. Zunächst schränken das Steilufer zur Linken und das Wäldchen zur Rechten unsere Aussicht ein.

Aber spätestens mit der Einmündung in den querlaufenden Weg am **Gehöft Rosental (3)** – hier folgen wir dem breiten Weg nach rechts mit der Beschilderung »Nettersheim 4,5 km« – öffnet sich der Blick auf das recht idyllische Tal. Die Ruhe wird lediglich durch einen alle halbe Stunde ratternden Regionalexpress gestört. Die Kiefernwälder auf den folgenden Kilometern muten im Sommer mediterran an. Wir passieren mehrere Parkbänke, die fleißige Handarbeiter mit Häkelarbeiten verschönern wollten. Darüber hinaus tauchen alsbald die ersten Informationstafeln des Schmetterlingspfads am Wegesrand auf. Sie informieren uns über die Gründe des Artenreichtums und die verschiedenen Schmetterlingsarten. Eine spezielle Markierung hat der Weg nicht. Die Tafeln weisen uns den Weg. Zusätzlich begleitet uns die Markierung 11. Unterwegs lohnt der Blick in die von links herabfallenden Seitentäler.

Allmählich wandern wir nun auf Nettersheim zu, kommen am **Jugendzeltplatz (4)** vorbei und gehen unter der Brücke der L205 hindurch in das selbsternannte Naturdorf hinein. Wir wandern auf der »Rosenthalstraße« an den ersten Häusern vorbei, an der ersten großen Gabelung rechts in »Auf der Aerk«, überqueren leicht bergan steigend erst die Urft und dann die Bahntrasse. Dahinter biegen wir mit dem Eifelsteig in die »Talstraße» und dann in die »Steinfelder Straße«, die uns zur »Bahnhofsstraße« in der Ortsmitte leitet. Ihr folgen wir nach links und gehen noch vor der Bahnlinie gleich wieder nach rechts in einen gepflasterten Pfad, der durch das weitläufige Gelände. vorbei an einem Spielplatz, zum **Naturzentrum Eifel (5)** führt. Über eine moderne Holzbrücke direkt am Naturzentrum gelangen wir zum Bahnhof in **Nettersheim (6)**.

Auf dem Erlebnispfad Nettersheim

Über Hügel und Fossilienäcker zur Görresburg ★★★

Fossilien, Ruinen und viel Natur

Das Naturdorf Nettersheim ist ein Ort mit vielen Attraktionen für Groß und Klein. Der Erlebnispfad, dem die Wanderung folgt, macht die Natur der Eifel für Kinder erlebbar. Auf dem Fossilienacker können sie sogar nach Korallen aus Riffen vergangener Jahrtausende buddeln. Echte Korallen gibt es in einem großen Salzwasseraquarium im Naturzentrum zu bestaunen. Auf der Görresburg können die Erwachsenen in den Matronenkult der Römer eintauchen. All das wird eingerahmt von einer der schönsten Landschaften der Eifel.

KURZINFO

Ausgangspunkt: Naturzentrum Eifel in Nettersheim (458 m).
Anfahrt: Ideale Tour für die Anreise mit dem Eifelexpress von Köln über Euskirchen bis Nettersheim. Vom Bahnsteig des Bahnhofs Nettersheim gelangt man über eine moderne Holzbrücke direkt zum Naturzentrum Eifel bzw. zum dortigen Spielplatz. Mit dem Auto auf der A1 bis AS Nettersheim, weiter auf der N477 bis Zingsheim und der L205 bis Nettersheim.
Gehzeit: 2.00 Std.
Distanz: 7,3 km.
Höhenunterschied: 100 m.
Anforderungen: Eine mittelschwere Wanderung über meist breite und gut befestigte Wege mit einem langen Anstieg zum Fossilienacker und einem zweiten, etwas kürzeren hinauf zur Görresburg. Wechselnde Markierung. Wir folgen im Grunde dem Erlebnispfad gegen die Laufrichtung, in der die Erlebnisstationen angeordnet sind. Einige Passagen sind allerdings nicht für Kinderwagen geeignet. Hier folgen wir alternativen Routen, zudem gibt es auch andere Markierungen am Wegesrand.
Hinweis: Entlang der Tour finden sich einige Rastbänke und Schutzhütten zum Stillen und Wickeln. Zudem gibt es mehrere Picknick-Gelegenheiten, z. B. an der Schutzhütte mit Waldorgel, an der Görresburg oder auf dem Rückweg am Abenteuerspielplatz. Einkehrmöglichkeiten findet man allerdings nur in Nettersheim selbst.
Einkehr: Siehe Tour 17.
Karte: Kall, Kommern, Mechernich, Nettersheim (Wanderkarte Nr. 5 Eifelverein, 1:25.000).
Tipp: Siehe Tour 17.

Diese Brücke auf dem Erlebnispfad lässt sich sogar barfuß überqueren.

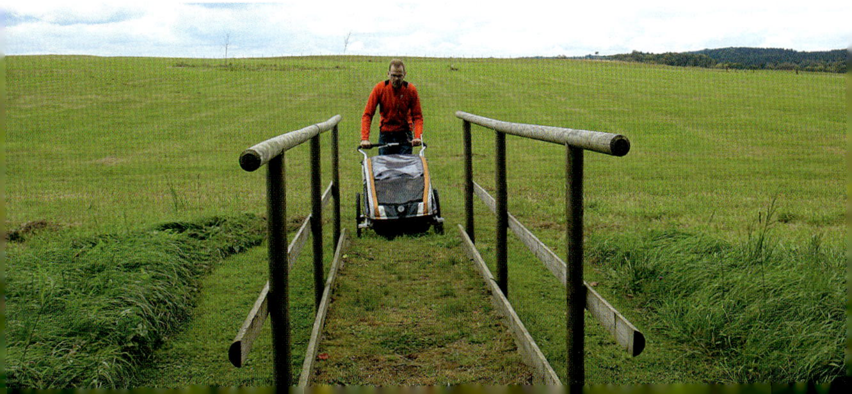

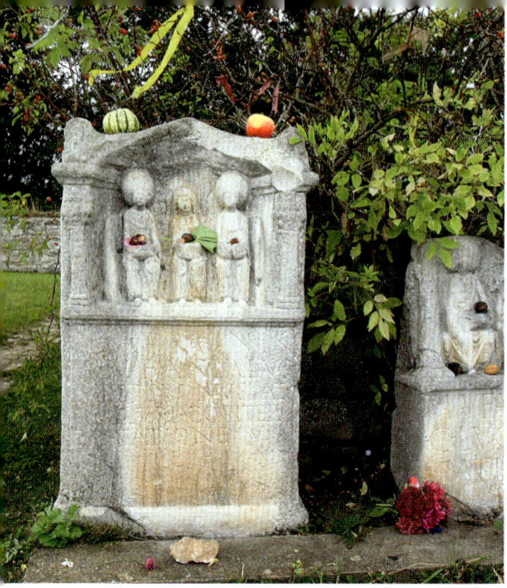

Das Matronenheiligtum in der Görresburg.

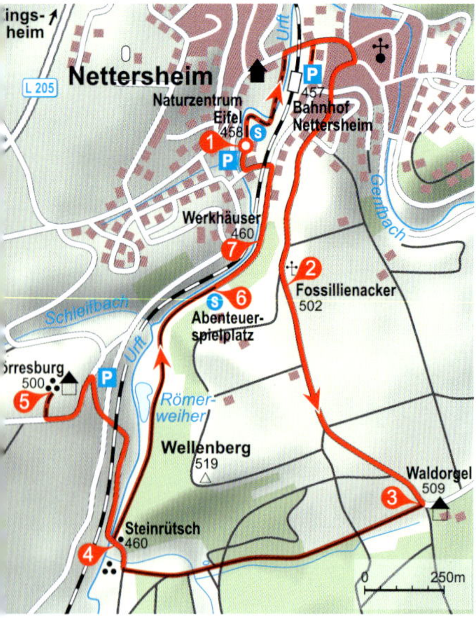

Vom **Naturzentrum Eifel (1)** gehen wir nach Norden durch das Gelände auf einem gepflasterten Pfad vorbei an einer großen Picknickwiese und einem Spielplatz an der Urft entlang. Der Weg folgt den Markierungen des Erlebnispfades und Eifelsteigs. Wir biegen schließlich nach rechts in die »Bahnhofsstraße« ein, überqueren die Urft und die dahinterliegende Bahntrasse und steigen nun nur noch mit dem Erlebnispfad bergan, vorbei am (derzeit geschlossenen) Nettersheimer Hof. Unterhalb des Kirchbergs biegen wir rechts in die »Blankenheimer Straße«. Nun beginnt der erste von zwei Anstiegen. Die lang gezogene Steigung führt uns die Straße in südlicher Richtung bergan. Weil wir auf asphaltiertem Grund wandern, ist der Anstieg nicht allzu furchterregend. Wir passieren einen netten Rastplatz, gesponsert vom Eifelverein. Nun steigt die Straße nur noch moderat an und wir passieren die ersten Attraktionen des Erlebnispfads, einen wunderbaren Ausblick auf Nettersheim und wenig später linker Hand den **Fossilienacker (2)**. Wer schon etwas ältere Kinder dabei hat, sollte unbedingt Zeit, Schaufel und Eimer mitbringen. Auf dem Acker ist buddeln ausdrücklich erlaubt und die Kleinen dürfen stolz ihre fossilen Korallenfunde den Rest des Weges mit sich tragen. Wir wandern weiter bergan auf eine Kuppe zu. Rechts ab führt ein Stichweg zu einem Bienenstock. Rund 200 m weiter gelangen wir an eine Kreuzung mit einem Schotterweg. Linker Hand liegt ein Picknickplatz mit **Waldorgel (3)**. Wir verlassen nun den Erlebnispfad, der als schmaler Pfad durch den Wald südlich von uns führt. Mit Kinderwagen müssen wir rechts in den Schotterweg biegen und wandern mit der Markierung 11 bergab. Unterwegs passieren wir weitere Stationen des Erlebnispfads, etwa einen Barfußweg durch einen herrlichen Kiefernwald. Im Urftal treffen wir an einer großen Wegkreuzung auf gleich mehrere Attraktionen: Geradeaus vor uns auf einer Wiese stehen ein

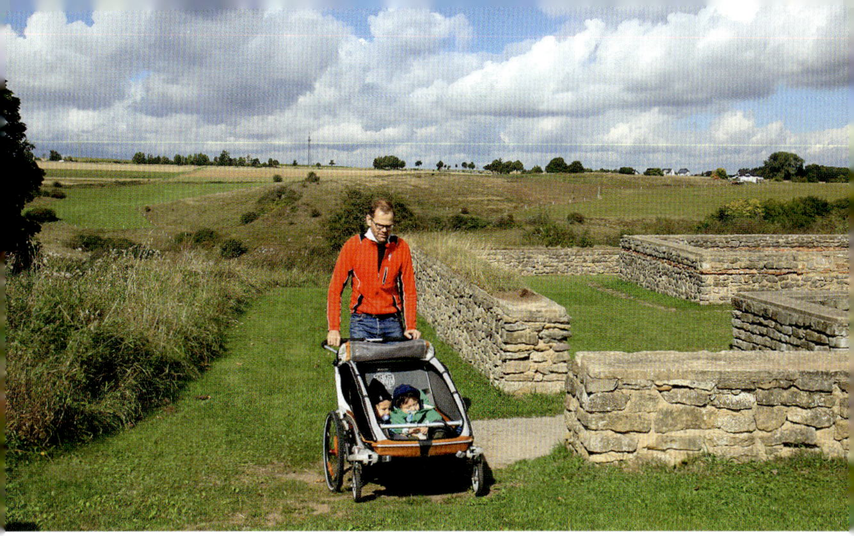

An der Görresburg gibt es nicht nur römische Ruinen, sondern auch weite Blicke.

Naturwebrahmen und ein alter Meilenstein der Römerstraße Köln–Trier. Wir biegen nach rechts mit der Markierung des Eifelsteigs und gelangen zum römischen Werkplatz **Steinrütsch (4)**, einem alten Steinbruch. Hier verlassen wir nach links schon wieder den Eifelsteig für den Abstecher zum Höhepunkt der Wanderung, dem Matronenheiligtum **Görresburg (5)** Wir überqueren auf einer Brücke die Bahntrasse und gelangen an eine Rastbank. Hier biegen wir nach rechts und steigen bergan bis zu einem Parkplatz. Weiter hinauf zum Matronenheiligtum verlaufen zwei Wege: Wir folgen dem linksführenden und kinderwagenfreundlicheren. Nach einem kurzen Stück über Asphalt, biegen wir nach rechts in das Areal der archäologischen Ausgrabung. Die römische Tempelanlage ist eine der wichtigsten römischen Ausgrabungen in der Eifel. Auf dem Gelände steht auch eine Schutzhütte. Nach einem ausgiebigen Rundgang folgen wir dem Hinweg zurück zum **Steinrütsch (4)**. Hier biegen wir links mit den Markierungen Eifelsteig in den Urftuferweg und wandern auf dem ebenen Schotterweg ohne weitere große Anstrengungen bis nach Nettersheim. Unterwegs passieren wir den alten Römerweiher, einen schönen **Abenteuerspielplatz (6)** mit Picknick-Wiese, die **Werkhäuser (7)** und die imposanten Kalkbrennöfen. Der Uferweg mündet schließlich in den »Römerplatz« ein. Wir wandern nach links über die Bahntrasse hinweg und in einer Links-rechts-Kurve bis zum **Naturzentrum Eifel (1)**.

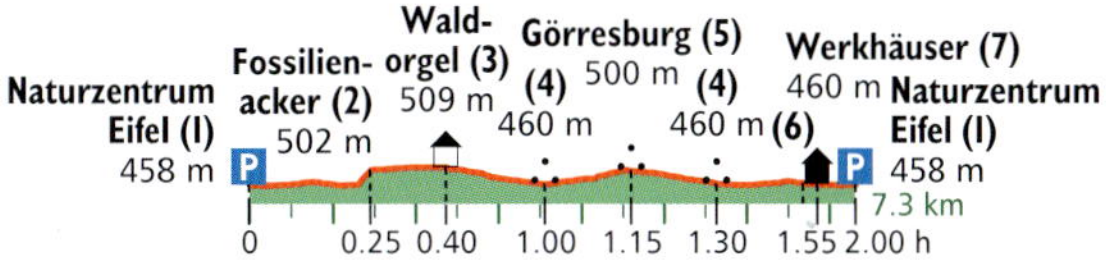

19 Rund um die Steinbachtalsperre

Wanderung um einen »früheren Stausee« ★★★

Spielplatz und Minigolfanlage an der Steinbachtalsperre sind ein Muss

Bei wanderbegeisterten Familien aus der Köln-Bonner Region war die Tour um die Steinbachtalsperre Pflicht. Aber infolge der Flutkatastrophe 2021 brach der Staudamm und das Wasser der Talsperre lief ab. Geblieben ist eine sehenswerte, wenn auch bizarre Landschaft. Gerade deswegen, aber auch wegen der vielen Attraktionen bietet die Wanderung rund um die ehemalige Trinkwassertalsperre etwas für jeden Geschmack: einen Abstecher durch das liebliche Steinbachtal, vorbei am früheren Kloster Schweinheim, einen Abenteuerspielplatz und eine Minigolfanlage. Darüber hinaus freuen sich die Bewohner über jeden Besucher, der die Gegend nach der Flutkatastrophe wieder besucht.

KURZINFO

Ausgangspunkt: Kostenloser Parkplatz an der Zufahrtsstraße, Ecke »Am Eulenhecker Weg« (294 m) oder kostenpflichtig 200 m weiter am Schwimmbad parken.
Anfahrt: Auf der A61 bis AS Swisttal-Miel, weiter auf der B56 bis Swisttal-Odendorf, auf der L11 bis Kirchheim, dann im Ort der Beschilderung zur Talsperre folgen. Mit der Regionalbahn 12 oder 24 bis Euskirchen, weiter mit Bus 870 bis Haltestelle Steinbachtalsperre.
Gehzeit: 1.50 Std.
Distanz: 7,3 km.
Höhenunterschied: 100 m.
Anforderungen: Eine leichte Wanderung. Der Weg durch das Steinbachtal unterhalb der Staumauer landschaftlich der eigentliche Höhepunkt. Wechselnde Markierung.
Hinweise: Zahlreiche Parkbänke zum Rasten und Stillen entlang des Uferwegs und am Abenteuerspielplatz. Rund um den See und am Abenteuerspielplatz finden sich einige Gelegenheiten zum Picknicken. Der Abenteuerspielplatz liegt inmitten weitläufiger Wiesen und ist mit sehr guten Spielgeräten ausgestattet. Zudem gibt es eine Imbissbude und Minigolfanlage.
Eigentlich ist die beste Attraktion das Waldfreibad mit Sprungturm, Riesenrutsche, Imbissbude und kleinem Spielplatz badet (www.euskirchen.de/leben-in-euskirchen/freizeit/waldfreibad-steinbachtalsperre). Allerdings bestehen sowohl an der Staumauer als auch am Schwimmbad selbst infolge der Flutkatastrophe 2021 immer noch so große Schäden, dass ein Betrieb frühestens 2024 wieder beginnen kann. Da die Talsperre ebenfalls leer gelaufen ist, ist auch hier nicht an baden zu denken. Dies war sowieso verboten.
Einkehr: Kleiner Imbiss am Abenteuerspielplatz. Gasthöfe gibt es zudem im nahe gelegenen Kirchheim und Kirspenich. Das Waldgasthaus war bei Drucklegung flutbedingt noch geschlossen.
Karte: Bad Münstereifel (Eifelvereinskarte Nr. 7, 1:25.000).

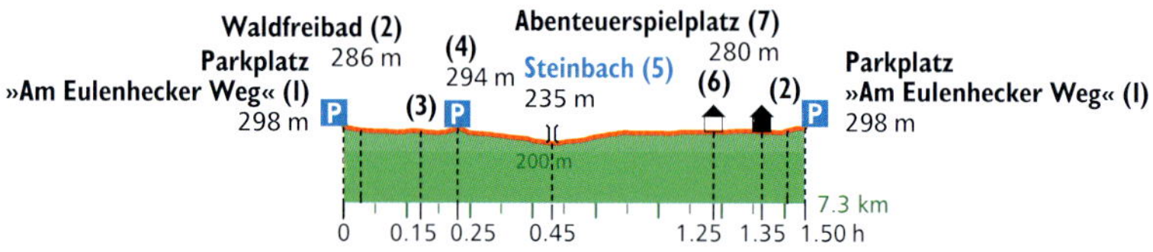

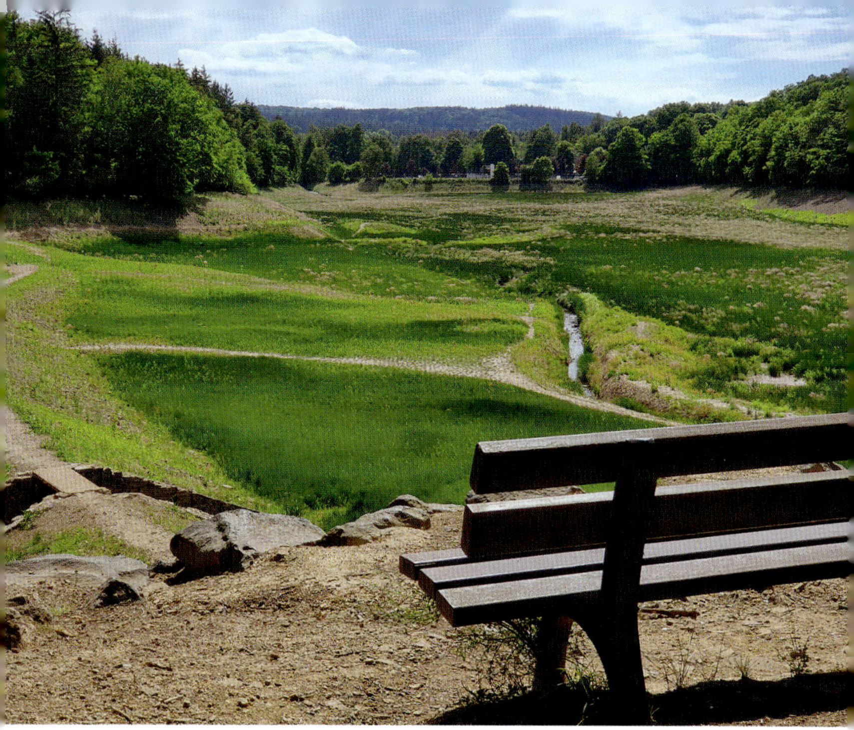

Die leere Steinbachtalsperre nach der Flutkatastrophe 2021.

Vom **Parkplatz »Am Eulenhecker Weg« (1)** wandern wir 100 m die Zufahrtsstraße zum See bergab in Richtung Süden, biegen links in einen Asphaltweg, der uns talwärts zum Waldschwimmbad und **Waldfreibad (2)** führt. Vor dem Komplex halten wir uns mit dem Uferweg links, um mit der **Markierung »Eifelspuren Auf Tuchmachers Fährte«** die Talsperre im Uhrzeigersinn zu umrunden. Wir wandern auf dem asphaltierten Uferweg bequem das Westufer entlang, in den kleinen Buchten unterhalb des Weges warten garantiert Angler auf den großen Fang. Am Wegesrand stehen zahlreiche Infotafeln, die uns über den Artenreichtum an Laubbäumen, Vögeln und Fischen auf dieser Seite der Talsperre informieren. Rechts von uns liegt das leere Staubecken, dessen Grund sich die Natur langsam wieder zurückerobert. Wir gelangen alsbald zur **Staumauer (3)**, in deren Mitte eine tiefe Narbe klafft, durch die 2021 das Wasser abgelassen wurde. Eine Abkürzung der Wanderung über die Staumauer ist daher derzeit nicht möglich.

Wir wandern geradeaus, um die schöne Schleife zum Kloster Schweinheim anzuschließen. Ab hier folgen wir der **Markierung »Eifelschleife Kloster Schweinheim«**, bis wir auf dem Rückweg an die Südseite der defekten Staumauer gelangen. Aber zunächst gehen wir auf dem breiten Feldweg weiter nach Nordosten bergan bis zum **Parkplatz Entcheshardt (4)**. Hier biegen wir vor der Straße nach rechts in einen Schotterweg namens »Am Klosterberg«. Nun geht es 1,2 km über den

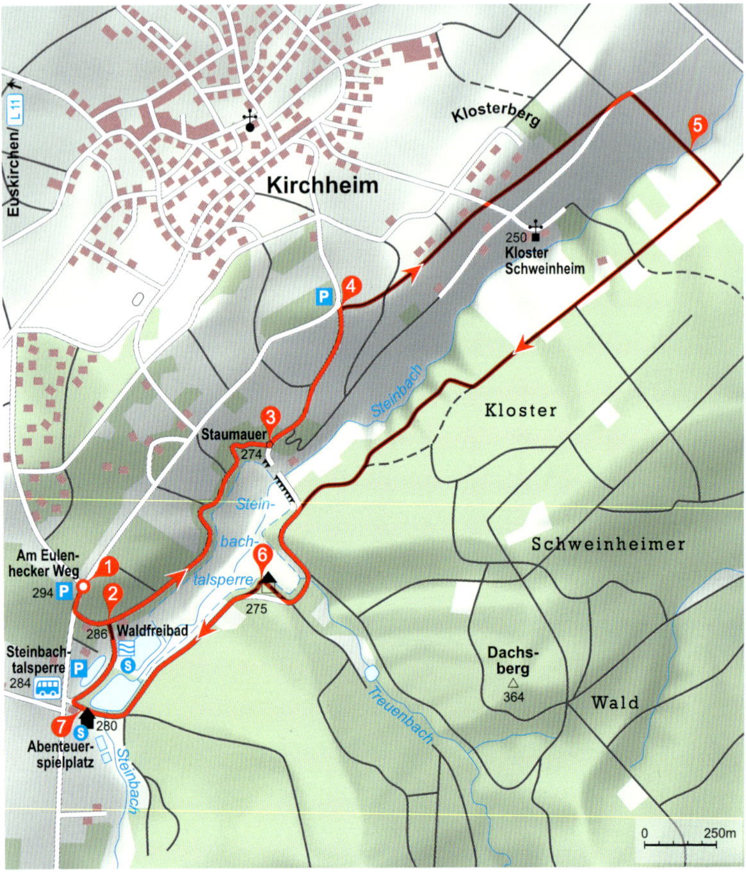

Schotter- und Feldweg in nordöstlicher Richtung. Wir passieren einige Häuser, die oberhalb des Weges liegen. Wesentlich idyllischer liegt rechter Hand im Tal das **Kloster Schweinheim** und seine Wirtschaftsgebäude. Es wird heute unter anderem für Tagungen und Übernachtungen genutzt. Wir ignorieren alle querlaufenden Wege. Kurz hinter der Zufahrt zum Kloster biegen wir nach rechts in den folgenden Weg, wandern über den **Steinbach (5)** hinweg und biegen an der folgenden T-Kreuzung in den asphaltierten Wirtschaftsweg ein. Auf stets gut befestigtem Weg wandern wir nun südwestwärts in Richtung Staumauer. Auf dem Weg passieren wir Pferdekoppeln und wandern schließlich geruhsam ein langes Stück durch einen lauschigen Mischwald. Ohne es zu merken, erklimmen wir die wenigen Höhenmeter hinauf zum Staudamm und stehen unvermittelt wieder an der Steinbachtalsperre.

Auf dem Ostufer dominieren Kiefern den Bewuchs, sodass es an warmen Tagen mediterran duftet. Bevor wir wieder den Rundweg um die Talsperre im Uhrzeigersinn aufnehmen (Markierung »Eifelspuren Auf Tuchmachers Fährte«), genießen wir noch den schön-schaurigen Blick über die leere Talsperre hinüber zum Waldfreibad. Wenn es denn wieder geöffnet ist, darf man hier schon beginnen, von Wanderers Lohn zu träumen: Dem Bad in einem der schönsten Freibäder der Eifel.

Aber zunächst macht der asphaltierte Uferweg noch einen Schlenker um einen Seitenarm. Auf einem idyllischen Vorsprung steht eine **Schutzhütte (6)**. Schließlich kommt das Waldfreibad zu unserer Rechten wieder in den Blick und wir erreichen das Südende der Talsperre. An einer Schranke biegen wir nach rechts und gelangen zu einem großzügig angelegten **Abenteuerspielplatz (7)**. Hier können wir entweder picknicken, Minigolf spielen oder eine Kleinigkeit in der Imbissbude der Minigolfanlage essen.

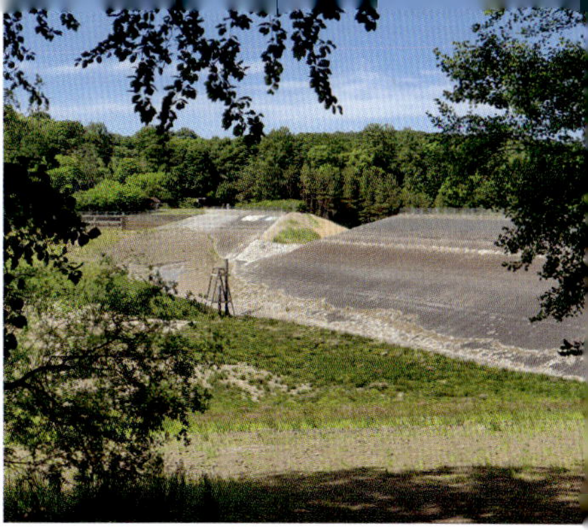

Die Überquerung der Staumauer ist derzeit nicht möglich.

Zurück zum Ausgangspunkt gehen wir um die Südspitze der Talsperre herum bis **Waldfreibad (2)**, an der Anlage vorbei und den kurzen Anstieg zum **Parkplatz »Am Eulenhecker Weg« (1)** hinauf. Den Weg kennen wir schon vom Beginn der Wanderung.

Auf dem Spielplatz an der Steinbachtalsperre herrscht meist großer Trubel.

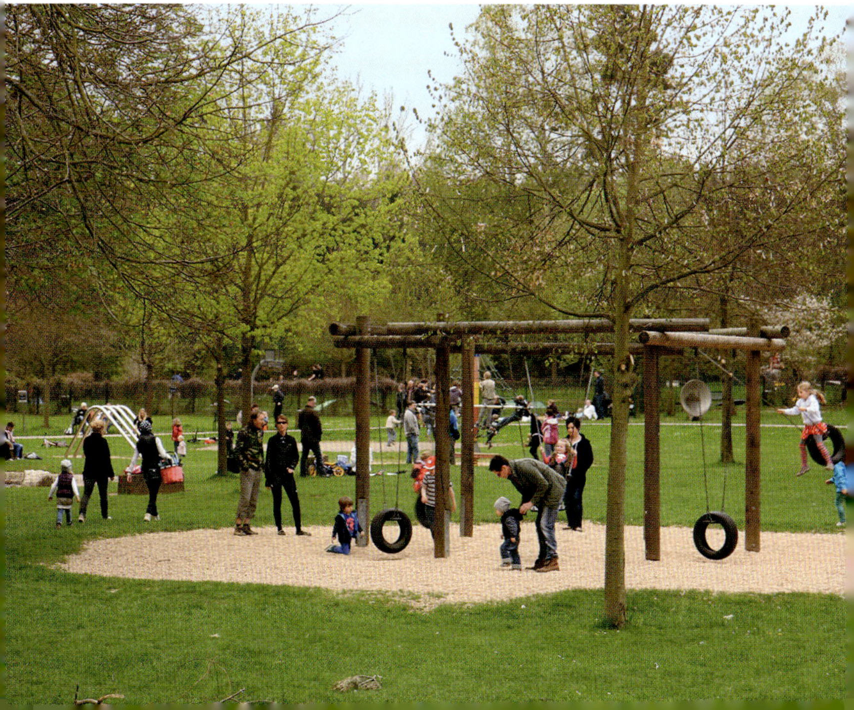

20 Vom Mühlenberg zum Feltenturm

Waldwanderung zwischen Rhein und Ahr bei Sinzig ★★★

Spielplatz für die Kleinen, Weinschwemme für die Großen

Hier am Zusammenfluss von Ahr und Rhein sind die Täler weitläufig und schmiegen sich in eine sanfte Hügellandschaft. Einer dieser Hügel ist der Mühlenberg mit seinem weitläufigen Waldgebiet. Um ihn herum führt ein schöner Rundweg. Auf ihm passiert man zahlreiche Rastbänke mit Panoramablicken, Weinschwämmen sowie einen Aussichtsturm. Und wem das alles noch nicht reicht, der kann sich anschließend im schön gelegenen und historischen Thermalfreibad von Bad Bodendorf vergnügen.

KURZINFO

Ausgangspunkt: Wanderparkplatz an der Schmicklerhütte (186 m).

Anfahrt: Auf der A61, am Kreuz Sinzig in die A571 bis AS Löhndorf, rechts in die K44 und vor dem Ortsauseingang Löhndorf links in Richtung »SV Hundeplatz« bis zum Waldrand. Mit der Regionalbahn bis Sinzig und zu Fuß entlang der Barbarossa- und Landskrohner Straße, Am Hellenberg und Mühlenbergweg bis zum Feltenturm (plus 4 km hin und zurück).

Gehzeit: 2.00 Std.

Distanz: 6,7 km.

Höhenunterschied: 80 m.

Anforderungen: Eine leichte Wanderung über vorwiegend breite und gut befahrbare Forstwege. Ein kurzer Anstieg vor dem Feltenturm und im weiteren Verlauf auf dem Weg zum Spielplatz.

Frühe Rast und Bewegung für »Kraxenkinder« an der Schutzhütte oberhalb von Löhndorf.

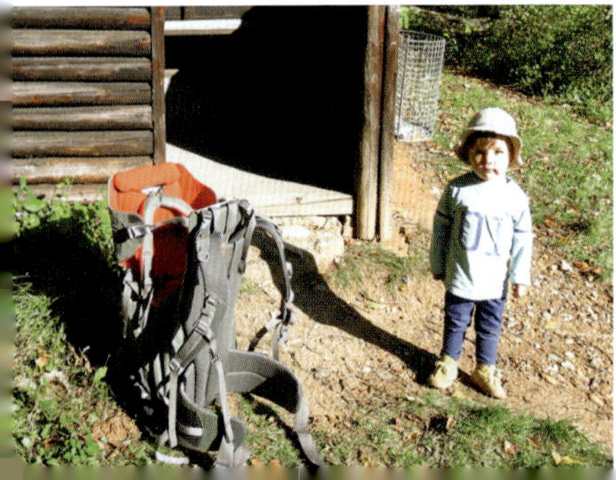

Wechselnde Markierung. Laut Karte folgt die Wanderung überwiegend der Markierung 4, die sich aber nur teilweise an der Wegstrecke wiederfindet.

Hinweis: Wickeltische sind zwar entlang dieser Tour Mangelware, dafür gibt es aber Rastbänke und Einkehrgelegenheiten in Hülle und Fülle.

Einkehr: Waldschenke »Zum Ännchen« mit Sonnenterrasse, Waldstraße, 53489 Sinzig, Tel. 0171/4891592, www.zum-aennchen.de, Mo., Di. und Fr. Ruhetag, Anfang November bis Mitte April geschlossen. Winzerhäuschen des Weinguts Berthold Linden mit einfacher Weinwirtschaft, Sonnenterrasse und kleinem Spielplatz, Mo. und Di. Ruhetag, von November bis Karfreitag geschlossen, www.weingut-linden-heimersheim.de.

Karte: Das Ahrtal (Eifelvereinskarte Nr. 9, 1:25.000).

Tipp: Baden wie Jopi Heesters, Romy Schneider und Willy Millowitsch – das war einmal. Die Prominenz gab sich im nostalgischen Thermalfreibad von Bad Bollendorf in den 50er-/60er-Jahren ein Stelldichein. Doch die Flutkatastrophe im Ahrtal hat auch im Kurpark starke Verwüstungen angerichtet. Das Thermalfreibad nahe unserer Route ist bis auf Weiteres geschlossen (www.thermalbad-badbodendorf.de). Besuchen Sie dennoch auf dem Rückweg Bad Bollendorf oder andere Orten im Ahrtal und unterstützen Sie die Menschen. Die Gemeinde lädt Wanderer trotz der Zerstörungen ein, das Ahrtal zu besuchen.

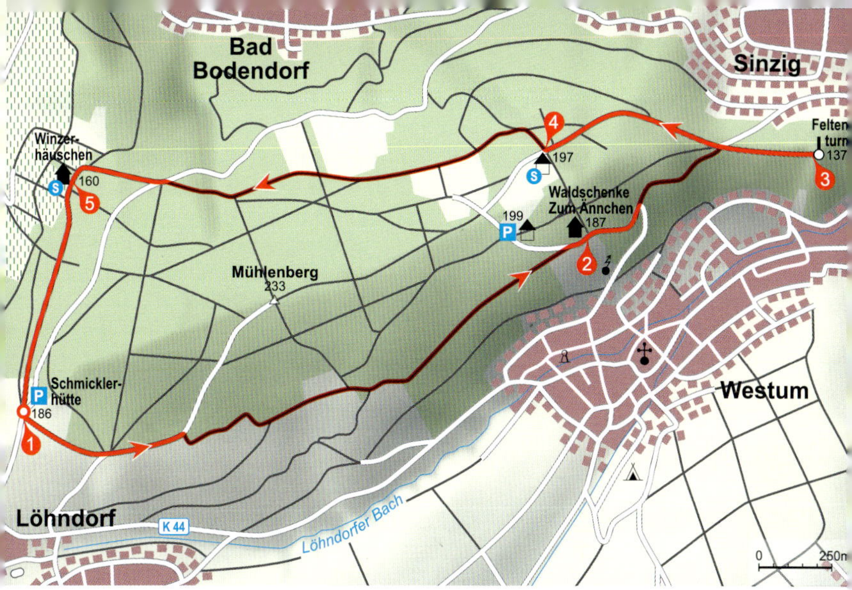

Wir gehen vom Wanderparkplatz an der **Schmicklerhütte (1)** zunächst wenige Meter die Zufahrtsstraße zurück und biegen am Waldrand mit der Markierung des Ahrsteigs nach links. In Richtung »Gasthaus Ännchen« wandern wir nun einen schönen Waldweg am Waldrand entlang. Dabei blicken wir nach rechts über Westum und Löhndorf auf ein weitläufiges Tal und seine sanften Hügel. Wir ignorieren die folgenden Abzweigungen und bleiben weiter auf dem Ahrsteig in östlicher Richtung. Auf dem Weg kommen wir gefühlt alle 300 m an einer Rastbank vorbei. Auch eine Schutzhütte mit einem Bücherregal steht auf halbem Weg zum Gasthaus Ännchen am Wegesrand. Schließlich wandern wir unter einer Hochspannungsleitung hindurch und treten an der **Waldschenke »Zum Ännchen« (2)** auf eine Straße hinaus, die nach links bergan zu einem Parkplatz mit Schutz- und Grillhütte führt. Wir biegen mit ihr jedoch nach rechts ins Tal. In der nächsten Kehre verlassen wir den Ahrsteig und folgen geradeaus dem breiteren Wiesenweg am Hang entlang. Er verengt sich nach einigen Metern zu einem Pfad und führt einen kurzen Anstieg hinauf. Die Stelle ist für Einsitzer gut, für Doppelkinderwagen geradeso zu befahren. Wir gelangen an die Zufahrtsstraße zum Feltenturm, biegen nach rechts in sie ein und wandern noch gut 400 m bis zum **Feltenturm (3)** mit einer schönen Aussicht auf Sinzig und den Zusammenschluss von Ahr und Rhein. Hier am Talausgang sind die Hügel entlang der Ahr rechts sanft, etwa wenn man nach Norden hinüber in Richtung Bad Bodendorf schaut. Weiter hinten im Tal sind die Hänge

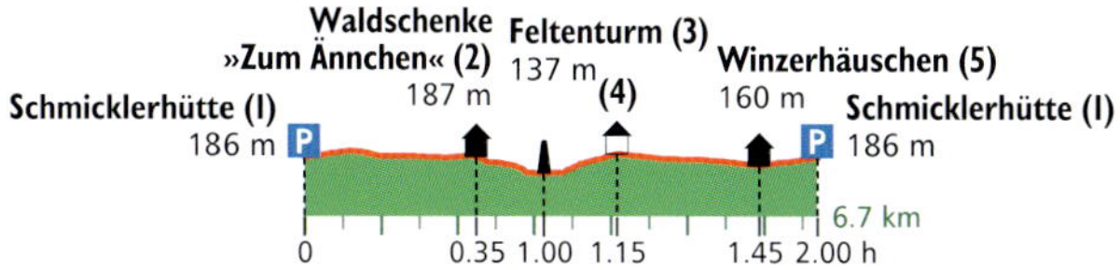

schroff und steil. Wir gehen vom Feltenturm die Zufahrtsstraße zurück. Sie biegt nach Osten talwärts nach Sinzig. Aus dieser Richtung kommen alle, die mit der Bahn anreisen.

Wir wandern in der Kehre geradeaus, weiter bergan und erneut unter der Stromleitung hindurch. Dem Ahrsteig folgend, gelangen wir nach einem moderaten Anstieg an den höchsten Punkt in diesem Teil des Waldes. Linker Hand stehen eine Grillhütte sowie ein **Spielplatz (4)** mit einer langen Seilbahn und weitläufigen Wiesen, die zum Picknick einladen. Nach einer Rast biegen wir mit den Zuweg des Ahrsteigs nach rechts in Richtung »Bad Bodendorf«. Auch das Thermalfreibad ist ausgeschildert. Aber bereits an der nächsten Gabelung halten wir uns mit dem Hinweisschild zum »Winzerhäuschen« links.

Wer die Wanderung mit dem Besuch des historischen Thermalfreibads beendet, folgt an der Gabelung nach rechts dem Zuweg des Ahrsteigs noch einen Kilometer bergab. In Richtung »Winzerhäuschen« wandern wir dagegen durch das weitläufige Waldgebiet am Mühlenberg auf einem breiten Forstweg ohne nennenswerte Steigungen. Wir gehen geradeaus über eine Kreuzung, biegen schließlich nach rechts in einen querlaufenden Forstweg ein und überqueren eine große Waldkreuzung, immer der Beschilderung in Richtung »Winzerhäuschen« folgend. Der Kiefern-Buchenwald lichtet sich allmählich, und wir gelangen mit einem weiten Linksbogen an das **Winzerhäuschen (5)**, eine schöne Sommerfrische mit gutem Wein und deftiger Kost. Hier lohnt sich eine längere Rast, denn unser Ziel ist nun nicht mehr weit. Dorthin folgen wir dem Ahrsteig geradeaus am Hang entlang. Ein breiter und leicht ansteigender Forstweg führt uns in südlicher Richtung durch einen Buchenwald zurück zum Ausgangspunkt an der **Schmicklerhütte (1)**.

Schöne Aussicht bietet der Feltenturm.

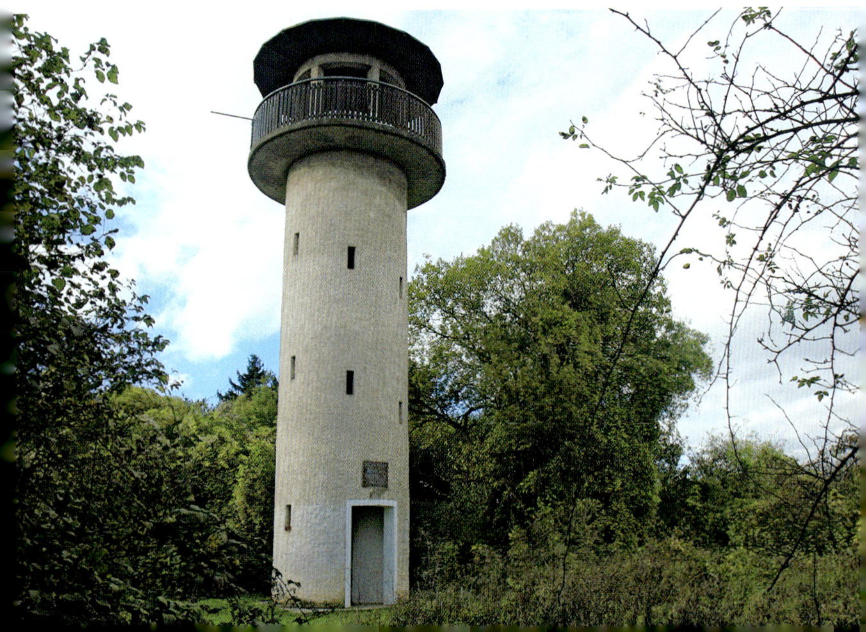

Rund um den Krausberg

Auf dem unbekannten Südufer über der Ahr bei Dernau ★★★

Gipfelglück auf dem Krausberg

Vom Aussichtsturm auf dem Krausberg lassen sie sich bestens beobachten, die Wandermassen, wie sie sich auf dem Rotweinwanderweg am gegenüberliegenden Ahrufer aufreihen. Hier auf dem Südufer der Ahr geht es deutlich ruhiger zu, selbst an Sonn- und Feiertagen. Und samstags hat man den Krausberg eher für sich alleine. Das Ziel unserer Wanderung ist sein Gipfel mit einer bewirtschafteten Hütte des Eifelvereins, einem Kinderspielplatz und Aussichtsturm, von dem man mit dem Ahrtal, Rheintal und Siebengebirge ein herrliches Panorama hat.

KURZINFO

Ausgangspunkt: Wanderparkplatz ca. auf halbem Weg zwischen Dernau und dem Krausberg (248 m).

Anfahrt: Auf der A61 und A573 bis Bad Neuenahr-Ahrweiler und weiter auf der B267 bis Dernau. Vor dem Dernauer Festplatz links in den »Ahrweg« über die Ahr, dahinter die zweite Straße im Uhrzeigersinn nach links. Die schmale Straße »Auf der Wacht« führt sehr steil bergan durch den Wald. Der Wanderparkplatz liegt kurz hinter einem Sendemast oberhalb der Weinberge. Die Anfahrt mit der Regionalbahn und dem Bus bis Dernau ist ab Remagen (RB 39) und mit Umstieg in Ahrweiler (Bus 869) möglich. Von Dernau zum Startpunkt folgt aber zu Fuß und mit Kinderwagen der sehr steile, nicht empfehlenswerte Anstieg auf der Straße »Auf der Wacht«. Mit Kraxe eignet sich der parallel verlaufende, steile Bergpfad.

Gehzeit: 1.35 Std.

Distanz: 5,3 km.

Höhenunterschied: 140 m.

Anforderungen und Varianten: Der Krausbergrundweg für sich ist eine einfache bis mittelschwere Wanderung. Er folgt der Markierung Krausbergrundweg. Alle anderen Markierungen ignorieren wir. Mit dem An- und Abstieg zum Aussichtsturm ist die Tour eher mittelschwer. Hierhin führen mehrere gut beschilderte Zuwege, aber nur drei eignen sich mit Kinderwagen bzw. Kraxe: vom Alfred-Paetz-Platz (**Variante 1**), von der zweiten Abzweigung nach dem Kreisstadtblick und über die Zufahrtsstraße (**Variante 2**).

Hinweis: Zahlreiche Rastbänke zum Stillen und Wickeln unterwegs.

Einkehr: Einzige Einkehrmöglichkeit ist die nur an Sonn- und Feiertagen bewirtschaftete **Krausberghütte** des Eifelvereins Dernau mit großer Außenwirtschaft, Weinspezialitäten aus Dernau, Spielplatz, www.krausberg-dernau.de. In Dernau sind viele Weinwirtschaften und Restaurants infolge der Flutkatastrophe noch geschlossen. Informationen unter www.dernau.de.

Karte: Das Ahrtal (Eifelvereinskarte Nr. 9, 1:25.000).

Tipp: Die Gemeinden im Ahrtal ermuntern Wanderer, trotz der immer noch großen Schäden, die allerorten sichtbar sind, ins Tal zu kommen und den lokalen Tourismus zu unterstützen. Unter dem Motto »Wandern für den Wiederaufbau« finden im Frühling und Herbst spezielle Veranstaltungen statt.

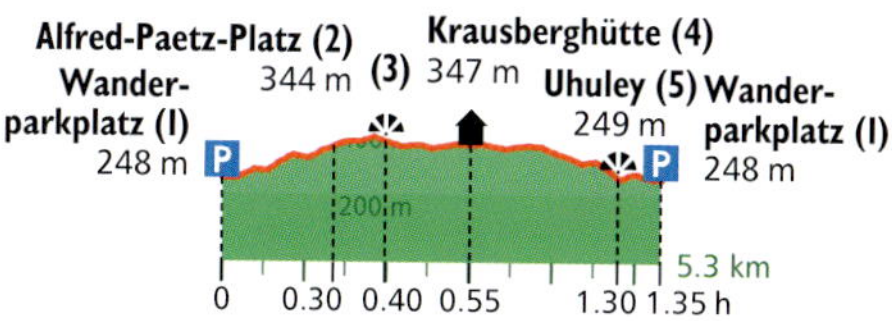

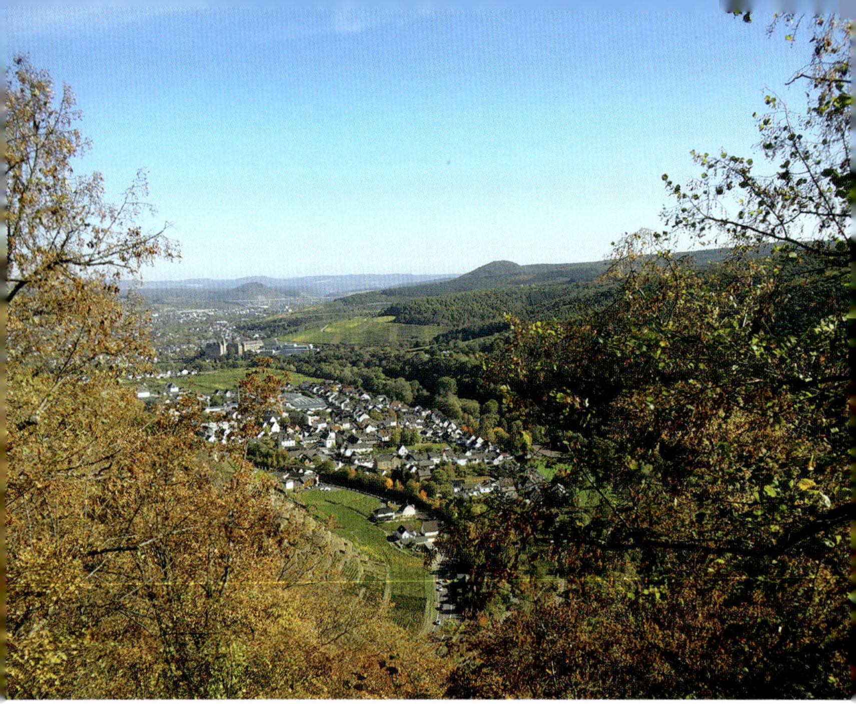

Tolle Aussicht vom Kreisstadtblick auf Bad Neuenahr.

Nach dem sehr steilen Aufstieg, entweder mit dem Auto oder in selteneren Fällen zu Fuß vom Bahnhof Dernau, geht es ab dem **Wanderparkplatz (1)** unterhalb des Krausbergs etwas moderater weiter bergan. Dennoch bewältigen wir rund 140 Höhenmeter auf der ersten Streckenhälfte bis zum Kreisstadtblick. Wir starten in der Kehre der Zufahrtsstraße gegenüber dem Parkplatz. Dem Krausbergrundweg folgen wir auf einem Schotterweg, der uns zunächst noch flach oberhalb des Weinbergs nach Südosten führt. Zur Rechten liegt der Weinberg, zur Linken ein steiler Hang mit Krüppeleichen. Im Sommer riecht die Gegend schon fast mediterran. Nach den letzten Weinreben nimmt die Steigung zu. Wir gelangen an eine Abzweigung, an der nach links ein Weg hinauf zum Krausberg führt. Er ist die erste von mehreren Möglichkeiten zum Eifelvereinshaus und Aussichtsturm zu gelangen. Aber jetzt schon dorthin abzubiegen,

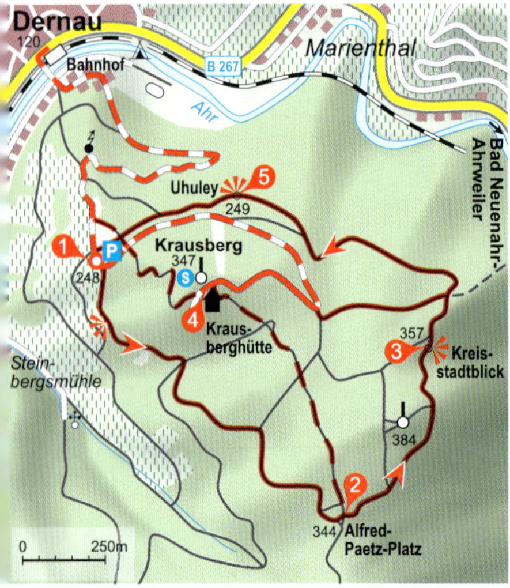

wäre verfrüht. Der Weg gabelt sich an einer Rastbank. Wir folgen der zweiten (linken) der beiden Wegverzweigungen nach rechts und setzen unsere Krausberg-Umrundung fort. Wir gelangen an die zweite beschilderte Variante zum Krausberg. Sie ist für Wanderer mit Kinderwagen gut geeignet, aber unsere Wanderung ist immer noch recht jung, und so wandern wir weiter am Hang entlang in Richtung Südosten. Hinter dem nächsten Vorsprung – hier steht eine Rastbank mit Tisch und guter Fernsicht, gelangen wir zum **Alfred-Paetz-Platz (2)**. Hier biegen wir mit dem Krausbergrundweg nach links.
Nur wenige Meter weiter biegt ein Waldpfad scharf links in Richtung Krausberg **(Variante 1)**. Dieser Weg ist zwar sehr schön und führt scheinbar auf dem Kamm bis zum Aussichtsturm, hält aber ein stetes Auf und Ab über Stock und Stein für uns parat. Mit Kraxe ist er gut zu gehen. Wer diese Variante wählt, kehrt anschließend wieder zum Alfred-Paetz-Platz zurück.
Mit Kinderwagen bleiben wir an dieser Kreuzung aber besser noch ein Stück auf dem Krausbergrundweg. Wir passieren eine weitere Abzweigung nach links zum Krausberg und wenig später den Aussichtspunkt **Kreisstadtblick (3)**, der rechter Hand vom Weg im Wald liegt und den Blick auf Bad Neuenahr-Ahrweiler freigibt. Nun fällt der Weg allmählich ins Tal. Nur wenige Meter weiter gelangen wir an eine zweite Abzweigung zum Krausberg, die wir aber ebenfalls ignorieren. An der nächsten **Waldkreuzung** biegt ein Pfad nach rechts ins Tal in Richtung »Walporzheim«, wir aber gehen nach links auf einem moderat ansteigenden Waldweg mit einem kräftigen Schlussanstieg über die Zufahrtsstraße zum Krausberg

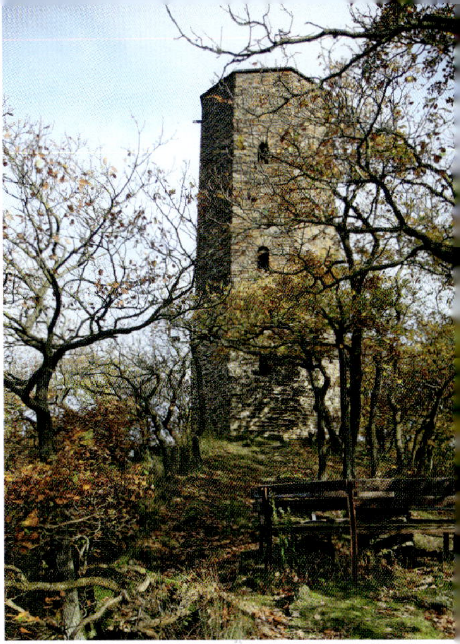

Ziel der Wanderung, der Krausbergturm.

mit dem Krausbergturm und der **Krausberghütte (4)**. Für Kinderwagen ist dieser Zuweg bestens geeignet. Nach diesem Abstecher und einer Gipfelrast kehren wir wieder zu der Waldkreuzung zurück und setzen nach links unsere Umrundung des Krausbergs fort. Der Weg fällt nun allmählich ins Tal. Am Nordhang des Krausberg kommen wir an eine Gabelung. Die Markierung fehlt hier. Wir folgen dem rechten der beiden Wege. Weiter am Nordhang entlang kommen wir zum Aussichtspunkt **Uhuley (5)**. Von hier haben wir einen freien Blick auf Dernau unter uns im Tal. Nach gut 400 Metern durch einen lichten Kiefernwald gelangen wir schließlich an die Zufahrtsstraße zum Krausberg. Linker Hand liegt der **Wanderparkplatz (1)**.
Wer nun immer noch nicht oben am Aussichtsturm war, folgt einfach der Zufahrtsstraße (Variante 2).

22 Durch das Brohltal zur Ruine Olbrück

Tagesausflug mit der historischen Eisenbahn ★★★

Ein Muss für alle Eifelfreunde

Eine eintägige Tour voller eindrucksvoller Erlebnisse führt uns weit weg von Köln und Bonn in das herrliche Brohltal, über dem majestätisch auf einem erloschenen Vulkankegel die Ruine Olbrück thront. Die Wanderung lohnt vor allem, wenn wir die Auffahrt in das Hochtal mit dem historischen Vulkan-Express in Angriff nehmen, der uns anschließend auch wieder ins Rheintal zurückbringt. Mit Kleinkindern und mehreren Familien wird der Ausflug so zu einer Riesengaudi.

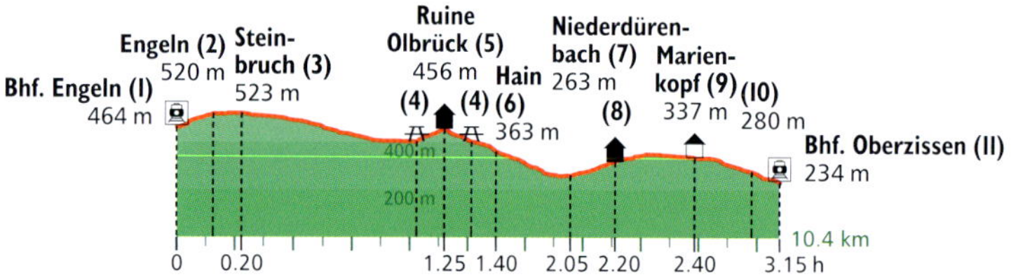

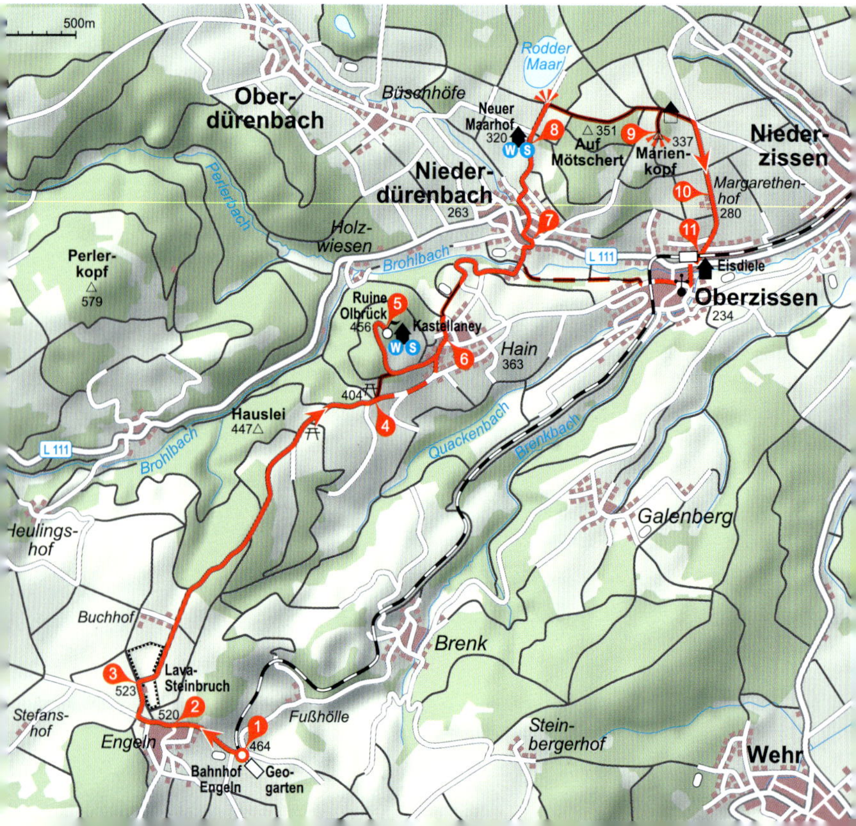

KURZINFO

Ausgangspunkt: Die Fahrt mit dem Vulkanexpress startet am Bahnhof Brohl-Lützen, die Wanderung an der Endstation Bahnhof Engeln (464 m).

An- und Abfahrt: Mit der Mittelrheinbahn oder dem Auto auf der B9 bis Brohl-Lützen. Beschilderung Vulkan-Express folgen, kostenlose Parkplätze am Bahnhof. Weiter mit dem Vulkan-Express bis Engeln. Rückfahrt mit dem Vulkan-Express über Bahnhof Oberzissen bis Brohl-Lützen.

Die Fahrt mit dem Vulkan-Express: Wer die Fahrt mit dem historischen Dampfzug (derzeit ist die Dampflok allerdings in der Wartung) und die Wanderung genießen will, muss früh starten. Von Anfang Juni bis Ende September fährt der Vulkan-Express täglich außer Mo, die übrigen Monate meist nur an Sonn- und Feiertagen. In den Sommermonaten fahren in der Regel zwei Züge pro Tag hin und zurück. Erster Start ist um 9.30 Uhr, letzte Talfahrt um 16.30 Uhr. Zwischendurch bleibt viel Zeit für die Wanderung. Hin- und Rückfahrt kosten 12 Euro, die Familienkarte 26 Euro. Alle Informationen zum Vulkan-Express unter www.vulkan-express.de. Eine Voranmeldung ist zu empfehlen, Tel. 02636/80303.

Gehzeit: 3.15 Std.

Distanz: 10,4 km.

Höhenunterschied: 220 m.

Anforderungen: Mit Babys ist die mittelschwere Wanderung wegen der weiten Anfahrt eher ungeeignet. Sie führt mit wechselnden Markierungen überwiegend über flache Passagen, hat aber auch drei Steigungen: nach Engeln, zur Ruine Olbrück und zum Rodder Maar. Nach den letzten beiden Anstrengungen werden wir mit einer fantastischen Aussicht auf schöne Landschaften und wertvollen Einblicken in die Geologie der Vulkaneifel belohnt.

Variante: Statt des dritten Anstiegs hinauf zum Rodder Maar, kann man in Niederdürenbach an der Brücke über den Brohlbach dem Uferweg mit der Markierung BU nach Oberzissen folgen (1,4 km).

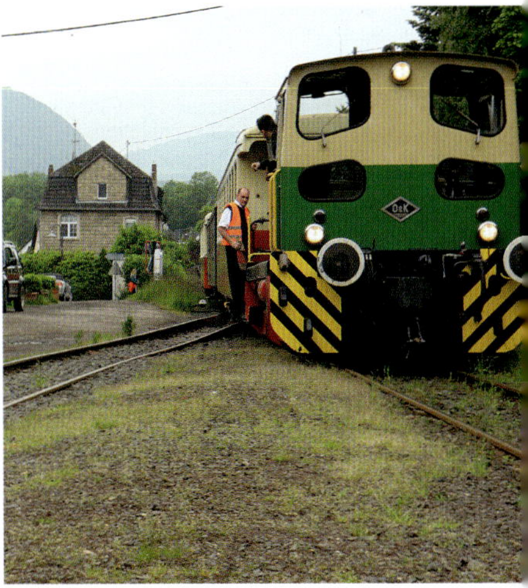

Der Vulkan-Express fährt in den Bahnhof Oberzissen ein.

Hinweis: Entlang der Strecke gibt es viele Einkehrgelegenheiten, dagegen nur wenige Rastbänke zum Stillen und Wickeln.

Einkehr und Tipps: Auf der Hinfahrt im Vulkan-Express werden wir vom Zugpersonal bereits mit Snacks und Getränken versorgt. Auch am Endbahnhof in Engeln gibt es frische Bratwürste und Getränke. Der nahegelegene Geogarten ist bei Kindern beliebt und informiert über die Geologie der Region. Auf dem Weg von Niederdürenbach zum Rodder Maar passieren wir den Neuen Maarhof mit Sonnenterrasse, tollem Blick auf die Ruine Olbrück, Spielplatz, Streichelzoo und Wickeltisch und einer modernen Golfanlage (Maarheiderweg, 56651 Niederdürenbach, Tel. 02636/941033, www.neuer-maarhof.de). Am Ende der Wanderung, dem Bahnhof Oberzissen, versüßt die Eisdiele »Express« das Warten auf den Zug. Ein Höhepunkt ist der Besuch der Burg Olbrück, zwischen März und November täglich außer Mo. zwischen 10 und 18 Uhr geöffnet. Wandergruppen unbedingt reservieren (www.brohltal-verwaltung.de/kultur-tourismus/burg-olbrueck).

Karte: Das Brohltal (Eifelvereinskarte Nr. 10, 1:25.000).

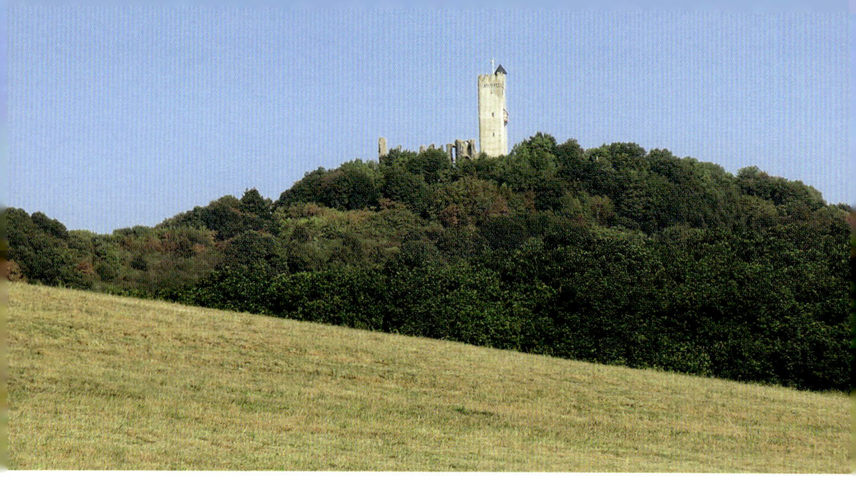

Während der Fahrt mit dem Vulkan-Express bieten sich oft schöne Ausblicke auf die Ruine Olbrück.

Gleich zu Beginn der Wanderung steht der erste Anstieg auf dem Programm. Aber gut ausgeruht von der Bahnfahrt mit dem Vulkan-Express ist er keine Herausforderung für uns. Vom **Bahnhof Engeln (1)** halten wir uns in westlicher Richtung. An der Bahnschranke treffen wir auf einen Sportplatz und eine Rastbank sowie das erste Hinweisschild zur »Ruine Olbrück«. Ihm folgen wir bergan bis nach **Engeln (2)** und auf der Dorfstraße bis zum höchsten Punkt. Am Ortsausgangsschild biegen wir nach rechts und wandern an einem **Lava-Steinbruch (3)** vorbei. Zwischen zwei Gruben hindurch geht es erneut rechts ab und dann schräg links hinaus auf eine Freifläche. Geradeaus haben wir ein Waldstück fest im Blick. Wir wandern durch das Waldstück hindurch und treten wieder auf eine Freifläche hinaus. Die nächsten zwei Abzweigungen ignorierend, halten wir uns an der ersten Kreuzung mit einer Rastbank rechts. Wir wandern nun durch herrliche Weizenfelder auf dem sich immer deutlicher vor uns abzeichnenden Vulkankegel mit der Burg Olbrück zu. Perfekt geformt liegt er vor uns. An seinem Fuß gelangen wir an eine Kreuzung mit **Rastbank (4)**. Hier beginnt rechts ein steiler Anstieg hinauf zur Ruine. Mit einem Erwachsenen vorne ziehend und einem von hinten schiebend, lässt sich die kurze Passage durch herrliche Streuobstwiesen gut bewältigen. Die Alternative ist ein längerer Schlenker durch die Ortschaft Hain. Wir gelangen auf die Burgzufahrt, in die wir nach links einbiegen, und bewältigen die letzten steilen Meter bis zum Burgtor. Nicht nur um Luft zu schnappen, sondern auch um das vielfältige Angebot in der Burg auszukosten, sollten wir an der **Ruine Olbrück (5)** eine längere Rast einplanen. Anschließend lassen wir uns auf der »Burgstraße« den steilen Vulkankegel hinab und dann links nach **Hain (6)** treiben, biegen im Ort links in die »Dorfstraße« und gleich wieder links in die »Dürenbacher Straße«. Ihr folgen wir nun immer geradeaus durch den Ort bis in eine Sackgasse und nun mit der Markierung Geo-Pfad Mittleres Brohltal auf einem Feldweg hinaus auf die Felder und Pferdekoppeln im Norden von Hain. Der Geo-Pfad führt nach Nordosten ins Tal. Linker Hand steht ein Sendemast. In einem Linksbogen geht es immer steiler bergab bis zum **Brohlbach**. Wer direkt nach Oberzissen wandern will, folgt vor der Brücke nach rechts dem Uferweg mit der Markierung BU. Die Hauptroute verläuft über die Brücke nach **Niederdürenbach (7)**. Wir halten uns nach der Brücke mit dem Geo-Pfad rechts und sofort wieder links in die Hauptstraße (L111). Nach wenigen Metern entlang der Landstraße biegen wir rechts in den »Rodder Weg«. Hier ist unser nächstes Ziel, der »Maarhof«, bereits ausgeschildert. Wir verlassen den Geo-Pfad nach rechts und folgen dem »Rodder Weg« mit der Markierung Nd2 bergan. Mit dem **Neuen Maarhof (8)** passieren wir die nächste Einkehrgelegenheit. Die neumoderne Golf-Restaurantanlage ist eine kleine Wunde in der schönen Landschaft.

Weiter bergauf gelangen wir auf dem höchsten Punkt an eine Kreuzung und Informationstafel. Geradeaus liegt der Vulkansee »Rodder Maar« (ca. 300 m). Zum Bahnhof Oberzissen biegen wir allerdings nach rechts und wandern, nun wieder mit der Markierung des Geo-Pfads, auf dem Kamm in östlicher Richtung. An der folgenden Gabelung biegen wir rechts ab und gelangen zur Abzweigung zur Schutzhütte und dem Aussichtspunkt am **Marienkopf (9)**. Beide liegt rechter Hand in einem Waldstück. Der Abstecher auf dem Waldweg lohnt sich. Von hier hat man einen weiteren fantastischen Blick auf das Brohltal.

Vom Marienkopf wandern wir zurück zur Abzweigung und dort nach rechts (ohne Markierung). An der nächsten Kreuzung rechts in einen querlaufenden Asphaltweg, der uns bergab, am **Margarethenhof (10)** vorbei, immer geradeaus bis zu den Bahngleisen der Brohltalbahn in **Oberzissen (11)** bringt. Linker Hand liegen der Bahnhof und eine Eisdiele, die evtl. das Warten auf den Vulkan-Express versüßt.

Vom Neuen Maarhof hat man einen Panoramablick auf die Ruine Olbrück.

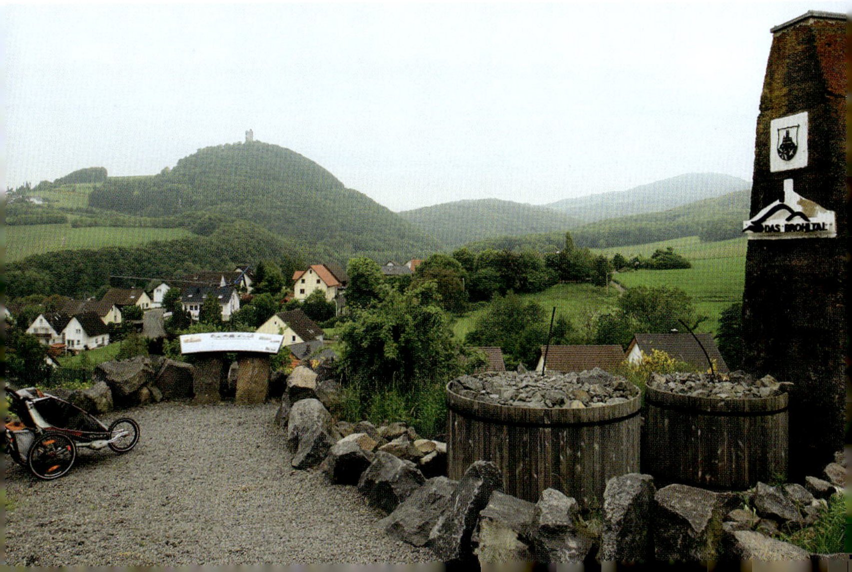

23 Vom Altenberger Dom nach Scheuren

Waldwanderung im Herzen des Bergischen Landes ★★

Schroffe Täler, bergische Kaffeetafel

Bergischer Dom wird der imposante Dom in Altenberg gerne auch genannt. Von hieraus wandern wir durch für die Region typische Bachtäler und Wälder hinauf nach Scheuren, von wo aus wir einen weiten Rundblick über die umliegende Hügellandschaft haben. Im beliebten Gasthaus Heuser runden wir einen perfekten bergischen Tag mit der regional typischen Kaffetafel ab. Die Kinder werden nach der Wanderung mit dem Besuch des Altenberger Märchenwald belohnt.

KURZINFO

Ausgangspunkt: Parkplatz Bülsberger Weg am Eingang zum Pfengstbachtal (119 m).

Anfahrt: Von Köln aus gibt es zwar kürzere Anfahrten, recht unkompliziert gelangt man zum Altenberger Dom aber über die A1 bis AS Burscheid, weiter auf der L51 und L310. Zum Ausgangspunkt weiter links ab in die L101 und sofort rechts in Richtung Neschen. Der Parkplatz liegt in der ersten Kurve. Mit Bus 434 ab Köln-Mülheim Wiener Platz bis Odenthal-Herzogenfeld, dann weiter mit dem Bus 267. Zu Fuß weiter auf der Rückseite des Altenberger Doms mit dem Kultur- und Waldlehrpfad bis zu den Fischteichen.

Gehzeit: 1.50 Std.

Distanz: 7,7 km.

Höhenunterschied: 100 m.

Anforderungen: Eine mittelschwere Tour, denn der Anstieg aus dem Pfengstbachtal zum Gehöft Großspezard ist steil.

Wegweiser zum Deutschen Märchenwald.

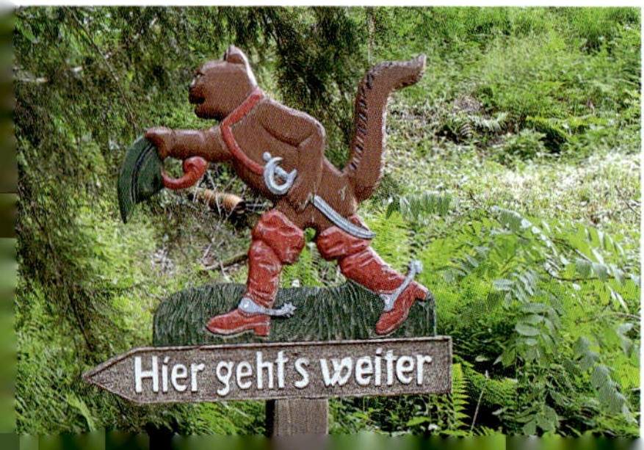

Mit Kraxe ist die Variante weiter das Pfengstbachtal hinauf direkt nach Scheuren eine wunderbare Wanderung.

Variante: Von der Kreuzung an der Spezarder Mühle wandern wir mit A7 und dem »Bergischen Weg« das Pfengstbachtal weiter talaufwärts bis zu einer Gabelung. Hier halten wir uns mit beiden Markierungen links und wandern zum Bach hinunter, der sich hier gabelt. Seinen rechten Arm überqueren wir auf einer Brücke. Dahinter beginnt der eigentliche und recht ruppige Anstieg nach Scheuren (Achtung: nicht für Kinderwagen!). Der Pfad biegt schließlich nach rechts. Immer steiler geht es durch einen Kiefernwald bergan, bis wir unterhalb von Scheuren auf eine Freifläche treten. Wir gehen noch einmal nach rechts und bald wieder nach links um eine Viehweide herum bis zur »Scheurener Straße« (K20). Zurück zum Ziel folgen wir dem Normalweg.

Hinweis: Das Bergische Land ist weniger auf Familien mit Kleinkindern als auf Senioren eingerichtet. Wickelgelegenheiten sind in den Gasthöfen selten.

Einkehr: Café-Restaurant Heuser mit Sonnenterrasse und bergischer Kaffeetafel, Scheurener Str. 77, 51519 Odenthal, Tel. 02207/2400. Weitere Restaurants rund um den Altenberger Dom.

Karte: Bergisch-Gladbach, Gummersbach (Kompass, 1:25.000).

Tipp: Nach der Wanderung lohnt der Besuch des Altenberger Doms oder des Deutschen Märchenwalds Altenberg (www.deutscher-maerchenwald.de).

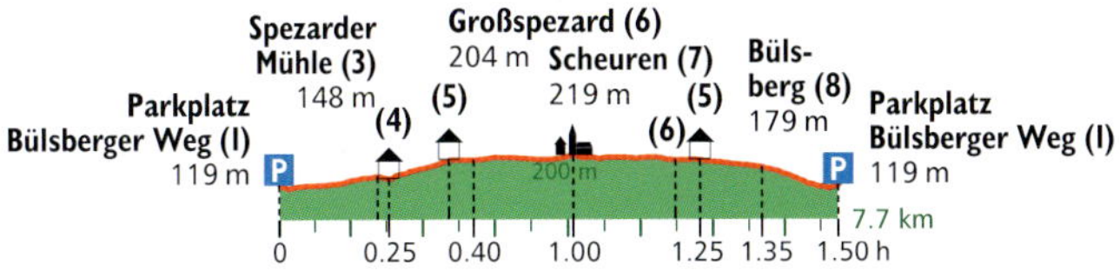

Vom **Parkplatz Bülsberger Weg (1)** an der Straße nach Neschen folgen wir zunächst dem »Kultur- und Waldlehrpfad« bzw. auch der Markierung A6. So wandern wir auf dem asphaltierten Weg nach rechts zwischen den **Fischteichen (2)** hindurch. Die Straße verläuft nach links und steigt nun an. Wenige Meter weiter biegen wir an einer Leitplanke mit den beiden Markierungen links in einen Forstweg ein. Er führt uns nun am Südufer des Pfengstbachs talaufwärts. Immer wieder passieren wir lesenswerte Informationstafeln des »Kultur- und Waldlehrpfads«. Wir wandern alsbald aus dem Kiefernwald hinaus in das offene Tal. Im Sommer ist es wegen der vielen blühenden Orchideenarten nett anzuschauen. Kurz nachdem wir wieder in ein Waldstück hineinkommen, treffen wir auf eine **Treppe** linker Hand. Hier stoßen die Markierungen A7 (sie begleitet uns den Rest der Wanderung) und der »Bergische Weg« (Symbol Geschwungener Weg auf oranger Grund) zu uns. Der »Kultur- und Waldlehrpfad« verlässt uns dagegen und wenig später auch die Markierung A6. Wir wandern einfach das Pfengstbachtal weiter hinauf und gewinnen langsam an Höhe. Wir gelangen zu den Überresten der **Spezarder Mühle (3)**. Bald passieren wir eine **Schutzhütte (4)**, die im Sommer recht versteckt links vom Weg im Wald liegt, und erreichen dahinter eine große Kreuzung (Rastbank).

Von Bülsberg gehen wir hinab zu den Fischteichen.

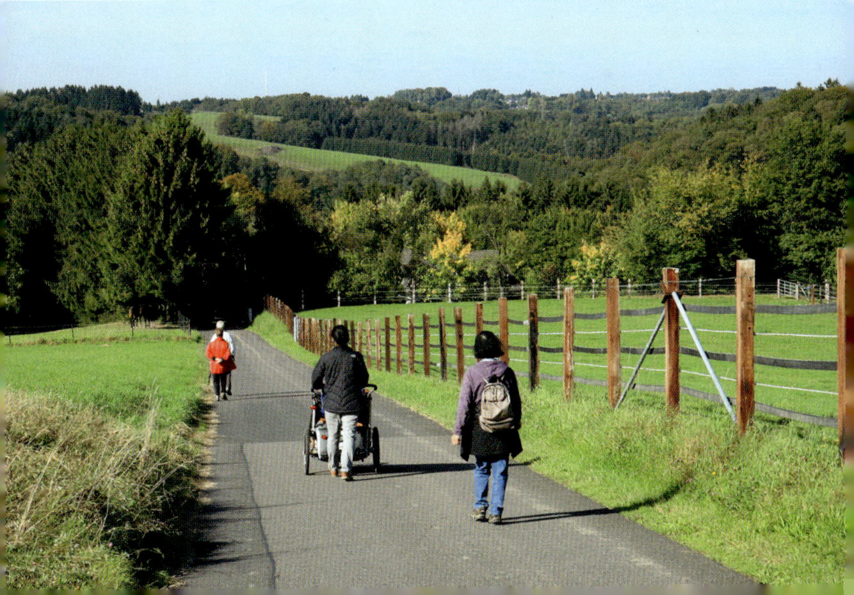

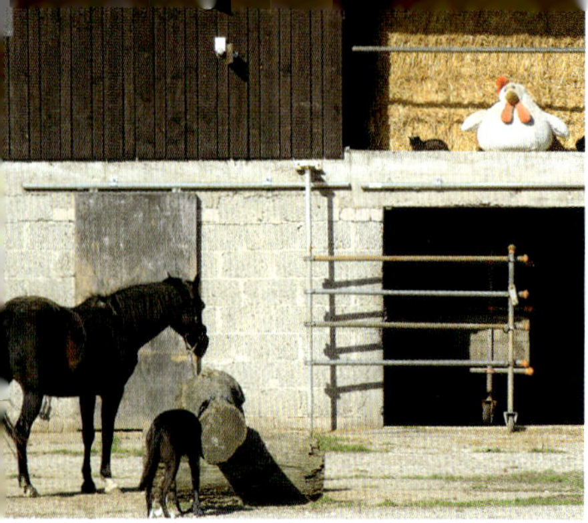

Ein gigantisches Huhn wacht über die Geschöpfe auf Gut Großspezard.

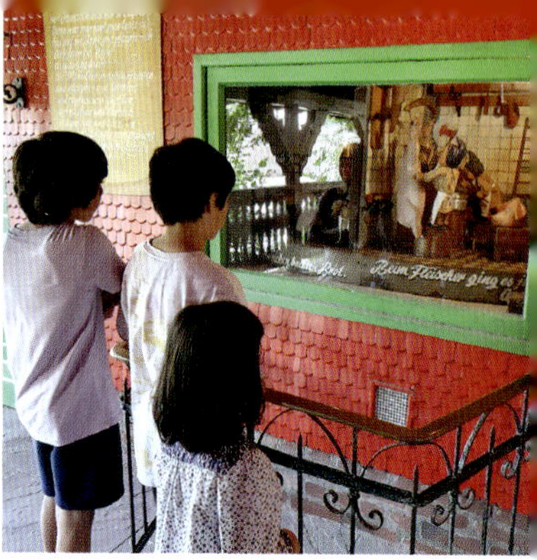

Gute Unterhaltung nach der Wanderung im Deutschen Märchenwald.

Wer den direkten Anstieg nach Scheuren nehmen will, folgt hier dem Bachtal weiter gerade aus (Variante). Auf der Hauptroute, für die ein geländegängiger Kinderwagen hilfreich ist, biegen wir mit Markierung A10 nach rechts und gehen einen Forstweg bergan bis zu einer weiteren **Schutzhütte (5)**. Nun führt ein guter Asphaltweg mit A7 nach links vorbei am Gehöft **Großspezard (6)** bis zur K20. Ihr folgen wir nach links bis zum Restaurant Heuser in **Scheuren (7)**. Wir wandern zurück zum Gehöft **Großspezard (6)** und der dahinter liegenden **Schutzhütte (5)**. Statt nun aber wieder auf dem Hinweg ins Pfingstbachtal hinabzusteigen, gehen wir auf dem Asphaltweg weiter Richtung Nordwesten, besser gesagt, wir trudeln mit leichtem Gefälle bis nach **Bülsberg (8)**. Vor dem ersten Haus biegen wir rechts ins Tal. Nun geht es den steilen »Bülsberger Weg« hinab, an drei sehr schönen Fachwerkhäusern vorbei und über zwei Serpentinen durch den Wald zurück zu den **Fischteichen (2)** und weiter zum **Parkplatz Bülsberger Weg (1)**.

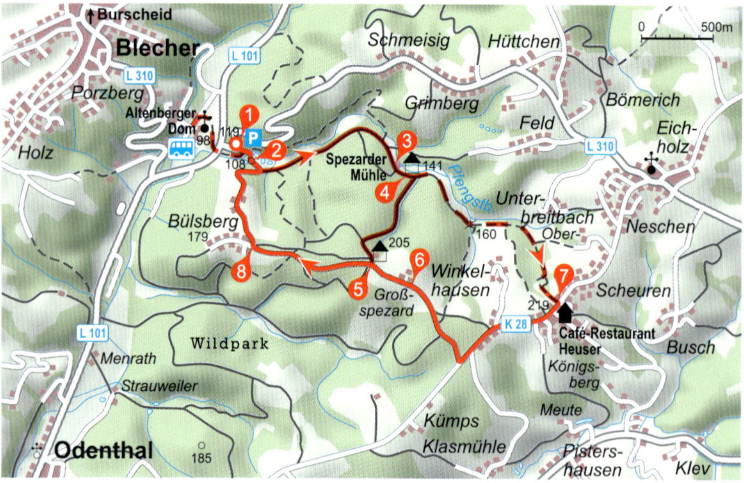

Von Odenthal nach Oberkirsbach

Bergisches Fachwerk und Buchenwälder ★★

Stadtnah für Anspruchsvolle

Odenthal und vor allem der nahe gelegene Altenberger Dom sind zwei von Köln aus gut zu erreichende und beliebte Ausflugsziele. Gleich hinter Odenthal geht es die ersten Hügel des Bergischen Lands steil bergan. Wer die Anstrengung auf sich nimmt, kommt an typisch bergischen Fachwerkhöfen vorbei und wird mit wunderbaren Ausblicken belohnt. Groß und Klein zu dieser Wanderung zu überreden, dürfte nicht allzu schwer fallen, denn jeder Gasthof in der Gegend bietet Bergische Waffeln mit Kirschen und Sahne an.

KURZINFO

Ausgangspunkt: Parkplatz am Friedhof Odenthal-Selbach (110 m).
Anfahrt: Mit dem Auto von Köln aus bis zum Altenberger Dom (siehe Tour 23). Von hier aus weiter auf der L101 bis zur Ortsmitte Odenthal. Im Kreisel mit der L270 in Richtung Bergisch-Gladbach, bei nächster Gelegenheit links ins Scherfbachtal und sofort wieder links bergan die K28 bis zum Friedhof. Mit Bus 434 ab Köln-Mülheim Wiener Platz bis Odenthal.
Gehzeit: 1.40 Std.
Distanz: 4,1 km.
Höhenunterschied: 110 m.
Höchster Punkt: 206 m.
Anforderungen: Durchgehend mit A2 markiert. Die Wanderung ist recht anspruchsvoll, weil es vor allem zu Beginn über schmale Wege zum Teil recht steil bergan geht. Aber die Tour ist sogar mit einem geländegängigen Doppelkinderwagen gut zu bewältigen. Wer im Sommer mit den Kindern in den Alpen wandern will, kann hier schon einmal üben.

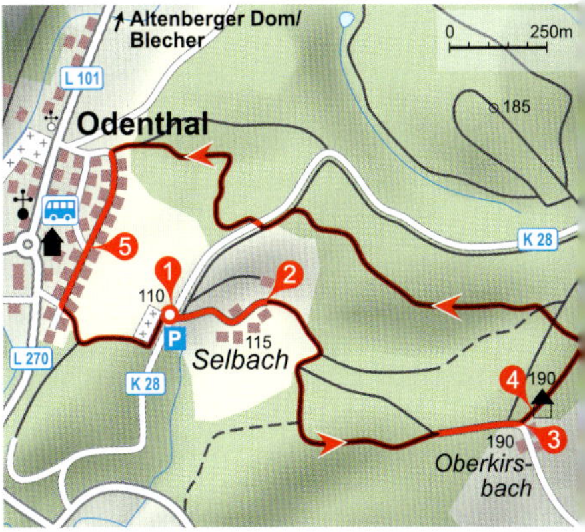

Hinweis: Kaum Wickelgelegenheiten am Wegesrand, dafür mehrere Picknickwiesen. Bei sehr feuchter Witterung sollte man die Tour besser meiden, weil die Waldwege dann sehr matschig sind.
Einkehr: Mehrere Gasthäuser im Zentrum von Odenthal.
Karte: Bergisch-Gladbach, Gummersbach (Kompass, 1:25.000).
Tipp: Nach der Wanderung Besuch des Altenberger Doms und des Deutschen Märchenwalds Altenberg (siehe Tour 23).

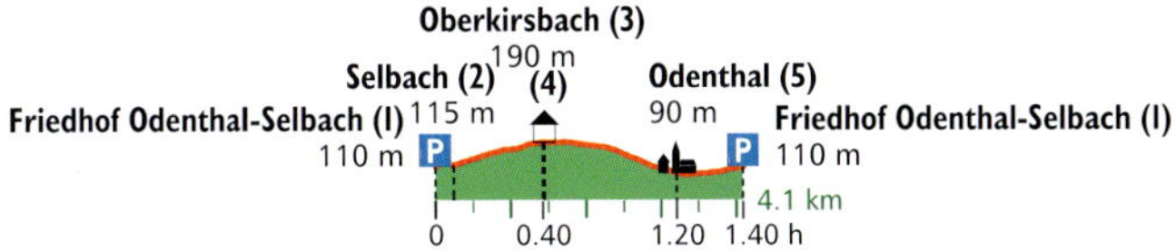

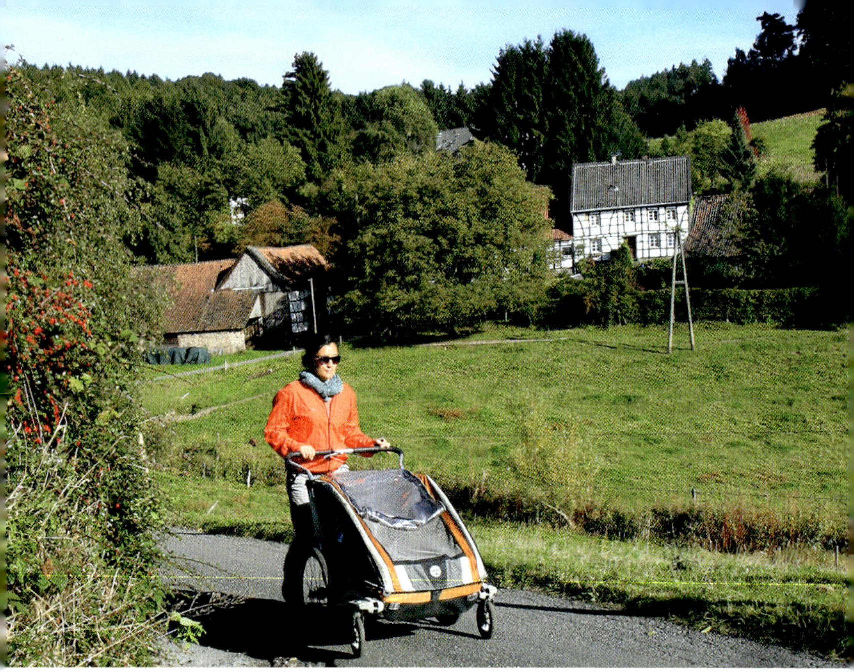

Bergische Fachwerkhäuser und Sonnenschein in Selbach.

Am Parkplatz vor dem **Friedhof Odenthal-Selbach (1)** überqueren wir die K58 und wandern mit der Markierung A2 die Zufahrt zur idyllisch gelegenen Gehöftegruppe **Selbach (2)** entlang. Die vier Fachwerkhäuser bilden ein typisch bergisches Ensemble, zumal sie inmitten knorriger Obstbäume und saftiger Wiesen liegen. Wir wandern durch Selbach hindurch. Der Weg steigt nun merklich bergan. Am letzten Fachwerkhaus geht er in einen schmalen Pfad zwischen Waldrand und Weide über. Wir umwandern die Weide rechtsherum und biegen an der nächsten T-Kreuzung rechts mit der Weide ab. Nun beginnt der lange (rund 800 m) Endanstieg nach Oberkirsbach. Wir orientieren uns noch ein Stück am Weidenzaun in westlicher Richtung bis der Weg nach links in den Fichtenwald biegt. Es folgt das letzte Steilstück des Tages von etwa 300 m Länge. An seinem Schluss haben wir das Gros an Höhenmeter auch schon hinter uns gebracht. Nun biegt der Weg nach links weg und steigt sehr moderat bis **Oberkirsbach (3)** an. Erwarten Sie hier keinen Ort, hinter dem Namen verbirgt sich lediglich ein einzelnes, dafür jedoch umso schöneres Gehöft. Der Fachwerkhof liegt abgelegen und schmiegt sich pittoresk an den Wald. Talwärts ist er von Weiden mit knorrigen Obstbäumen umgeben. Auch die Kinder können sich nun von den Strapazen des Anstiegs erholen: Hühner, Gänse und Ziegen sorgen für Abwechslung. Auf den umliegenden Wiesen kann man herrliche Picknicks mit weiten Blicken über die sanfte Hügellandschaft machen.

In Oberkirsbach verlassen wir den Wanderweg A2 für einen Moment und kürzen ab. Dazu bleiben wir auf dem Weg, den wir gekommen sind, das Gehöft rechts liegend lassend, weiter geradeaus in den Buchenwald hinein und an einer **Schutzhütte (4)** vorbei. Der Forstweg ist nicht markiert, ein Hinweisschild verrät aber, dass es hier in Richtung K28 geht. 200 m weiter gelangen wir an die nächste Kreuzung. Hier läuft der Wanderweg A2 auf uns zu und wir biegen mit ihm nach links ins Tal. Die nächsten beiden Abzweigungen ignorieren wir. Der schmale Waldpfad führt uns durch den landschaftlich schönsten Teil der Wanderung nun bergab bis zu K28. Hier folgen wir dem Radweg wenige Schritte nach links, überqueren an den ersten Richtungstafeln der nächsten Kurve die Landstraße und nehmen einen schmalen Pfad die Böschung hinab in den Buchenwald. Etwas weiter talwärts gelangen wir an eine T-Kreuzung und biegen mit der Markierung A2 nach rechts in einen Forstweg. Ihm folgen wir am Hang entlang und später in einem weiten Linksbogen bis zu den ersten Häusern von **Odenthal (5)**. Hier verliert sich die Markierung A2, wir biegen links in die Wohnstraße »Herzogenfeld«. Dieser folgen wir weiter geradeaus (nach Süden) und kommen an eine Rechtsabzweigung in die Forststraße.

Wer in Odenthal einkehren oder einen Abstecher zur schönen Dorfkirche machen will, biegt hier rechts ab und geht später nach links über einen Fußweg und den Parkplatz des örtlichen Supermarkts bis zum Ortskern von Odenthal.

Ohne Abstecher biegen wir fast am Ende der Straße »Herzogenfeld« links in einen Stichweg, der wieder mit A2 markiert ist, und wandern einen allerletzten steilen Anstieg hinauf zu unserem Ausgangspunkt am **Friedhof Odenthal-Selbach (1)**.

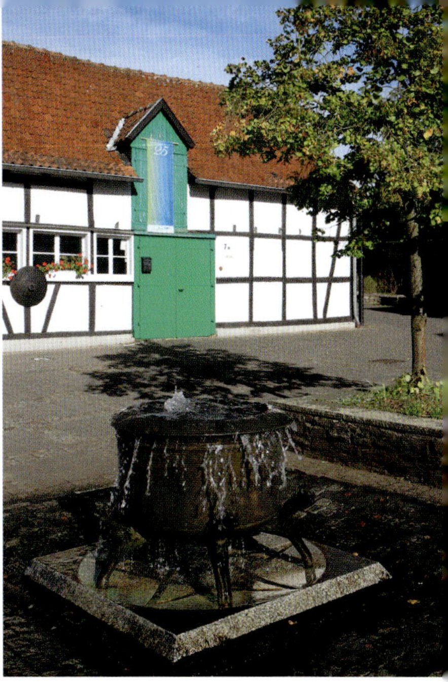

Der Hexenbrunnen in Odenthal.

Die Dorfkirche von Odenthal ist einen Abstecher wert.

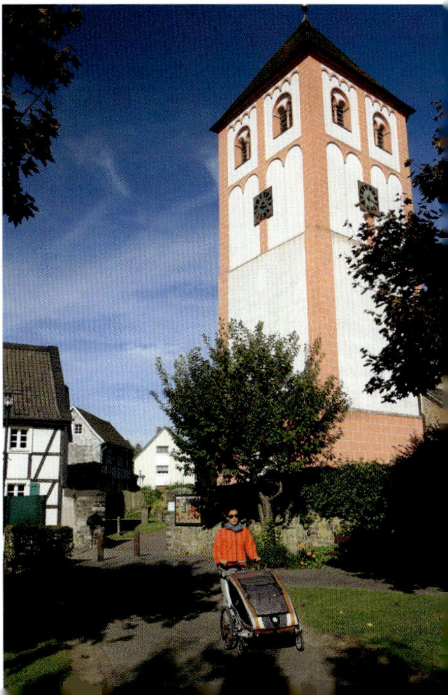

25 Voiswinkelner Panoramatour

Durch Unter- und Oberholz nach Oberborsbach ★★★

Das Laufrad mal richtig rollen lassen

Von den ersten Erhebungen des Bergischen Landes haben wir einen unglaublichen Blick über Köln hinweg bis weit hinüber zur Eifel. Wer deren Berge kennt, kann bei gutem Wetter sogar die Silhouetten der Hohen Acht ausmachen, während unter uns die Flugzeuge im Landeanflug auf den Flughafen Köln-Bonn einschweben. Auf dieses Panorama wandern wir vor allem auf dem Rückweg immer zu. Der asphaltierte Höhenweg ist zudem ideal für Laufräder und die Natur lässt sich hier einfach am Wegesrand bestaunen. So macht es nichts, dass weit und breit kein Spielplatz greifbar ist.

KURZINFO

Ausgangspunkt: Wanderparkplatz an der »Oberborsbacher Straße« oberhalb von Voiswinkel (179 m).
Anfahrt: Ab Köln über die B506 (Bergisch-Gladbacher Straße). In Hebborn links ab in die L101 bis Voiswinkel, an der Pizzaria »La Fornace« rechts ab in die »Oberborsbacher Straße« bis zum Parkplatz. Mit Bus 434 ab Köln-Mülheim Wiener Platz bis Voiswinkel und zu Fuß den steilen Anstieg über die »Oberborsbacher Straße« hinauf.
Gehzeit: 1.40 Std.
Distanz: 5,9 km.
Höhenunterschied: 70 m.
Anforderungen: Ein ausgiebiger Spaziergang über stets asphaltierte Wirtschaftswege. Der Anstieg von Unter- nach Oberholz ist allerdings anspruchsvoll. Wechselnde Markierung.
Variante: Wer den Aufstieg von Unter- nach Oberholz meiden will, geht einfach mit A4 von Oberborsbach auf den Höhenweg weiter nach Oberholz.
Hinweis: Keine Wickelgelegenheit an der Strecke, aber mehrere Rastbänke zum Stillen und Wickeln. Bei Regen kaum Möglichkeiten, sich unterzustellen. Eine ideale Tour, um Laufräder mitzunehmen.
Einkehr: Am Gehöft Oberborsbach gibt es eine »Milchtankstelle« und den beliebten mobilen **Café-Wagen Affemia** (Tel. 0177/5389079, torsten-dahl@gmx.de), der in der Regel am Wochenende tagsüber geöffnet hat und neben gutem Kaffee auch Crêpes und Waffeln anbietet.
Karte: Bergisch-Gladbach, Gummersbach (Kompass, 1:25.000).
Tipp: Siehe Tour 23. Die Kinder des Bauern in Oberborsbach bessern in Spätsommer und Frühherbst ihr Taschengeld mit dem Verkauf von frischem Obst (Birnen, Marillen, Zwetschgen etc.) auf – sehr lecker.

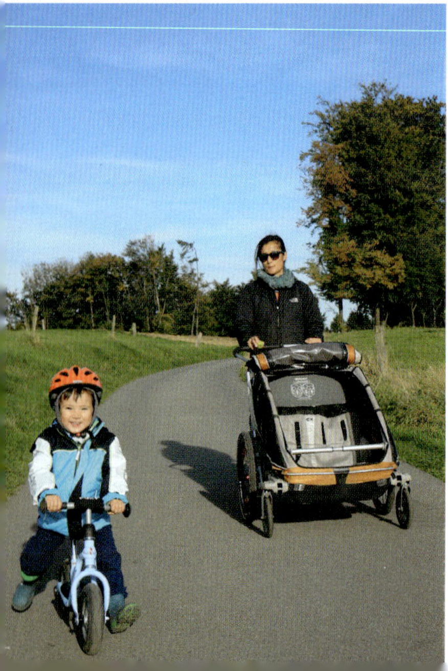

Auf Oberborsbach zu rollt es sich bestens.

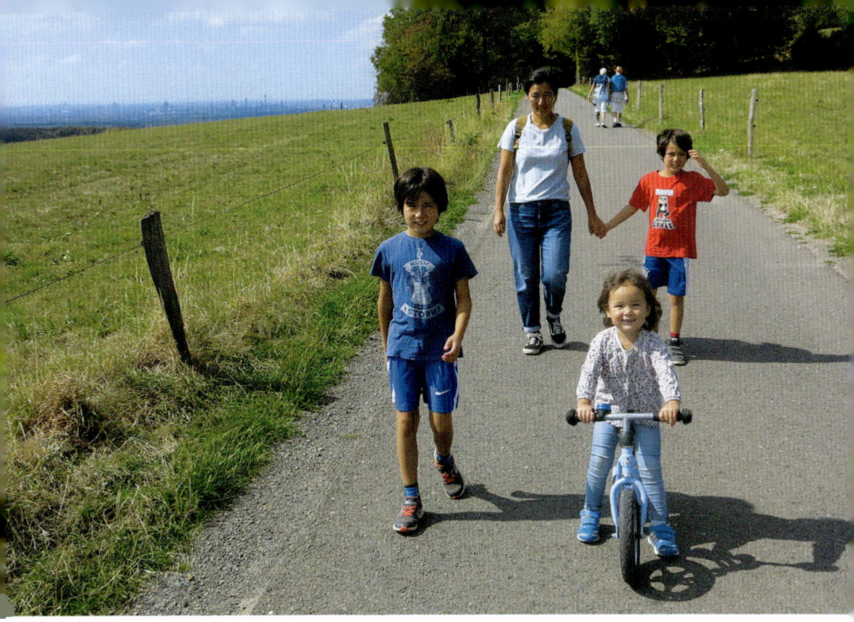

Bei Sonnenschein bringt die Wanderung nach Oberborsbach nicht nur viel Spaß, auch der Blick auf Köln ist fantastisch.

Am **Wanderparkplatz (1)** wenden wir uns links und wandern auf der Höhe mit der Markierung A4 (sie begleitet uns die meiste Zeit des Weges) an einem Wasserspeicher vorbei auf die Gehöftgruppe Oberborsbach zu. Die Weiden um uns herum geben einen ersten weiten Blick auf die Kölner Bucht frei. Aber es soll noch besser kommen ...

Wir gehen durch **Oberborsbach (2)** mit seinem markanten Bauernhaus im bergischen Schieferbaustil und gelangen an eine Kreuzung mit einer Rastbank. Hier biegen wir rechts mit dem asphaltierten und unmarkierten Landwirtschaftsweg ins Tal. Dort gelangen wir erneut an eine Kreuzung mit Rastbank und biegen links in Richtung »Unterholz«. Wir passieren **Fischteiche (3)**, die linker Hand etwas versteckt hinter einer Baumreihe liegen. Danach steigt der Asphaltweg plötzlich ein kurzes Stück recht steil an, bis wir an mehrere Wohnhäuser gelangen. An der folgenden Kreuzung biegen wir links ab und wandern mit moderater Steigung zwischen Obstwiesen und an Pferdekoppeln vorbei durch **Unterholz (4)**. Der Weg folgt im Ort einer Links-Rechts-Kombination und führt wieder auf die Felder hinaus, wo er erneut etwas steiler bis nach **Oberholz (5)** ansteigt. An einem großen Gehöft – Oberholz besteht nur aus diesem und dem gegenüberliegenden – biegen wir rechts ab und gelangen zu-

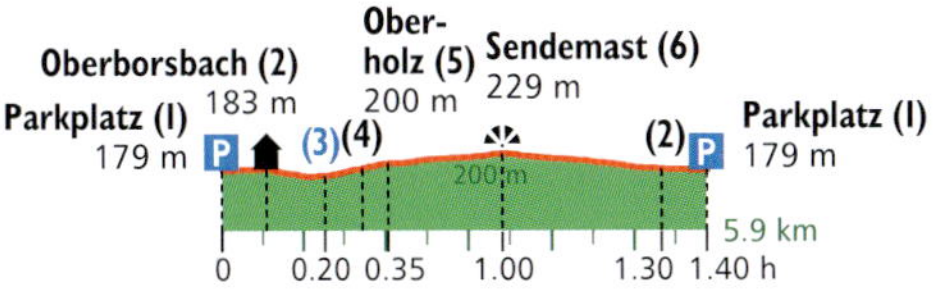

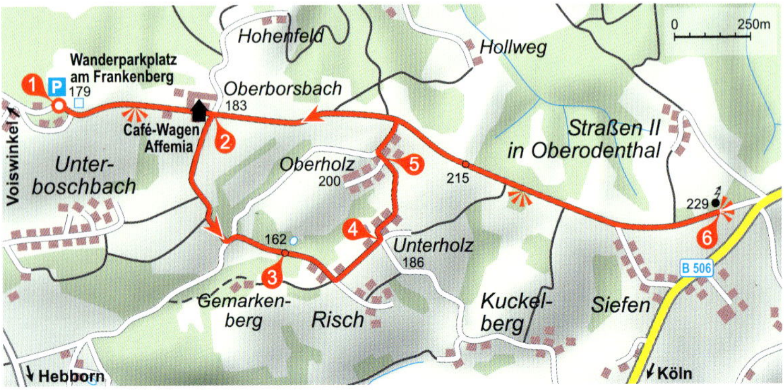

rück auf den schönen Höhenweg. An der nächsten T-Kreuzung biegen wir wieder mit der Markierung A4 nach rechts und wandern immer auf der Höhe in östlicher Richtung. Wir kommen durch ein kleines Waldstück mit Rastbank und gehen noch ein Stück weiter bis zu dem vor uns liegenden **Sendemast (6)** auf dem ringsherum höchsten Punkt. Hier steht eine weitere Rastbank, von der wir einen weiten Blick haben.

Zurück wandern wir in entgegengesetzter Richtung auf dem Höhenweg und halten uns nun bei der Linksabzweigung nach Oberholz geradeaus. Das leichte Gefälle hinab gehen wir wieder auf **Oberborsbach (2)** zu und genießen dabei den herrlichen Blick über die saftigen Wiesen auf Köln und weit darüber hinweg bis zur Eifel. Zehn Minuten später erreichen wir wieder den **Wanderparkplatz (1)**.

An Sonnentagen ist die Route bei Wanderern besonders beliebt.

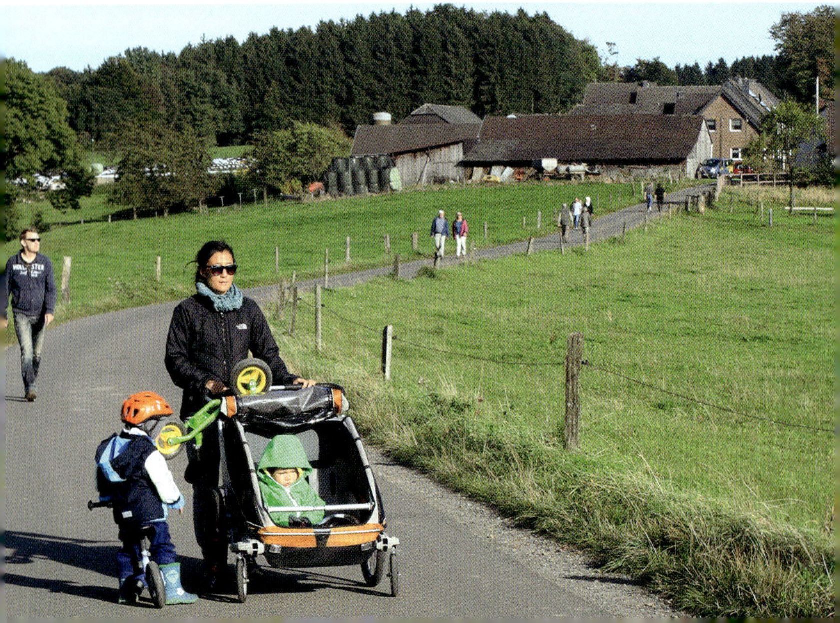

Rund um den Wildpark Dünnwald

Waldwanderung am Fuße des Bergischen Landes ★★★

Ein bisschen Wandern und anschließend Baden gehen
Der Dünnwald ist eines der schönsten Naherholungsgebiete Kölns. Durch das weitläufige Waldgebiet führen viele schöne Wege. Unser ausgedehnter Spaziergang führt dabei an zahlreichen Attraktionen vorbei, wie dem Wildgehege und dem idyllisch gelegenen Waldbad. Vor allem der Wildpark begeistert die Kinder.

KURZINFO

Ausgangspunkt: Parkplatz vor dem Waldbad (57 m).
Anfahrt: Ab Köln-Mühlheim auf der Berliner Straße (B51), in Dünnwald rechts ab in die Leuchtenstraße und schließlich der Beschilderung »Waldbad« folgen. Mit der S11 ab Köln Hbf. bis Delbrück und weiter mit Bus 154 bis zum Waldbad.
Gehzeit: 1.00 Std.
Distanz: 4,7 km.
Höhenunterschied: 20 m.
Anforderungen: Eine leichte Wanderung ohne nennenswerte Steigungen über breite und teils unmarkierte Waldwege.
Hinweis: Unterwegs gibt es mehrere Schutzhütten und Rastbänke zum Stillen und Windeln.
Einkehr: Am Campingplatz gibt es neben dem beliebten Waldbad und einer Minigolfanlage auch das **Gasthaus Trehörn** mit Sonnenterrasse und Wickeltisch; Peter-Baum-Weg 24, 51069 Köln, Tel. 0221/9681 2638, www.gasthaus-trehoern.de, täglich geöffnet, zwischen November und Februar, Mo. Ruhetag.
Karte: Köln, Brühl, Bonn, Ahrtal (Kompass Nr. 758, 1:50.000).
Tipp: Im Sommer können die Kinder an einigen Stellen im Mutzbach plantschen. Ausgiebiger geht das natürlich im **Waldbad Dünnwald** (Peter-Baum-Weg 20, 51069 Köln, Tel. 0221/6001 588, www.waldbad-camping.de), in den Sommermonaten zwischen 9 und 20 Uhr geöffnet. Hier und im nahegelegen **Wildpark** (www.wildpark-duennwald.de) lässt sich ein ganzer Tag mit Kindern verbringen. Im Wildpark gibt es einen kleinen, liebevoll gestalteten Spielplatz. Durch den Dünnwald führen zudem verschiedene breite Waldwege, die allesamt gut für Kinderwagenwanderungen geeignet sind. Daher ist diese Tour auch nur eine von vielen Möglichkeiten für einen ausgedehnten Spaziergang.

Fröhliche Krake im Sandkasten.

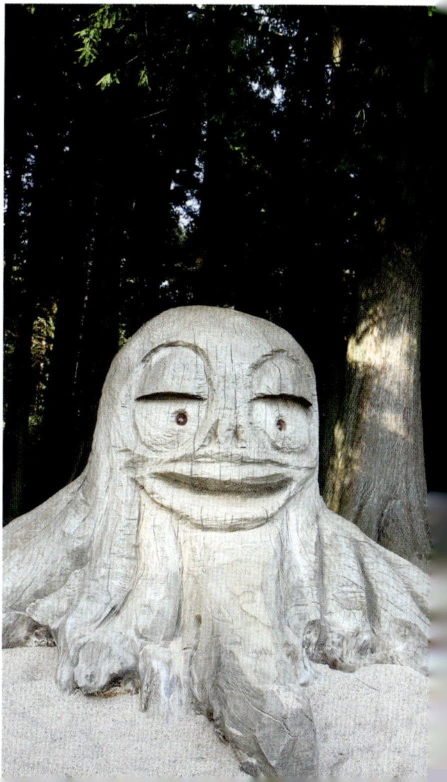

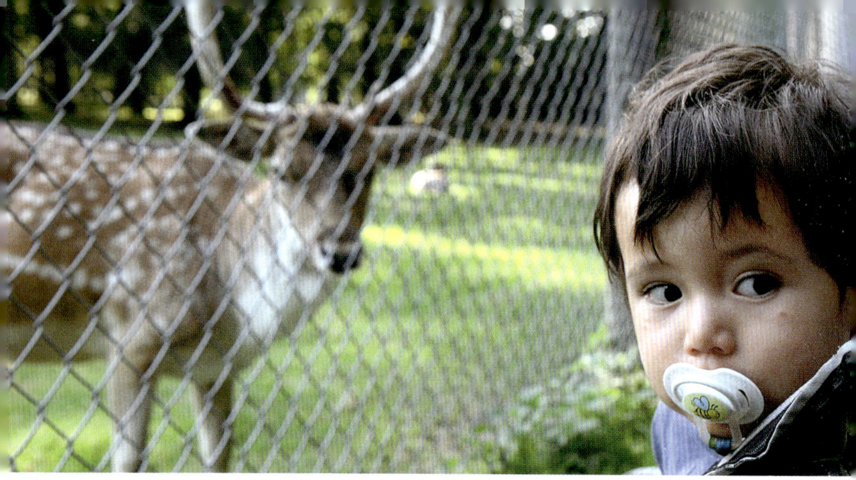

Ungläubige Begegnung am Zaun von Kind und Damwild.

Die Wanderung beschreibt drei Schleifen um das Waldbad herum. Anfangs führt sie uns nach Osten durch den Dünnwald, danach westwärts durch den Wildpark. Vom **Parkplatz am Waldbad (1)** gehen wir zunächst die Zufahrtsstraße **(»Peter-Baum-Weg«)** mit der Markierung weiße Raute auf Schwarz 8 einige Meter zurück, biegen bei nächster Gelegenheit mit der Markierung rechts und wandern auf dem breiten Waldweg in östlicher Richtung. Wir passieren drei querlaufende Waldwege, bis wir schließlich an eine T-Kreuzung gelangen, um mit der Markierung weiße Raute auf Schwarz links abzubiegen. Nun wandern wir auf einem ebenfalls breiten Weg nach Norden, mehrere kreuzende Wege ignorierend, bis zu einer großen Waldkreuzung mit einer **Schutzhütte (2)**. Hier biegt unsere Markierung rechts in den »Dünnwalder Mühlenweg« und führt nach Dieperschrath. Wir biegen jedoch ohne Markierung nach links in den Weg und wandern in entgegengesetzter Richtung nach Westen. Nach einigen Metern kommt von rechts ein Weg aus einer Häuseransammlung, die zur Ortschaft Hardt gehört. Wir gehen aber noch einige Meter weiter, bis ein zweiter Weg aus Hardt kommend unseren Forstweg quert. Diesem folgen wir nach links auf den Köln Pfad (Markierung weißer Kreis) und wandern nach Süden zurück in Richtung Waldbad. Wir gehen geradeaus über eine Kreuzung mit einer weiteren **Schutzhütte (3)** – sie steht etwas versteckt linker Hand im Kiefernwald – und auf der Rückseite des Waldbades entlang. Unser Weg mündet schließlich in einen querlaufenden Schotterweg ein. Wir folgen ihm nach rechts, überqueren den Mutzbach auf einer Brücke, um wenige Meter dahinter, nun wieder ohne Markierung, nach rechts abzubiegen. Nun wandern wir am Mutzbach entlang, in dem im Sommer regelmäßig Kinder plantschen, vor-

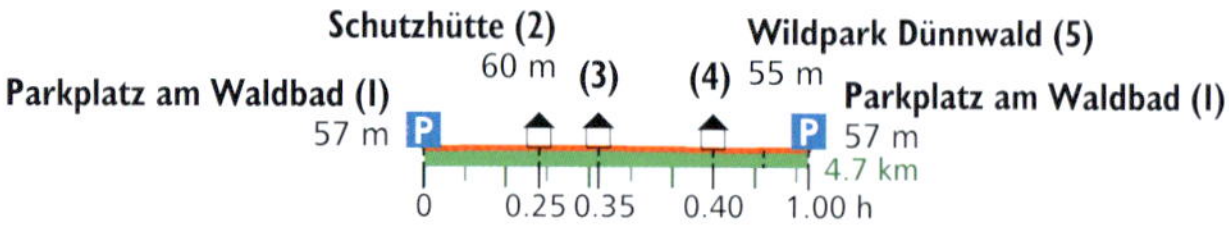

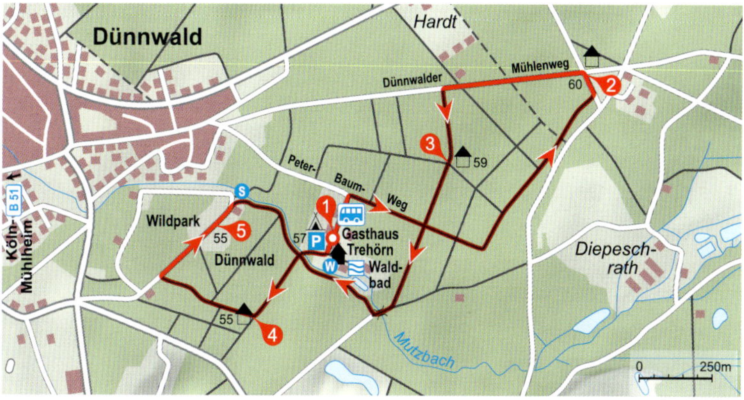

bei am Gelände des Waldbads. Am Ende des Weges gelangen wir über eine **Wanderbrücke** zum Zaun des Wildparks – Sektion Wildschweine. Wir starten nun unsere Umrundung des Geheges im Uhrzeigersinn und wandern nach links mit der Markierung weiße Raute auf Schwarz am Zaun entlang. An der folgenden Waldkreuzung mit einer **Schutzhütte (4)** folgen wir dem Verlauf des Zauns nach rechts. Etwas weiter wacht ein hölzerner Wolf mit furchteinflößenden gelben Augen am Zaum. Noch einige Meter weiter biegen wir ohne Markierung nach rechts und gehen einen Trampelpfad am Zaun entlang bis zum Hauptweg durch den **Wildpark Dünnwald (5)**. Ihm folgen wir nach rechts. Linker Hand befindet sich ein großes Gehege mit Rotwild. Am Ende trifft der Schotterweg auf einen querlaufenden Weg und den dahinterliegenden Mutzbach. Linker Hand befindet sich ein kreativ angelegter Sandkasten mit einer hölzernen Krake und einem Krokodil. Auch hier haben die Kinder einen direkten Zugang zum Bach. Wir wenden uns nach rechts und wandern noch ein paar Meter am Wisent- und Wildschwein-Gehege entlang. Über die uns schon bekannte Brücke über den Mutzbach erreichen wir wieder den **Parkplatz am Waldbad (1)**.

Da laufen sie, die Wildschweine.

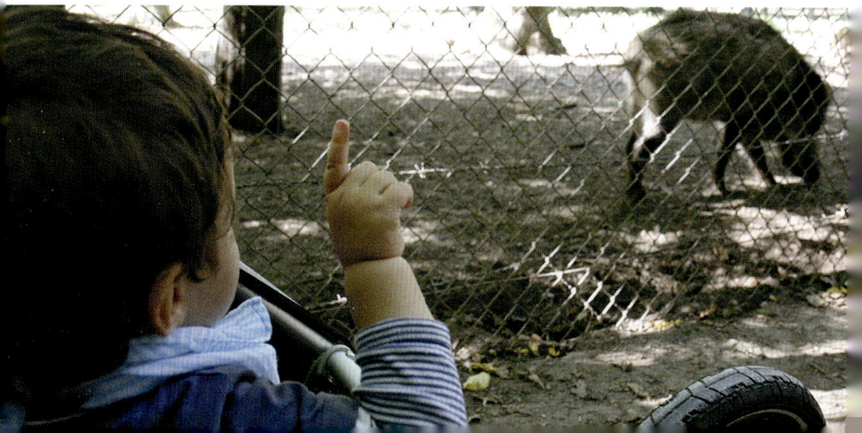

27 Durch den Königsforst

Waldwanderung am Brücker Wildgehege ★

Ideal für den Nachmittagsausflug

Die grüne Lunge Kölns, der Königsforst ist eines der beliebtesten Spazier- und Wanderreviere der Kölner. Er ist stadtnah, schnell zu erreichen, weitläufig und von einem dichten Wegenetz durchzogen. Zudem liegen in dem großen Waldgebiet viele Attraktionen am Wegesrand, zum Beispiel das Wildgehege von Brück. Hierhin führt uns eine leichte Waldwanderung, die an jedem Wochentag ideal für kurzentschlossene Eltern ist.

KURZINFO

Ausgangspunkt: Parkplatz an der Erkermühle, Waldkindergarten (56 m).
Anfahrt: A4 bis AS Refrath, der Olpener Straße nach Brück folgen, links ab in den Brücker Mauspfad bis zur Erkermühle. Ab Köln Neumarkt mit STR 1 bis Brück Mauspfad. Einstieg in die Wanderung von Nordwesten über die Olpener Straße, Am Wildwechsel und den Flehbachmühlenweg.
Gehzeit: 2.00 Std.
Distanz: 7,3 km.
Höhenunterschied: 20 m.
Anforderungen: Eine leichte Wanderung, die zwar recht lang ist, dafür aber keine nennenswerten Steigungen aufweist. Sie folgt in weiten Teilen der Lustheidetour (Markierung mit dem gelben Rehkopf). Diese wird auf der Website www.königsforst.net und in entsprechenden Kulturwanderführern beschrieben, sie ist allerdings entlang der Wegstrecke eher schlecht markiert. Wir folgen deshalb unterwegs häufig wechselnden Markierungen.
Hinweis: Schutzhütten und Rastbänke zum Stillen und Wickeln finden sich entlang der gesamten Wegstrecke.
Einkehr: Keine an der Wegstrecke. Mehrere Restaurants in Brück entlang der Olpener Straße. Am Parkplatz, an dem wir die L358 in Richtung Wildgehege kreuzen, steht gelegentlich an Wochenenden ein mobiler Kiosk, an dem es Kuchen und Getränke gibt.
Karte: Köln, Brühl, Bonn, Ahrtal (Kompass Nr. 758, 1:50.000).

Auf breiten Waldwegen durch den Königsforst.

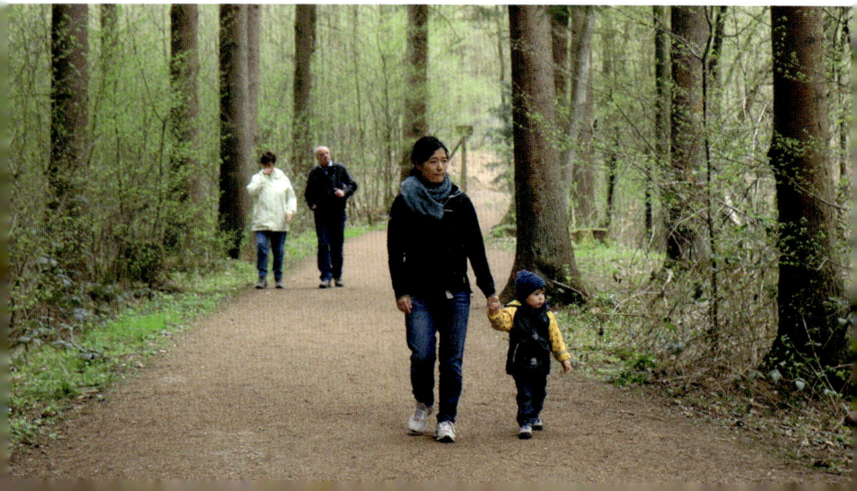

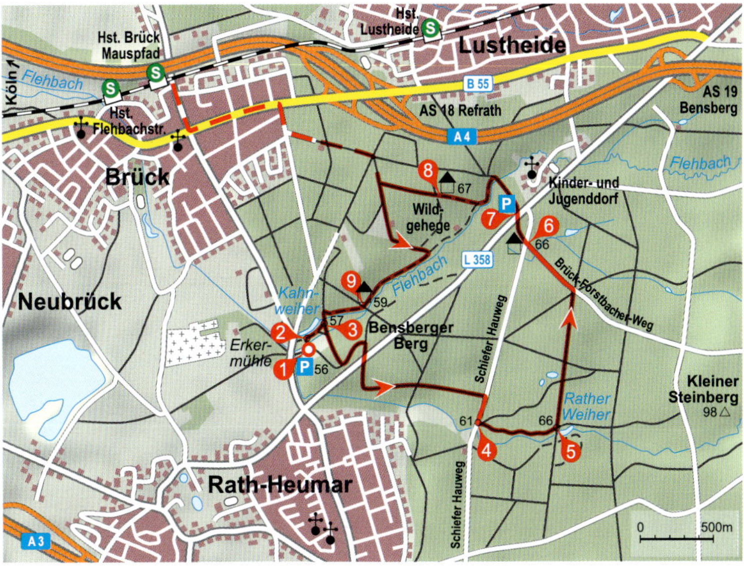

Am Nordostende des **Parkplatzes Erkermühle (1)** am Waldkindergarten befinden sich eine Holzbrücke und Informationstafel. Von hier aus gehen wir den Waldweg nach Norden bis zum **Kahnweiher (2)**, dort nach rechts, wandern am Weiher entlang und erklimmen dahinter den **Flehbachdamm (3)**. Oben biegen wir nach rechts in die Lustheidetour ein. Eine Markierung finden wir zunächst aber nicht. Wir kommen auf der Dammkrone am Messwerk des Staubeckens vorbei, das nette Graffitis trägt. Am Ende des Damms biegen wir nach links und gelangen in einem Rechtsbogen an die L358. Auf der gegenüberliegenden Straßenseite folgen wir durch eine Schranke hindurch dem Waldweg nach Süden. Er macht schließlich einen Knick nach links und wir wandern über den kaum erkennbaren **Bensberger Berg** nach Osten. Die Wälder hier sind überwiegend von Kiefern bewachsen. Die nächste Kreuzung überqueren wir weiter geradeaus. Von links kommend, gesellen sich nun die Markierung A2 und A3 zu uns. An der nächsten Kreuzung gehen wir mit ihnen nach rechts in den »Schiefer Hauweg«. Dem breiten Forstweg folgen wir bis fast zur Brücke über den **Sellbach (4)**, biegen aber davor nach links in einen Waldpfad ein. An der Kreuzung stehen eine Rastbank und ein Baumstumpf, aus dem ein Bildhauer einen Pilz geschnitzt hat. Nach Osten wandern wir am Bach entlang durch einen Wald mit vielen ostasiatischen Lärchen und an den **Rather Weiher (5)**,

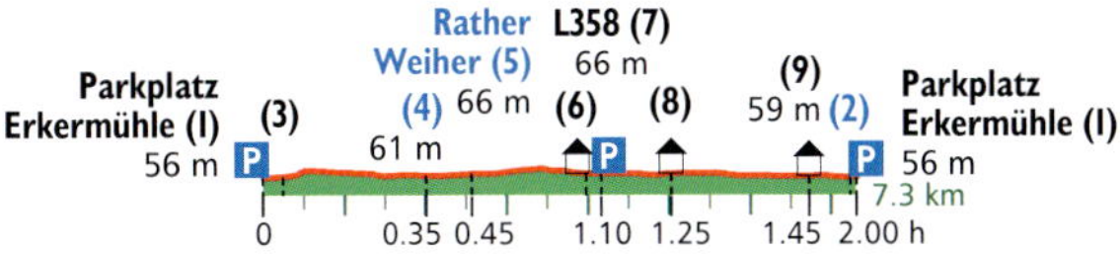

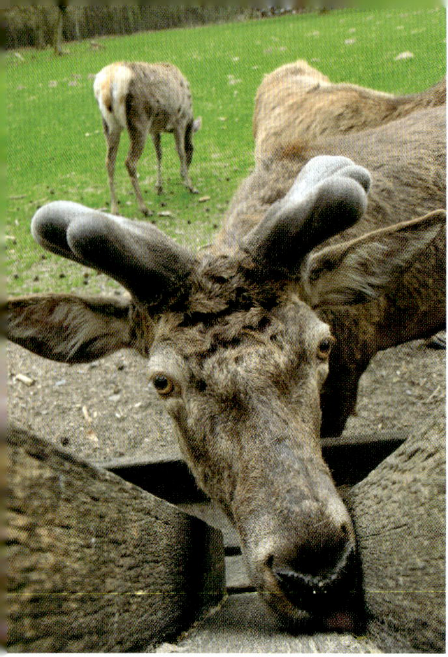

Kein Elch, sondern ein Hirsch mit wachsendem Geweih.

der mit einigen Rastbänken und einer Schutzhütte rechter Hand des Weges liegt. Wir biegen nach links und bleiben ohne Markierung auf dem »Rather Weiherweg« durch einen Mischwald mit recht sumpfigem Untergrund nach Norden. Nun geht es ganz leicht bergan, bis wir schließlich an eine große Waldkreuzung gelangen, an der wir nach links in den »Brück-Forstbacher-Weg« einbiegen (u. a. Markierung N). Nun kürzen wir die Lustheide-Tour ab und wandern nach Nordwesten vorbei an einer **Schutzhütte (6)** direkt auf die **L358 (7)** zu und auf der gegenüberliegenden Straßenseite weiter mit der Markierung N zum »Wildgehege Brück«. Wir gelangen an den Flehbach, den wir auf einer hölzernen Wanderbrücke überqueren, und biegen sofort auf dem gegenüberliegenden Ufer nach links in das **Wildgehege** ein. Wir folgen auf einem schönen Waldweg dem Bachlauf und biegen an der nächsten Gabelung mit der Markierung A2 nach rechts ab. Nun wandern wir am Nordrand des Wildgeheges entlang, an einer **Schutzhütte (8)** rechter Hand vorbei und biegen an der nächsten T-Kreuzung (hier stoßen alle, die mit der S-Bahn anreisen, zur Tour) mit der Markierung A2 nach links. Wir passieren zunächst das Gehege mit Rotwild. Auf den vielen Rastbänken und Schutzhütten im Gehege lässt sich gut eine Pause einlegen, während die Kinder mit den Tieren beschäftigt sind. Anschließend gehen wir am Wildschweingehege vorbei. An seinem Ende gelangen wir an eine T-Kreuzung. Hier biegen wir, weiter der Markierung A2 folgend, nach rechts und auf einem Asphaltweg am **Flehbach** entlang aus dem Tiergehege hinaus. Dem Bachlauf folgend gelangen wir an eine Waldkreuzung mit **Schutzhütte (9)** und weiter geradeaus (jetzt ohne die Markierung) bis zum **Flehbachdamm (3)**. Wir erklimmen seine Krone, gehen auf der anderen Seite hinunter zum **Kahnweiher (2)** und zurück zum **Parkplatz Erkermühle (1)**.

Holzpilz am Selbach.

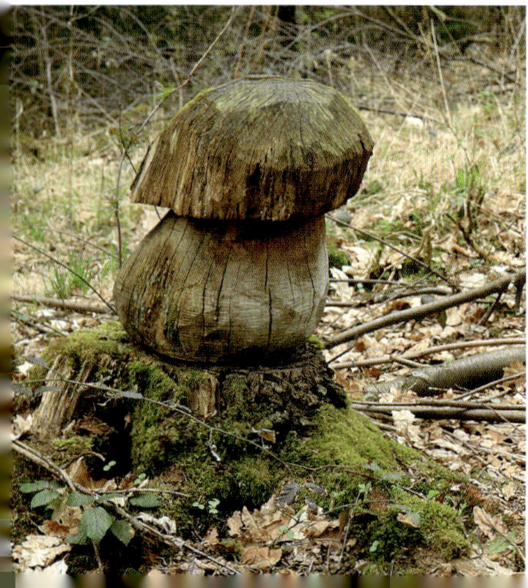

Panoramatour in Lindlar

Über bergische Höhen zum Bergischen Freilichtmuseum ★★

Vorbei an neugierigen Ziegen und Hähnen
Das Freilichtmuseum in Lindlar bietet Groß und Klein viele verschiedene Einblicke in das Leben der Menschen im Bergischen Land. Das schön angelegte Museum alleine ist die Reise wert. Wir verbinden den Besuch mit einer kurzweiligen Panoramawanderung über die umliegenden Höhen des Bergischen Landes und erleben einen gelungenen Tagesausflug mit der ganzen Familie.

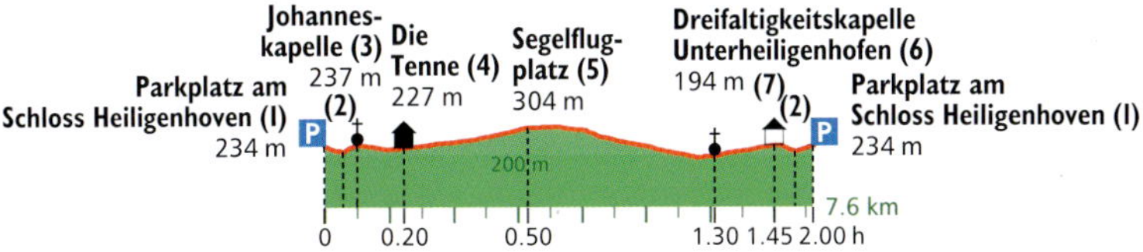

KURZINFO

Ausgangspunkt: Parkplatz am Schloss Heiligenhoven (234 m).
Anfahrt: Auf der A4 in Richtung Olpe bis AS Untereschbach und weiter auf der L 284 und 299 bis zum Freilichtmuseum. 200 m rechts dahinter liegt der kostenfreie Parkplatz am Schloss. Mit der SB40 ab Köln Breslauer Platz bis Bensberg, weiter mit Bus 421 bis Lindlar Falkenhof. Ca. 10 Min Fußweg zum Ausgangspunkt.
Gehzeit: 2.00 Std.
Distanz: 7,6 km.
Höhenunterschied: 140 m.
Anforderungen: Eine leichte bis mittelschwere Wanderung mit einem lang gezogenen, moderaten Anstieg über einen asphaltierten Landwirtschaftsweg bis zum Campingplatz. Im ersten Teil unmarkiert, ab Holz folgen wir der Markierung A3.
Hinweis: Mehrere Rastbänke unterwegs zum Stillen und Wickeln, außerdem ein Gasthaus auf der ersten Streckenhälfte. Die Landschaft befindet sich wie an vielen Stellen im Bergischen Land aufgrund massiver Rodungen derzeit im Umbruch.
Einkehr: Die Tenne mit Außenbereich, Vossbruch 34, 51789 Lindlar, Tel. 02266/7827, www.tenne-lindlar.de, Sa. und So. geöffnet. Zudem Restaurant und Kiosk im Freilichtmuseum (nur wenige Meter nordwestlich von Schloss Heiligenhoven).
Karte: Bergisch-Gladbach, Gummersbach (Kompass, 1:25.000).
Tipp: Einige Extrameter lassen sich nach der Wanderung im **Freilichtmuseum Lindlar** einlegen. Es bietet Groß und Klein viele Attraktionen (www.freilichtmuseum-lindlar.lvr.de). In nordöstlicher Richtung, nur wenige Meter vom Schloss entfernt, liegt der kleine **Freizeitpark Lindlar** mit Minigolfanlage, einem Kleinkinder- sowie Abenteuerspielplatz. Dahinter liegt das **Hallen- und Freizeitbad** von Lindlar.

Imposanter Hahn in Unterheiligenhoven.

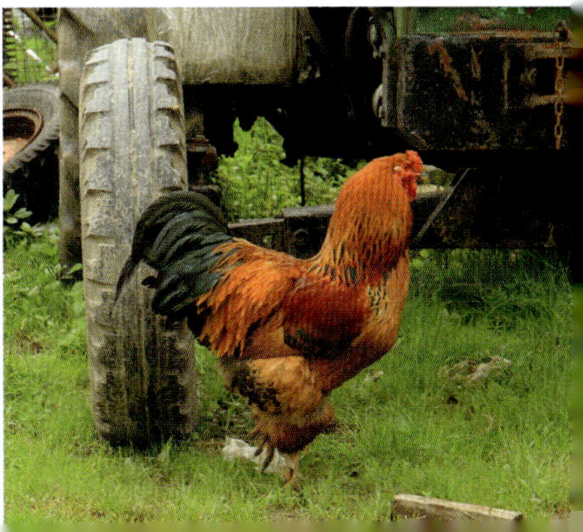

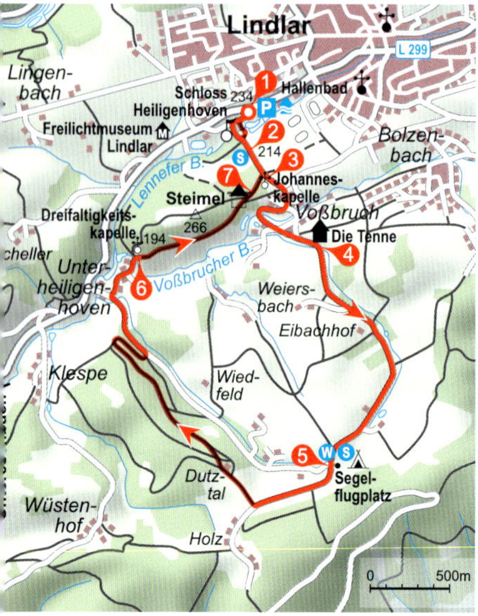

Nordöstlich von Heiligenhoven wurde der Schloss- zu einem kleinen Freizeitpark mit Ententeichen, einer Minigolfanlage und zwei Spielplätzen umfunktioniert. Dieses vielfältige Angebot lassen wir zunächst links liegen und wandern stattdessen vom **Parkplatz am Schloss Heiligenhoven (1)** nach rechts zum Schloss und vor diesem nach links durch eine breit angelegte Allee bergan. Wir passieren rechter Hand einen großzügig im Wald angelegten **Spielplatz (2)** und wenig später die linker Hand etwas im Wald zurückversetzte **Johanneskapelle (3)**. Auf den Kamm treten wir auf die Felder hinaus und wandern hinunter nach **Voßbruch**. Der »Voßbrucher Straße« folgen wir mit einer Rechts-Links-Kurve in Richtung »Tenne« – **»Die Tenne« (4)** bietet eine erste Gelegenheit zur Einkehr – und laufen auf der moderat ansteigenden »Holzer Straße« weiter in Richtung Holz. Sie führt durch eine offene Weidelandschaft. Wir passieren eine **Gehöftegruppe** rechter Hand und gewinnen immer mehr an Höhe, bis wir schließlich auf dem Nussbüchel an den Campingplatz gelangen. Am ehemaligen Landgasthof »Bergische Rhön« können sich die Kinder auf dem Spielplatz austoben. Wir wandern weiter nach Westen um das Gelände herum, gelangen an die Einfahrt zum **Segelflugplatz (5)** und

Die Ziege von Unterheiligenhofen begrüßt Wanderer.

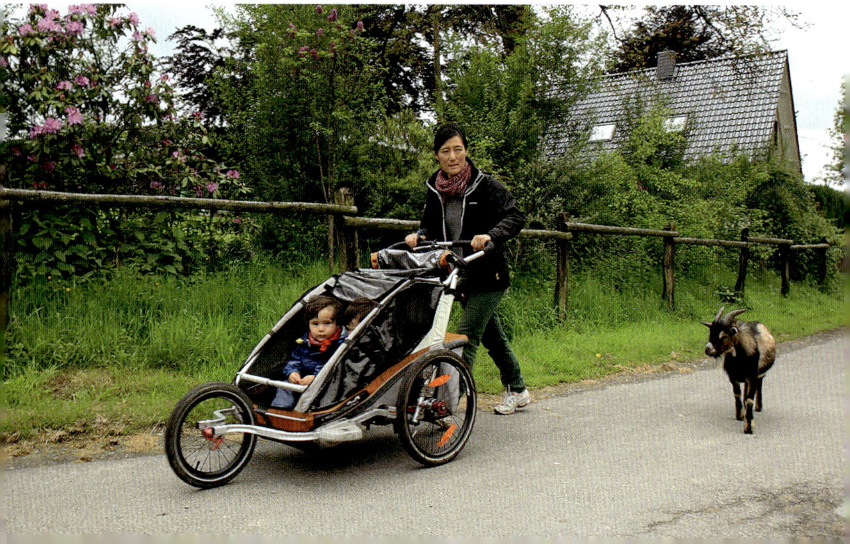

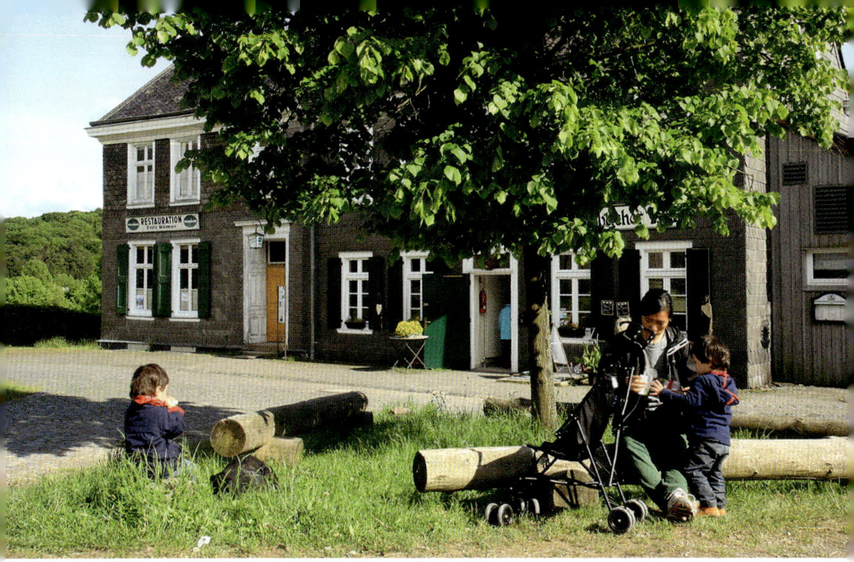

Rast vor einem historischen Gasthof im Freilichtmuseum Lindlar.

halten uns rechts mit dem asphaltierten Weg unterhalb des Holzer Kopfs. Wir ignorieren alle bergan- oder bergablaufenden Abzweigungen und gehen auf eine einzelnstehende Linde kurz vor dem Ortschild Holz zu. Hier biegen wir rechts ab in die Felder und wandern mit der Markierung A3 auf einen Wald zu. Am Waldrand steht ein Ferienhaus, an dem wir linker Hand vorbeiwandern. An der nächsten Gabelung halten wir uns rechts und auf einem etwas ruppigeren Waldweg talwärts bis wir auf die »Holzer Straße« gelangen. Ihr folgen wir weiter talwärts bis nach **Unterheiligenhoven**, wo wir nach rechts in die gleichnamige Straße biegen (Beschilderung »Waldkindergarten«). Am Ende der Ortschaft passieren wir linker Hand einen etwas heruntergekommenen Bauernhof. Auf dem Gerümpel im Hof posieren allerdings mehrere stolze Hähne und Ziegen. Einige von ihnen inspizieren etwas aufdringlich die Kinderwagen. Aber damit nicht genug der tierischen Attraktionen am Wegesrand. Rechter Hand drehen zwei Vogelstrauße ihre Runden. Am Gehöft vorbei gelangen wir zum Waldkindergarten und kurz dahinter zur **Dreifaltigkeitskapelle (6)**. Rechts an ihr vorbei geht es mit der Markierung A3 auf einem schönen Pfad am Waldrand entlang. Wir haben nach rechts einen wunderbaren Blick auf die Hänge, über die wir zuvor gekommen sind.

Wir wandern leicht bergan, ignorieren alle Abzweigungen und gelangen auf dem höchsten Punkt an eine **Schutzhütte (7)** am Steimel. Hier kann man nach links mit dem Bergischen Panoramasteig direkt zum Freilichtmuseum abbiegen. Zum Schloss Heiligenhoven dagegen wandern wir nach rechts bis zur Kreuzung an der **Johanneskapelle (3)**, wo wir links in die Allee einbiegen, die uns vorbei an dem **Waldspielplatz (2)** zum **Parkplatz am Schloss Heiligenhoven (1)** zurückführt. Nun gilt es zu entscheiden. welches der Freizeitangebote in Lindlar man in Anspruch nehmen will.

29 Rund um das Wasserschloss Gimborn

Höhenwanderung durch den Schwarzenberger Wald ★★

Tief im Bergischen Land
Einen Hauch von Schwarzwald versprühen die üppig und dichtwachsenden Nadelwälder rund um Gimborn schon, aber seinen Namen hat das »Schwarzenberger« Land von dem Adelsgeschlecht, dessen Stammsitz Schloss Gimborn einst war. Das idyllisch gelegene Wasserschloss ist eine Perle des Bergischen Landes und für sich schon die etwas aufwändige Anfahrt von Köln aus wert. Die Wanderung über die dicht bewaldeten Höhenzüge rundherum verspricht zudem weite Blicke und viel Erholung. Leider sind Attraktionen für Kinder in der Gegend Mangelware, jedoch findet man diese auf dem Rückweg im Bergischen Freilichtmuseum in Lindlar.

KURZINFO

Ausgangspunkt: Parkplatz am Schloss Gimborn (267 m).
Anfahrt: Auf der A4 bis AS Engelskirchen, weiter auf der L302 und L97, in einer scharfen Rechtskurve links ab zum Schloss. Mit der Bahn bis Marienheide, unregelmäßige Busverbindungen weiter nach Gimborn.
Gehzeit: 2.00 Std.
Distanz: 7,3 km.

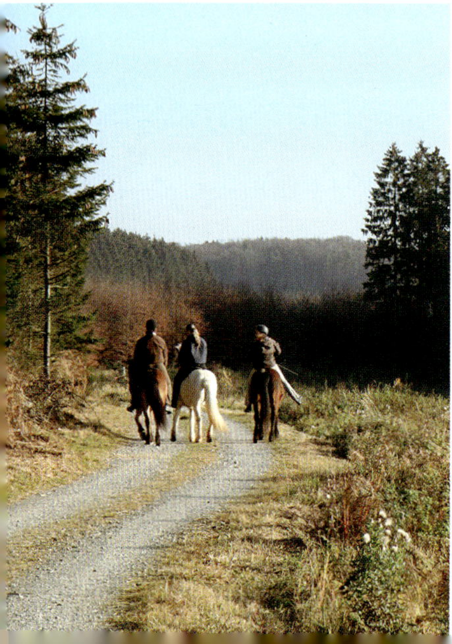

Höhenunterschied: 130 m.
Anforderungen: Eine mittelschwere Mittelgebirgswanderung mit einem langen Anstieg mittlerer Steigung gleich zu Beginn und einem längeren Abstieg über etwas unebene Wege zum Abschluss. Wechselnde Markierung.
Hinweis: Einige wenige Bänke am Wegesrand zum Stillen und Wickeln. Schutzhütte oberhalb von Jedinghagen. Die Wanderung ist nur zwischen dem Kümmeler Kreuz und Jedinghagen laufradgeeignet. Die Landschaft befindet sich wie an vielen Stellen im Bergischen Land aufgrund massiver Rodungen derzeit in einem Umbruch.
Einkehr: Schlosshotel Gimborn, Schlossstraße 15, 51709 Marienheide, Tel. 02264/2007828, www.schlosshotel-gimborn.de, Sa. und So. von 12 Uhr bzw. 11 Uhr bis 18 Uhr geöffnet.
Karte: Bergisches Land Gummersbach (Kompass 494, 1:25.000).
Variante: Eine insgesamt 12,9 km lange Wanderung ist im Rother Wanderführer »Bergisches Land« beschrieben. Nur der zweite Teil dieser Tour ist identisch mit der hier beschriebenen Wanderung.
Tipp: Auf dem Rückweg lohnt sich noch der Besuch des **Bergischen Freilichtmuseums** in Lindlar (www.freilichtmuseum-lindlar.lvr.de).

Auf den Höhen nahe des Forsthauses Grunewald.

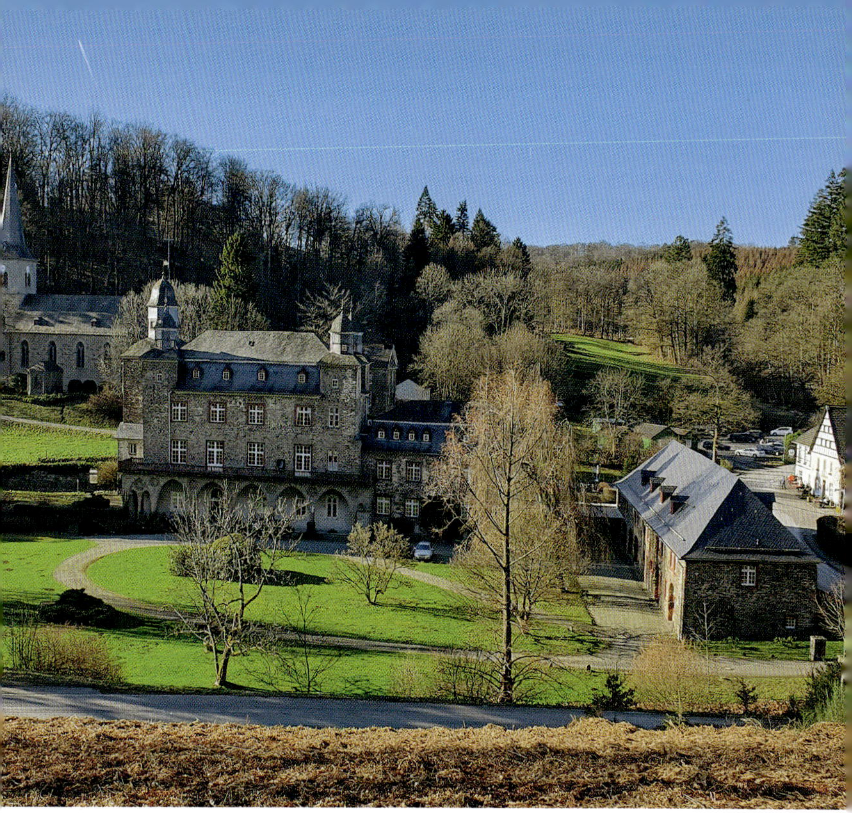

Kleinod mitten im Bergischen: Schloss Gimborn.

Auf der großen Kreuzung vor dem **Schloss Gimborn (1)** wenden wir uns nach Norden und wandern die »Naturparkstraße« entlang, vorbei am großen Besucherparkplatz, bergan in **Richtung Leiberg** (keine Markierung). Die Straße ist nur mäßig befahren und steigt recht moderat an, sodass sie auch mit einem Doppelkinderwagen keine extreme Schwierigkeit darstellt. Sie führt kurz hinter Gimborn in einen Mischwald hinein. Wir gewinnen über zwei Serpentinen an Höhe und wandern schließlich durch die Häusergruppe **Kümmel** hinaus auf eine Freifläche und weiter bergan bis zum **Kümmeler Wegkreuz (2)**. Hier biegen wir rechts in den Waldweg. Für die nächsten zwei Kilometer bleiben wir auf dem schönen Höhenweg und folgen stets der Markierung A2 in nordöstlicher Richtung. Wir wandern durch einen von Rodungen in Mitleidenschaft gezogenen Wald. An den Rodungsflächen haben wir einen

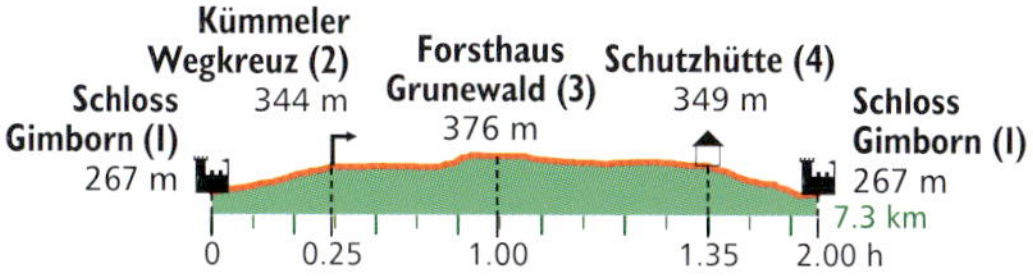

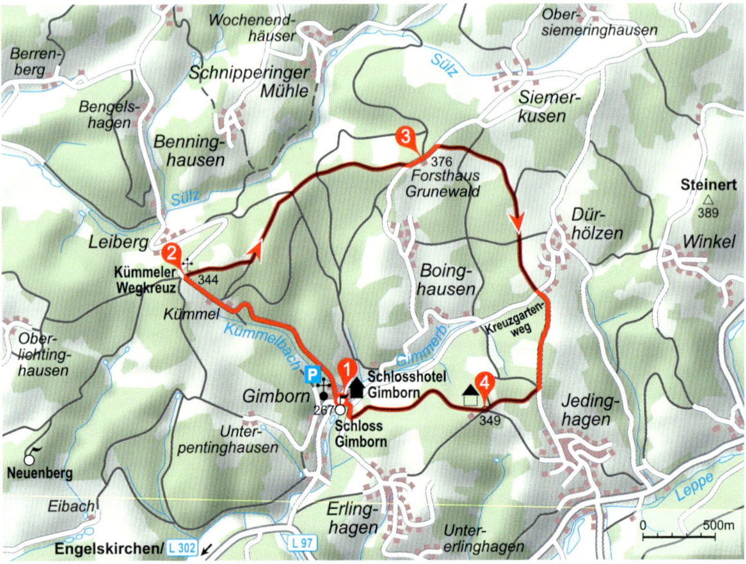

weiten Blick nach Norden über das imposante Tal der Sülz hinweg. Unser Weg führt uns über breite Forstwege, in einem leichten Auf und Ab bis zu einem Sendemast. Hier biegen wir nach links in die »Grunewalder Straße«, die uns leicht ansteigend zum **Forsthaus Grunewald (3)** führt. 100 m dahinter biegen wir rechts mit der **Markierung A3** (sie führt uns zurück zum Schloss Gimborn) in ein Waldstück. Rechter Hand des Weges liegt eine Rodungsfläche, die erneut einen weiten Blick über die umliegenden Hügel freigibt. An der nächsten Gabelung halten wir uns rechts und dann immer am Waldrand entlang. Der Forstweg ist breit und eben. Wir wandern oberhalb von **Dürhölzen** vorbei, passieren den querlaufenden »Kreuzgartenweg, der nach rechts nach Gimborn führt. Wir aber treten noch nicht den Rückweg an, sondern bleiben auf der Kuppel weiter geradeaus und haben unterwegs einen weiten Blick über die umliegenden Hügel bis zum Aussichtsturm auf der Gummershardt. Unser Weg geht in Asphalt über und wir gehen in einem leichten Rechtsbogen über eine Freifläche und schließlich in einen Wald hinein. Hier zweigt der Weg alsbald nach rechts in Richtung »Gimborn« und fällt nun mäßig ins Tal ab. Vor einer **Schutzhütte (4)** inmitten weiterer Rodungsflächen biegen wir rechts ab, ignorieren alle weiteren Abzweigungen und steigen immer tiefer in das Gimmerbachtal hinab, in dem das Schloss liegt. Weiter unten wird der Weg für Wanderer mit Kinderwagen etwas ruppiger, er ist aber dennoch auch für Doppelsitzer befahrbar. Alsbald erkennen wir schemenhaft durch die Baumwipfel zu unserer Rechten das Wasserschloss. Nach einem Rechtsschwenk ist es in ganzer Pracht zu sehen. Wir gelangen auf der Rückseite des Schlossgeländes auf die **Erlinghagener Straße** und folgen ihr nach rechts um das Anwesen herum bis zum Platz vor dem **Schloss Gimborn (1)**.

Durch den Geisterbusch

Über den Busenberg und durch die Wahner Heide ★

Gruseln muss man sich hier nicht

Früher, als in diesem Teil der Wahner Heide noch Wacholderbüsche standen, erschrak so mancher Wanderer im Morgennebel oder in der Abenddämmerung ob der gespenstigen Begleiter. Heute ist der Wacholder im Geisterbusch ausgerottet und erschrecken muss sich auf dieser Wanderung niemand mehr. Dieser Teil des Naturschutzgebietes ist besonders artenreich und der Blick vom Busenberg auf das nahegelegene Köln imposant. Zudem wartet auf halbem Weg ein schöner Spielplatz mit Picknick-Wiese am Jugendheim Stephansheide auf Wanderer und Kinder.

KURZINFO

Ausgangspunkt: Parkplatz Brandweg (73 m).
Anfahrt: Über die A59, am AK Flughafen in Richtung Terminal und an der AS Grengel links in den Grengeler Mauspfad und sofort wieder rechts in die Alte Kölner Straße (L84) Richtung Altenrath. Nach rund 4 km liegt der Parkplatz noch vor dem Radarturm auf der linken Straßenseite. Mit der Regionalbahn 25 bis Haltestelle Rösrath Stümpen und zu Fuß weiter über den Dammelsfurther- und Pestalozziweg bis zum Jugendheim Stephansheide (plus 1,7 km, 25 Min.).
Gehzeit: 1.20 Std.
Distanz: 5,3 km (inklusive Hin- und Rückweg zur Gaststätte Bambi).
Höhenunterschied: 25 m.
Höchster Punkt: 95 m.
Anforderungen: Eine leichte Wanderung über breite und gut befestigte Wege. Die einzige Steigung führt über einen kurzen Anstieg zum Busenberg. Dieser kann aber auch auf dem Brandweg umgangen werden.
Hinweis: Keine Wickelgelegenheiten entlang der Strecke. Statt einer Einkehr in die einfache Gaststätte Bambi bietet sich ein schönes Picknick auf dem Busenberg bzw. auf den weitläufigen Wiesen rund um den Spielplatz am Jugendheim Stephansheide an.
Einkehr: Gaststätte Bambi mit Sonnenterrasse, ohne Wickelgelegenheit, Brander Straße 154, 51503 Rösrath, Tel. 02205/907788.
Karte: Wahner Heide (Gaastland Verlag, 1:12.500).
Tipp: Im Anschluss an die Wanderung bietet sich ein Besuch auf der Aussichtsplattform des Köln-Bonner Flughafens (www.koeln-bonn-airport.de) oder des Gut Leidenhausen (www.gut-leidenhausen.de) mit Pferderennbahn, Wildpark, Greifvogelstation, Haus des Waldes und einem tollen Spielplatz an (zurück zum Grengeler Mauspfad und 1,5 km Richtung Norden).

Picknick und Spielen am Jugendheim Stephansheide.

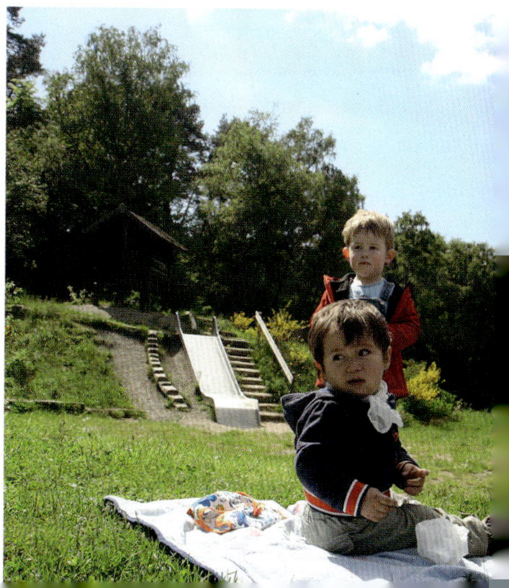

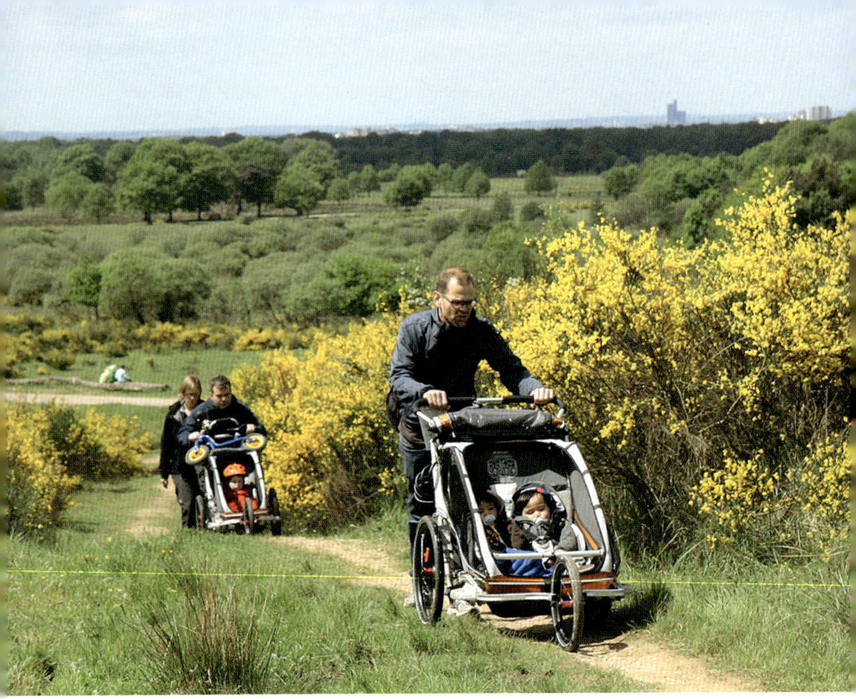

Ginsterblüte und weiter Blick auf Köln vom Busenberg.

Vom **Parkplatz Brandweg (1)** wandern wir auf dem gleichnamigen und breit angelegten Sandweg mit der Markierung der Geisterbusch Tour (gelber Vogel) geradeaus in nördlicher Richtung. Allmählich entfaltet sich zu unserer Linken die Heidelandschaft des Geisterbuschs mit vereinzelten Büschen, rechter Hand steht dichter Mischwald. Zunächst wandern wir noch eben durch die schöne Heidelandschaft, die zum Teil eingezäunt ist, um die Tiere vor Hunden zu beschützen. Wir passieren die Brandschneise. Nach rund 400 m gelangen wir an den Rand des **Busenbergs (2)**, der sich zu unserer Rechten flach bis auf eine Höhe von 90 m erhebt. Wir biegen rechts in einen schmalen Sandweg ein und erklimmen den Giganten der nördlichen Wahner Heide. Immerhin, mit Kinderwagen erfordert er ein wenig Anstrengung. Den »absoluten Gipfel« erreichen wir zwar nicht ganz, aber von der kleinen Hochebene haben wir einen schönen Rundumblick über die Heidelandschaft. Im Westen erblicken wir sogar die Doppeltürme des Kölner Doms. Wer den kurzen Anstieg meiden will, geht einfach auf dem Brandweg weiter geradeaus. Wir kehren über einen von mehreren Pfaden auf der Nordwestseite hinunter

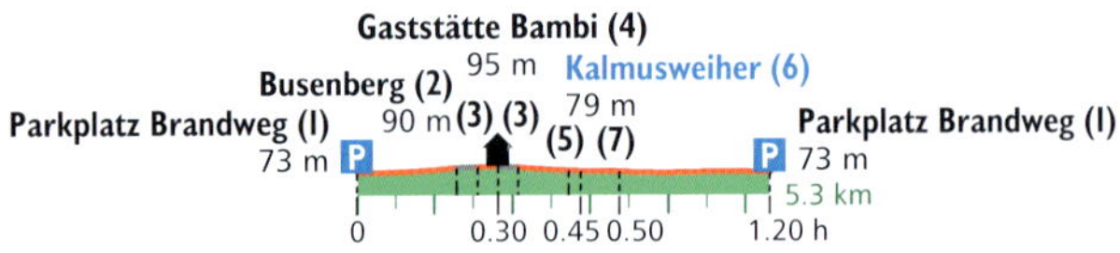

zum »Brandweg« zurück und wandern nach rechts in ihn einbiegend bis zum Parkplatz an der **Brander Straße (3)**. Dort wenden wir uns nach rechts und gehen ca. 400 m weiter in Richtung Brand bis zur **Gaststätte Bambi (4)**.

Nach der Einkehr geht es wieder zurück zum Parkplatz an der **Brander Straße (3)**. Kurz danach setzen die Tour rechts in die Brander Straße folgend fort und wandern nun durch Laubwald immer geradeaus bis zum Kinder- und Jugendheim an der **Stephansheide (5)**. Die Gebäude haben eine bewegte Geschichte vom Kriegsgefangenenlager bis zum Heim für Kriegswaisen und -flüchtlinge nach dem 2. Weltkrieg. Heute beherbergen sie ein normales Kinderheim. Linker Hand hinter dem Gebäude schließen sich eine weitläufige Weise und ein kleiner, schöner Kinderspielplatz an.

Die Wanderung setzen wir auf dem »Pestalozziweg« fort, der am nördlichen Ende der Gebäudegruppe nach rechts wegbiegt, den Kalmusbach überquert und alsbald auf den Parkplatz an den **Kalmusweihern (6)** stößt. Hier biegen wir mit der Markierung »gelber Vogel« nach links in die querlaufende Straße und wandern, die Weiher zur rechten, in westlicher Richtung. Wir ignorieren eine Abzweigung nach rechts, halten uns an der nächsten Gabelung links und umrunden so im Prinzip das Kinderheim Stephansheide von Norden nach Westen. Bald passieren wir den Friedhof des ehemaligen **Kriegsgefangenenlagers Hoffnungsthal (7)** zu unserer Linken. Direkt danach kommen wir wieder aus dem Wald hinaus in die offene Heidefläche und gelangen schließlich zur Kreuzung mit dem »Wolfsweg«, in den wir nach links einbiegen. Nur rund 200 m weiter verlassen wir den »Wolfsweg« nach links in die Brandschneise. Damit kehren wir auch der markierten Geisterbusch-Tour den Rücken, die weiter dem Wolfsweg folgt. Zu unserer Linken erstreckt sich die Heidelandschaft »Unter den dicken Hecken«, in der Schafe, Rinder und auch Esel weiden. An der folgenden Kreuzung biegen wir nach rechts in den Brandweg und erreichen auf der vom Hinweg bereits bekannten Passage wieder den **Parkplatz Brandweg (1)**.

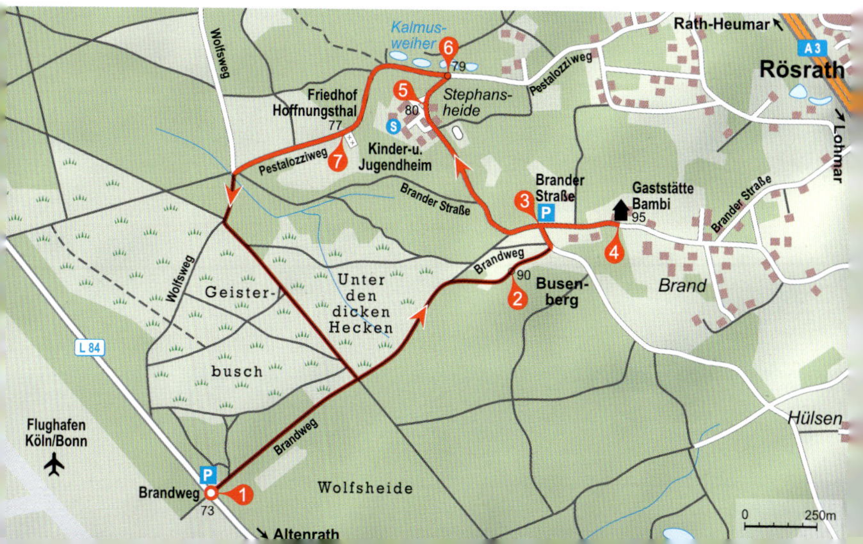

31 Hinauf zum Fliegenberg

Durch die Hügellandschaft der südlichen Wahner Heide ★★

Troisdorf und die Wahner Heide bieten sehr viel mehr, als man denkt
Telegraphen-, Fliegen- und Ravensberg: im Südteil der Wahner Heide wird es hügelig und für viele Kölner, die eher den Nordteil am Köln-Bonner Flughafen kennen, überraschend abwechslungsreich. Gerade im Frühjahr, wenn die Heide blüht, sind die Blicke von den Hügeln über die weite Landschaft beeindruckend. Die Aufstiege zu ihren Gipfeln erfordern jedoch mehr Kondition, als Höhenangaben um die 130 m vermuten lassen. Gleich zwei Tierparks und ein Spielplatz sowie mehrere Einkehrmöglichkeiten rund um den Start- und Zielpunkt machen die Tour trotz einiger Anstrengungen zu einem gelungenen und stadtnahen Ausflug für alle Köln-Bonner Familien.

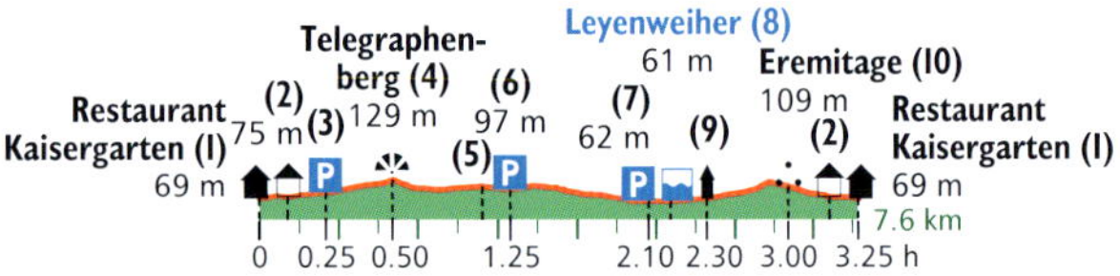

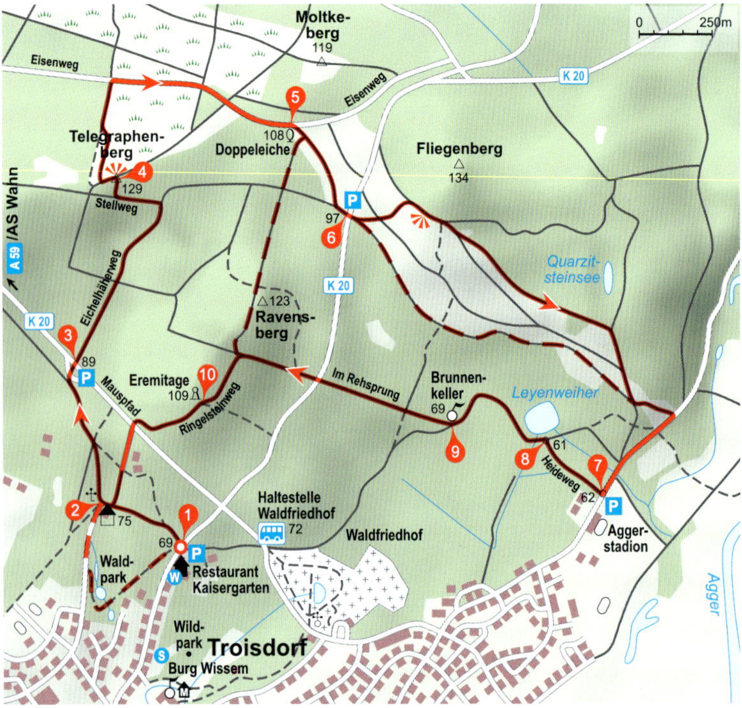

KURZINFO

Ausgangspunkt: Parkplatz am Restaurant Kaisergarten (69 m).
Anfahrt: Über die A59 bis AS Wahn und weiter über Heidestraße und die K20 bis zur Kreuzung mit der Altenrather Straße. Mit der S12 oder 13 bis Bahnhof Troisdorf, weiter mit Bus 506 oder 507 bis Haltestelle Waldfriedhof und entlang des Waldwegs »Zum Sonnenberg« ca. 300 m nach Südwesten zum Ausgangspunkt.
Gehzeit: 3.25 Std.
Distanz: 7,6 km.
Höhenunterschied: 130 m.
Höchster Punkt: 134 m.
Anforderungen: Gerade die Wege unterhalb des Fliegenberges sind sehr sandig und das Schieben eines Kinderwagens erfordert etwas Kraft. Da die Anstiege zum Telegraphen- und Fliegenberg zudem steil sind und die Distanz recht lang ist, zählt die Wanderung zu den anspruchsvolleren. Sie ist durchgehend mit dem gelben Schafskopf der Fliegenbergtour markiert, aber nur bedingt Laufrad- und für Zwillingswagen geeignet.
Variante: Die hier beschriebene Wanderung folgt der Fliegenbergtour nicht in Gänze. Wir kürzen westlich des Fliegenbergs den Schlenker um den dicken Stein ab und sparen dadurch 2 km. Ebenfalls abkürzen lässt sich die Tour an der Doppeleiche: Hier wendet man sich Richtung Süden zum Ravensberg und geht weiter zur Eremitage.
Hinweis: Die Wahner Heide ist ein ehemaliger Truppenübungsplatz, nicht alle Wege sind daher zugänglich. Halten Sie sich an die entsprechenden Hinweisschilder! Entlang der gesamten Strecke gibt es zahlreiche Rastbänke zum Stillen und Wickeln.
Einkehr: China-Restaurant Kaisergarten mit Sonnenterrasse und Wickelgelegenheit, Altenrather Straße 51, 53840 Troisdorf, Tel. 02241/98240. Restaurant Forsthaus Telegraph mit uriger Sonnenterrasse in der angeschlossenen Waldwirtschaft Heidekönig (Wickelgelegenheit), Mauspfad 3, 53842 Troisdorf, Tel. 02241/ 76649, www.forsthaus-telegraph.de (ca. 500 m abseits des Weges).
Karte: Wahner Heide (Gaastland Verlag, 1:12.500).
Tipp: Die Wanderung lässt sich mit besonderen Attraktionen für Kinder verbinden. Am Ausgangspunkt weisen zwei Hinweisschilder auf ein Bienenhotel und den Waldpark hin. Beides liegt nicht mal 5 Minuten vom Startpunkt der Wanderung entfernt. Der Waldpark beherbergt mehrere Gehege mit Hühnern, Fasanen und Sittichen. Einzigartig in Europa ist das Bilderbuchmuseum in der Burg Wissem (10 Min. Fußweg durch den Wald hinter dem Restaurant Kaisergarten oder entlang der Altenrather Straße). Hier gibt es einen weiteren Wildpark, einen Park der Sinne, den Spielplatz Bullerbü, das Caffé dell'Arte (www.zur-burg-wissem.de) und ein Museum mit dem Wahner Heide Portal Burg Wissem. Es informiert kindergerecht über Fauna und Flora. Weitere Infos über www.troisdorf.de.

Gleich im ersten Drittel der Wanderung steht schon der Anstieg zum höchsten Punkt in der Wahner Heide am Telegraphenberg auf dem Programm. Die ersten beiden Kilometer dienen zunächst dem Warmlaufen durch flaches Waldgelände: Um zum offiziellen Startpunkt der Fliegenbergtour zu gelangen, folgen wir vom kleinen Parkplatz am **Restaurant Kaisergarten (1)** auf der Westseite der »Altenrather Straße« 400 m einem Zubringer mit der Markierung A1 bis zur nächsten Waldkreuzung. Hier biegen wir links in einen unmarkierten Waldweg und wandern in einem weitgezogenen Rechtsbogen bis zu einer großen Waldlichtung mit **Schutzhütte (2)** und Gedenkkreuz. Sie ist der offizielle Startpunkt der mit dem gelben Schafskopf markierten Fliegenbergtour. Wir biegen nun in den dritten Waldweg im Uhrzeigersinn ein und wandern in Richtung

Norden auf den »Mauspfad« zu. Der Weg führt durch einen Kiefernwald und alsbald an einem Maschendrahtzaun entlang. Wir überqueren an einem **Parkplatz (3)** den **»Mauspfad«** (K20) und treten auf der gegenüberliegenden Straßenseite an einer Infotafel ins Naturschutzgebiet Wahner Heide ein. Entlang des »Eichelhäherwegs« wandern wir weiter nach Norden – zunächst fehlt die Markierung mit dem gelben Schafskopf, sie taucht später aber wieder auf. Der breite Forstweg steigt allmählich bergan. An der T-Kreuzung mit dem »Stellweg« biegen wir links in diesen ein und wenige Meter weiter rechts in den sehr steilen, aber nur 100 m langen Endanstieg zum Gipfel des **Telegraphenbergs (4)**. Vom Fuße des alten Sendemasts aus haben wir einen weiten Blick über die Wahner Heide. Dabei können wir nicht nur die wunderbare Heidelandschaft bestaunen, sondern auch unter uns die Flugzeuge vom Flughafen starten oder landen sehen – ein nicht für jeden unbedingt idyllisches Erlebnis. Unseren Weg setzen wir an der großen Kreuzung linker Hand der Kuppe fort. Hier folgen wir der Markierung bergab, der Weg spaltet sich alsbald auf. Der markierte Weg führt am Rand des Birken-Kiefern-Wald nach links talwärts zum querlaufenden »Eisenweg«. In diesen breiten Wirtschaftweg biegen wir nach rechts ein und gehen nun durch die Heideebene gen Osten. Nach gut einem Kilometer gelangen wir auf eine Freifläche an eine Kreuzung, an der eine alte **Doppeleiche (5)** umgestürzt liegt. Hier verweilen wir etwas, denn die umgestürzte Eiche ist ein tolles Klettergerüst für die etwas größeren Kinder. Die Wiesen ringsherum eignen sich zudem für ein Picknick. Die Wanderung setzen wir fort, indem wir nach rechts in Richtung »Wiemersbach« biegen und auf dem Sandweg bergab gehen. An einem großen **Wanderparkplatz (6)** überqueren wir die Landstraße und wählen sofort die erste Möglichkeit links hinauf zum Fliegenberg. Die kommenden Meter sind recht anstrengend und nicht alleine und ohne geländegängigen Kinderwagen zu schaffen, denn der Weg ist nicht nur steil, sondern auch sandig. Alternativ

Sand, so weit das Auge reicht: Durch die Wahner Heide am Fliegenberg.

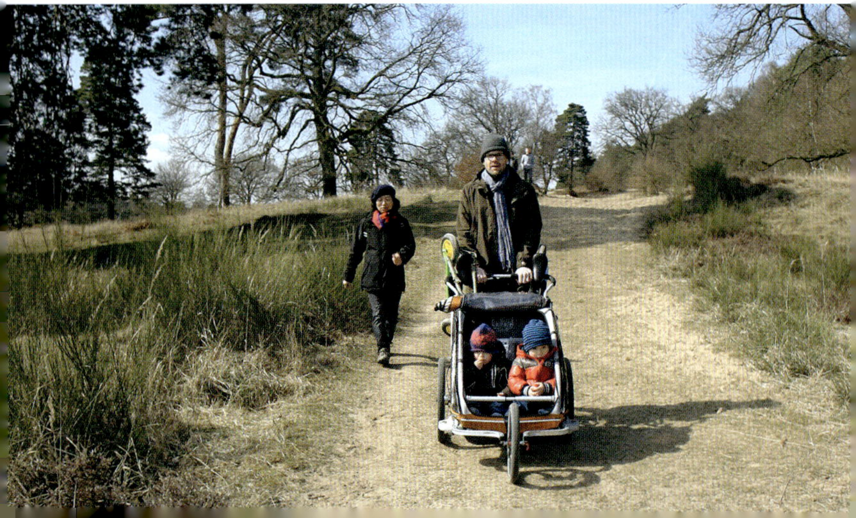

folgen Sie einfach geradeaus dem »Stellweg«, bis er auf den querlaufenden Weg »Am alten Wasser« trifft. Dann aber verpassen Sie den tollen Blick vom **Fliegenberg** auf die Siegburger Abtei und das Siebengebirge sowie den herrlichen südländischen Duft nach Kiefern und Sand, der hier an sonnigen Tagen die Luft erfüllt. Den Fliegenberg erklimmen wir nicht vollständig, sondern biegen am Waldrand rechts in den Sandweg. In diesem Teil ist die Markierung nicht immer ganz eindeutig, zumal es viele Wege gibt. Wir bleiben mit der Fliegenbergtour immer am Waldrand und wandern so gen Südosten. Unterwegs passieren wir zwei Rastbänke mit schöner Aussicht. Schließlich gelangen wir zu der Kreuzung von »Fliegenberg« und »Quarzgrubenweg«, an der die Fliegenbergtour links zum Schlenker um den dicken Stein wegbiegt. Wir aber kürzen ab und gehen talwärts geradeaus auf einem unmarkierten Sandweg, biegen bald in den zulaufenden Stellweg und wenige Meter weiter nach rechts in den breiten Wirtschaftsweg »Am alten Wasser«. Er ist wieder mit dem gelben Schafskopf markiert. Durch einen Buchenwald wandern wir auf das **Aggerstadion (7)** zu. Durch eine Schranke hindurch gehen wir über den Parkplatz am Stadion, biegen nach wenigen Metern rechts in den »Heideweg« ein und wandern wieder im Wald auf den **Leyenweiher (8)** zu. Diesen umrunden wir zur Hälfte linksherum und kommen auf gut befestigtem Waldweg in einem weiten Linksbogen bis zu einer kleinen Ruine namens **Brunnenkeller (9)** im Wald. An dieser biegen wir rechts in den Forstweg »Im Rehsprung«. Ihm folgen wir nun nach Westen über die Landstraße hinweg, kurz danach beginnt der

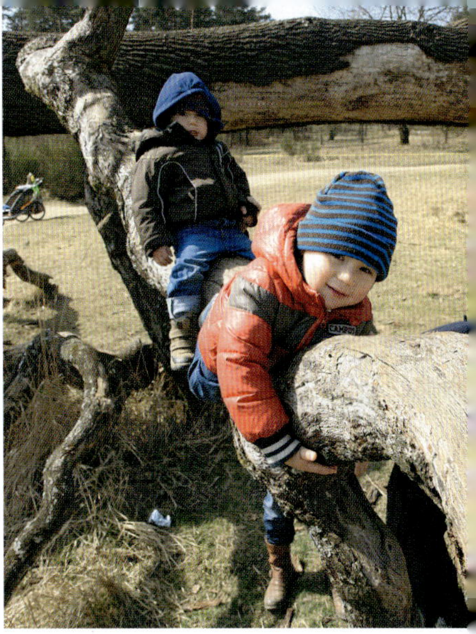

Die umgestürzte Doppeleiche ist ein tolles Kletterparadies.

letzte Anstieg des Tages hinauf zum **Ravensberg**. Am höchsten Punkt des Anstiegs (der eigentliche Gipfel des Ravensbergs liegt noch etwas nördlich) biegen wir links in den »Ringelsteinweg«, der uns nach gut 300 m bergab zur **Eremitage (10)** führt. An den Überresten eines alten Klosters und einer Notkirche, an die zwei Gedenksteine erinnern, bietet eine Parkbank noch einmal Gelegenheit zum Verschnaufen. Die letzten Meter der Wanderung führen uns über einen etwas ruppigen Waldpfad hinab zum Mauspfad und auf der gegenüberliegenden Seite vorbei am Schützenheim immer geradeaus nach Süden zur Waldkreuzung mit **Schutzhütte (2)** und Gedenkkreuz. Von hier lässt sich nach Süden noch der Rundweg durch den **Waldpark** mit seinen Vogelkäfigen anschließen. Links hingegen gelangt man auf bekanntem Weg zurück zum Ausgangspunkt am **Restaurant Kaisergarten (1)**.

32 Durch das Naafbachtal

Über malerische Höhen und durch romantische Täler ★★

In aller Abgeschiedenheit

Die Naaf ist einer der ursprünglichsten Bäche im Bergischen Land und sein Tal ist wildromantisch. Von den Höhen hat man zudem einen weiten Blick über das »Bergische« bis zum Kölner Dom. Wir genießen die herrliche Landschaft und die weiten Blicke auf einer kurzen und entspannten Runde. Ein etwas längerer Anstieg aus dem Tal verlangt uns allerdings etwas Kondition ab. Nach der Wanderung können wir uns in der Naturschule Aggerbogen noch über Fauna und Flora der Umgebung informieren.

KURZINFO

Ausgangspunkt: Weeg (174 m). Auch am Hausdorp gibt es einzelne Parkgelegenheiten.
Anfahrt: Auf der A1 bis AS Lohmar-Nord, weiter auf der B484, vor Wahlscheid rechts ab in die K34 in Richtung Höffen. Mit der Regionalbahn bis Overrath, weiter mit Busline 557 und 547 (außer samstags).
Gehzeit: 1.20 Std.
Distanz: 4,9 km.
Höhenunterschied: 80 m.
Anforderungen: Eine mittelschwere Wanderung mit einem langen Abstieg von Hausdorp ins Naafbachtal und einem ebenso langen Aufstieg aus dem Tal hinauf nach Weeg, der aber über einen asphaltierten Landwirtschaftsweg führt. Wechselnde Markierungen.
Hinweis: Gelegenheiten zum Wickeln und Stillen bieten nur vereinzelte Rastbänke am Wegesrand. Daher am besten eine Picknickdecke einpacken, die sich auf den Wiesen ausbreiten lässt.
Einkehr: Keine Einkehrmöglichkeiten unterwegs, daher sollten man ein gutes Picknick mitnehmen.
Karte: Bergisch Gladbach (NRW Wanderkarte Nr. 3, 1:25.000).
Tipp: In der Naturschule Aggerbogen gibt es ein vielfältiges Angebot für Groß und Klein rund um das Thema Natur (in Wahlscheid, ca. 4 km von Weeg entfernt). Informationen und Veranstaltungen unter www.naturschule-aggerbogen.de.

Bergisches Fachwerkidyll Bloch.

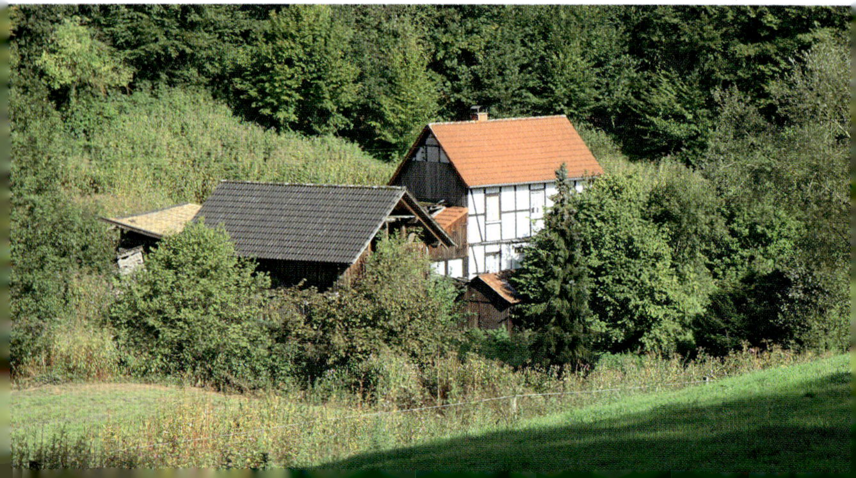

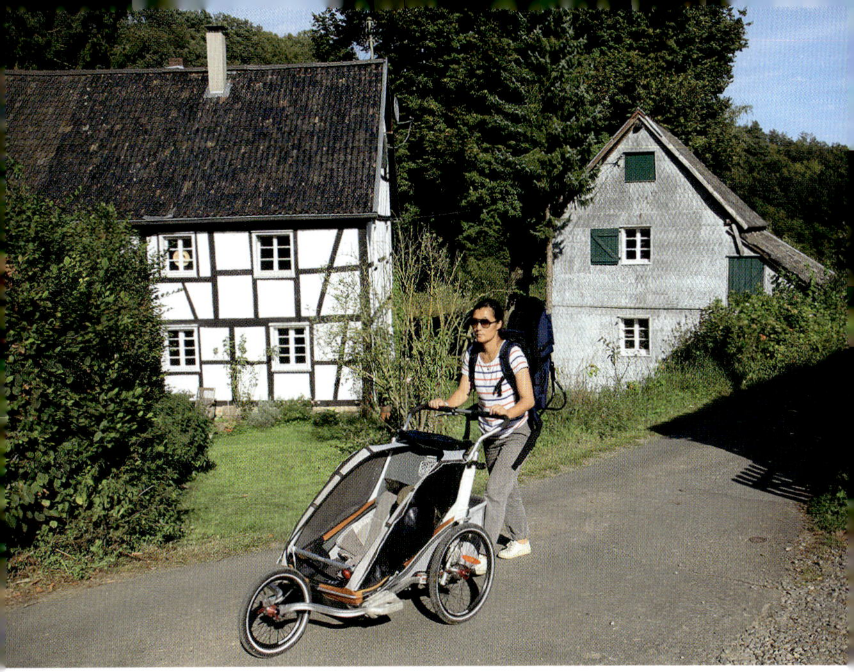

Auf einsamen Wegen durch Bloch.

Wir starten am inzwischen geschlossenen Restaurant »Fachwerk 1690« in **Weeg (1)**, wandern südwärts die K34 entlang auf dem Fußgängerweg bis nach Hausdorp. Alternativ führt auch ein unmarkierter Weg westlich der Landstraße über die Felder bis Hausdorp, der aber mitunter von den Bauern gesperrt wird. In dem kleinen Weiler **Hausdorp (2)** biegen wir links mit der Markierung VVW Richtung »Kreuznaaf und Igeslau« und wandern nach Südosten auf der Zufahrtstraße durch das Gestüt bis zum Reitplatz. Hier folgen wir dem querlaufenden Schotterweg nach rechts um die Anlage herum. Wenige Meter weiter finden wir an einem Baum auch die Markierung A3, der wir bis nach Weeg folgen. Der Landwirtschaftsweg biegt nun nach Süden und fällt immer steiler ins Naafbachtal hinab. Eine Handbremse am Kinderwagen ist hier, obwohl wir auf Asphalt und später Schotter wandern, von Vorteil. Vorbei an Pferdekoppeln gelangen wir ins Tal, wo wir auf einen querlaufenden und gut ausgebauten Schotterweg treffen. Mit der Markierung A3 bzw. VVW in Richtung »Igeslau« biegen wir nach links und wandern nun immer am Bachlauf entlang. Wir passieren eine **Rastbank (3)** an der Abzweigung in Richtung Deesem. Die

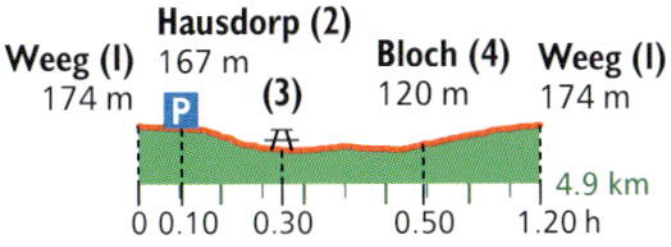

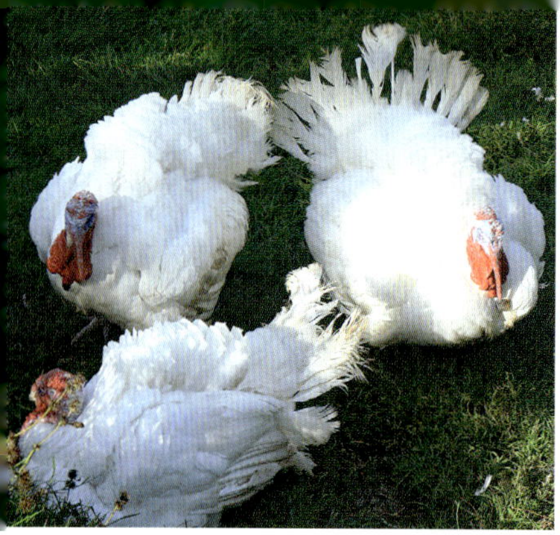

Bild oben: Die Truthähne von Bloch. Bild rechts: Im Naafbachtal gibt es viele Tiere zu bestaunen.

Wiesen hier werden im Sommer gerne zum Picknick genutzt. Wir wandern weiter bachaufwärts, erklimmen eine leichte Anhöhe. Auf dem höchsten Punkt biegt die erste von zwei Möglichkeiten zum Anstieg aus dem Tal in Richtung Weeg nach links ab. Dieser Weg ist allerdings der steilere von beiden. Deshalb wandern wir noch ein Stück den Bachlauf entlang und genießen das herrliche Naafbachtal. Schließlich gelangen wir an einer Waldspitze an einen querlaufenden Schotterweg, dem wir nach links bergauf folgen. Wir passieren ein erstes schön gelegenes Fachwerkhaus rechter Hand. Der Weg geht bald in Asphalt über und über zwei Serpentinen gelangen wir bergan in den herrlichen Weiler **Bloch (4)** mit weiteren sehr schönen Fachwerkhäusern. Wir gehen die Zufahrtstraße weiter bergan. Die Steigung ist zwar moderat, hat aber doch eine Länge von einem Kilometer und erfordert mit Kinderwagen ein wenig Kondition. Unterwegs können die Kinder zahlreiche Pferde, Kühe, Ziegen und sogar Truthähne auf den Feldern bestaunen. Die Erwachsenen werden auf halber Strecke nach **Weeg** in der letzten von vier Kehren mit einem herrlichen Blick über das Naafbachtal belohnt. Nun wandern wir noch mit moderater Steigung in westlicher Richtung durch weitläufige Wiesen, auf denen vereinzelt knochige Obstbäume stehen, bis zur K34. Nach links gelangen wir zu unserem Ausgangspunkt in **Weeg (1)** zurück.

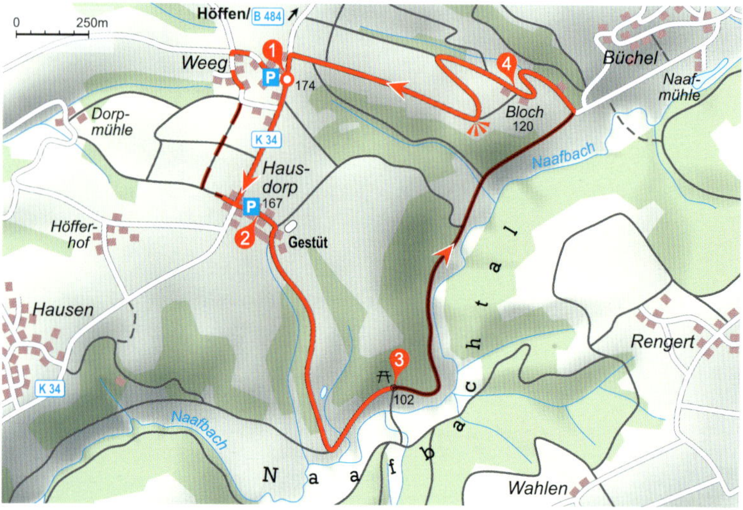

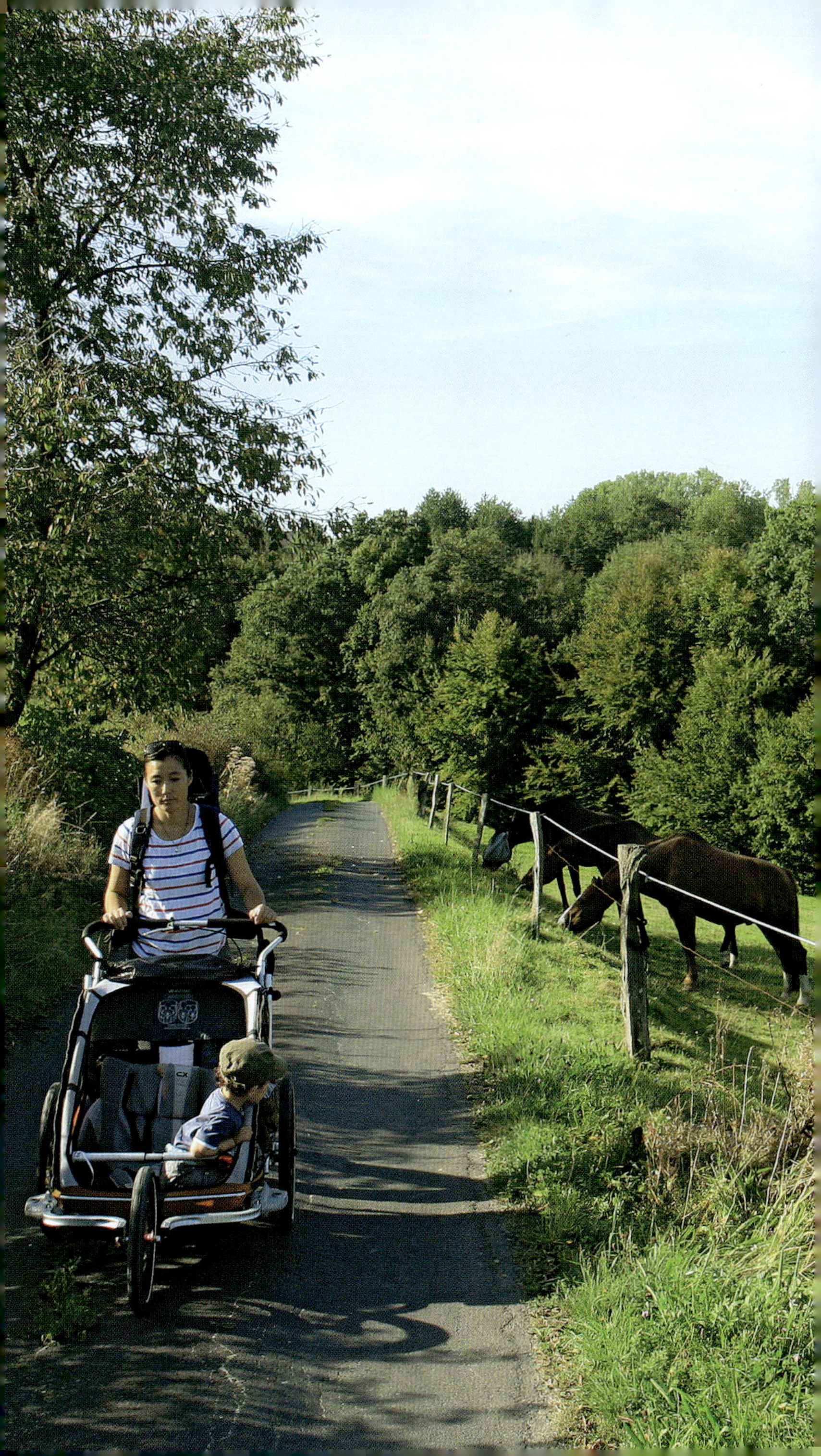

33 Von Seligenthal nach Happerschoß

Zwischen Wahnbachtalsperre und Siegtal ★★

Nach der Wanderung ab auf einen schönen Spielplatz

Viel Wasser, grüne Wiesen und weite Blicke bietet diese anspruchsvolle Panoramawanderung über die Höhen zwischen Wahnbachtalsperre und Siegtal. Der Blick reicht weit nach Süden bis zum Siebengebirge. Aber nicht nur deswegen lohnt die schöne Wanderung, sondern auch weil mehrere Lokale und ein weitläufiger Spielplatz am idyllischen Kloster Seligenthal für viel Abwechslung sorgen.

KURZINFO

Ausgangspunkt: Wanderparkplatz unterhalb der Staumauer (134 m).
Anfahrt: Mit dem Auto A560 bis AS Sankt Augustin, weiter auf der L16, L333 und L316 bis Kaldauen, links ab mit der »Talsperrenstraße« bis zur Staumauer. Per Zug: Mit der S12 bis Bahnhof Hennef und weiter zu Fuß bis zum Ausflugslokal »Sieglinde« der Markierung Winkel oder NP folgen (plus 8 km hin und zurück).
Gehzeit: 2.30 Std.
Distanz: 7,3 km.
Höhenunterschied: 130 m.
Anforderungen: Die eigentlich angenehme und gut markierte Wanderung mit moderaten Steigungen gewinnt für Wanderer mit Kinderwagen durch zwei Engstellen im letzten Streckendrittel an Anspruch. Auf den beiden ca. 100 m langen Passagen sollte man Kinder aussteigen lassen, tragen und den Kinderwagen unbesetzt nachführen. Für Doppelkinderwagen ist die Tour eher nicht geeignet, für Wanderer mit Kraxe dagegen sehr gut.
Variante: Auf dem Normalweg lohnt ab der L 316 in Seligenthal der Abstecher zur Sommerfrische »Sieglinde« an der Sieg (hin und zurück plus 1,2 km).
Hinweis: Entlang der gesamten Wegstrecke finden sich Rastbänke zum Stillen und Windelwechseln und kurz vor dem Endpunkt passieren wir das Kloster Seligenthal mit einem weitläufigen Spielplatz und herrlicher Picknickwiese. Größere Kinder können sogar unter Aufsicht im flachen Wahnbach plantschen. Das Restaurant Klosterhof liegt gleich nebenan. Wanderer mit Kraxe können ab der markanten Holzliege oberhalb von Weingartsgasse direkt den Hang hinab zur Sieg und »Sieglinde« wandern.
Einkehr: Entlang der Wegstrecke in dieser Reihenfolge: **Bürgerhof** in Happerschoß mit Biergarten; Di. bis So. 12 bis 14.30 und 17.30 bis 22.30 Uhr; Tel. 02242/3412, www.buergerhof-hennef.de. **Gasthaus Sieglinde** direkt an der Sieg mit schönem Biergarten und Wickelgelegenheit; täglich geöffnet mit saisonbedingt wechselnden Öffnungszeiten; Tel. 02242/1459, www.sieglinde-hennef.de.
Karte: Sieghöhenweg (Wanderkarten NRW, 1:25.000).
Tipp: Auf dem Rückweg einen Abstecher zum **Freibad an der Agger** in Troisdorf (www.aggua.de).

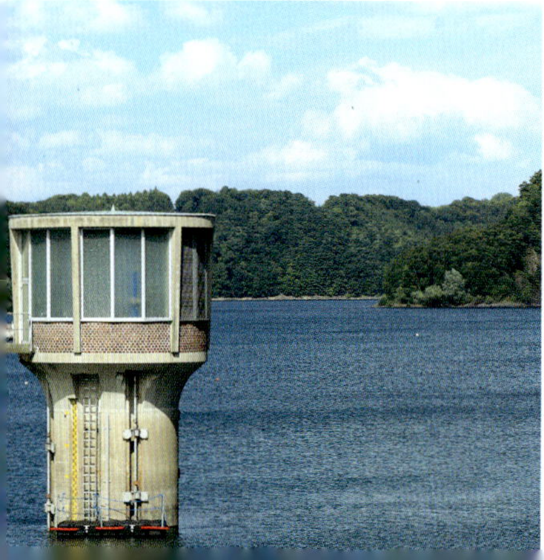

Baden leider verboten: die Wahnbachtalsperre.

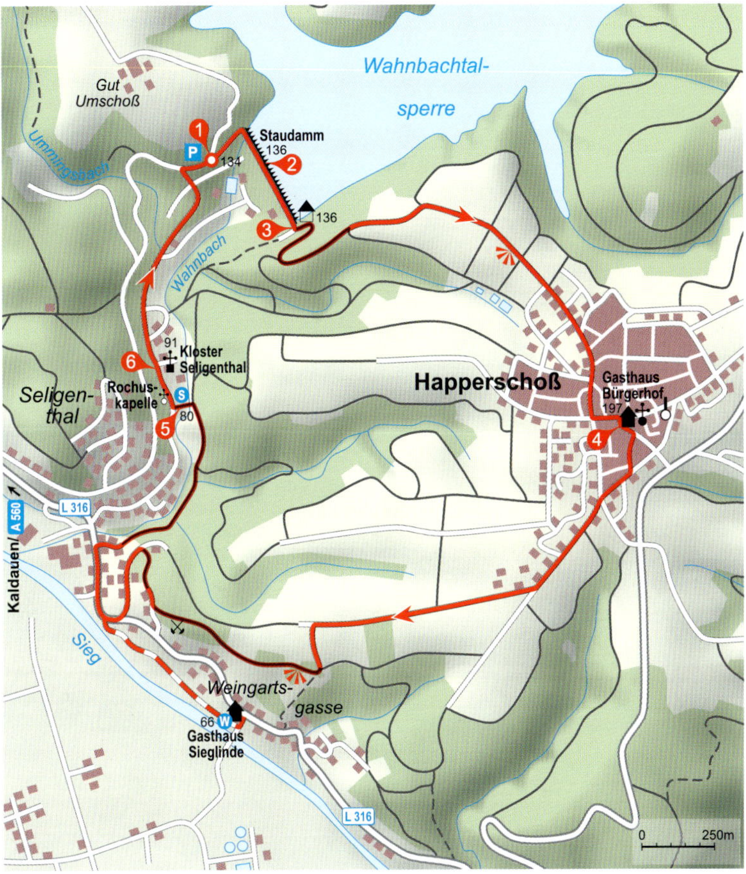

Ab dem **Wanderparkplatz (1)** unterhalb der Staumauer folgen wir der Markierung NP bis südlich von Happerschoß. Sie führt uns zunächst auf der Zufahrtsstraße zur Talsperre durch das Wirtschaftsgelände mit einigen Informationstafeln und dann nach rechts über den **Staudamm (2)** hinweg. Von hier haben wir einen imposanten Blick auf die Trinkwassertalsperre. Am Ende des Staudamms treffen wir auf eine **Schutzhütte (3)**. Hier biegen wir links ab und in Serpentinen den Hang hinauf. Der kurze Anstieg ist bereits an einer **Schranke** zu Ende. Wir wandern noch ein Stück geradeaus und biegen nach links in den querlaufenden Schotterweg. Dieser steigt nun mit sehr moderater Steigung bergan.

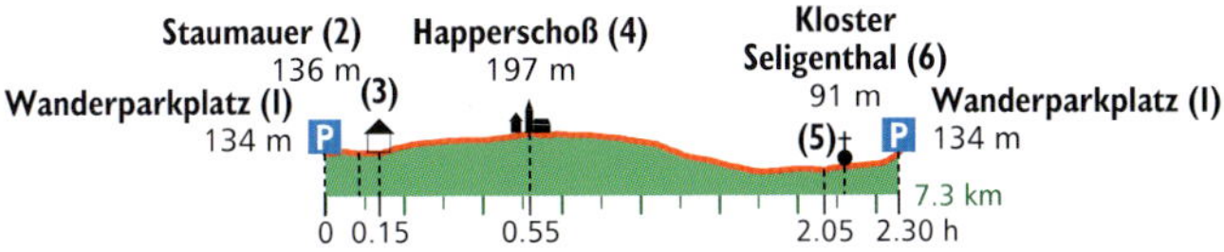

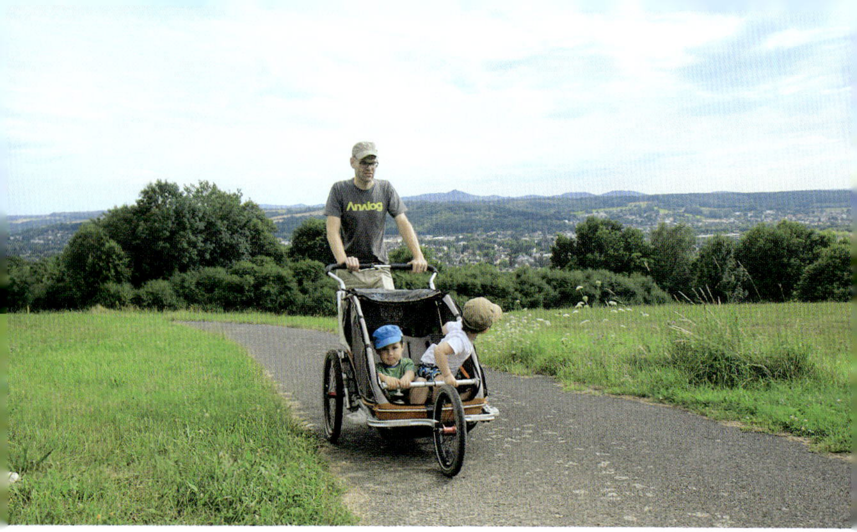

Südlich von Happerschoß führen die Blicke weit bis zum Siebengebirge.

Auf dem Kamm geht er in einen Asphaltweg über und führt uns in einem weiten Bogen über schöne Wiesen nach **Happerschoß (4)**. Immer wieder haben wir nach Süden einen tollen Blick bis auf das Siebengebirge. In die Ortsmitte gelangen wir auf dem »Talsperrenweg«. Im Ort biegen wir nach links in die »Arnostraße« bis zur Kirche. Gegenüber ist das **Gasthaus Bürgerhof**. Hier oder auf der Parkbank unter der Dorfkastanie lässt es sich gut rasten. Den Weg setzen wir über den Kirchvorplatz fort, gehen nach links in die »Bröhlgasse« und gleich wieder rechts in die Straße »Am Gerhardsbungert«. An der nächsten Kreuzung halten wir uns geradeaus, überqueren die »Arnostraße« und wandern mit der Markierung NP in den »Siebengebirgsweg«. An der nächsten Gabelung biegt die Markierung NP nach links zum Waldrand hinab. Mit Kinderwagen empfiehlt es sich jedoch, auf dem asphaltierten und nicht markierten »Siebengebirgsweg« zu bleiben. Die gleichnamigen Hügel stets vor uns im Blick, wandern wir an einigen Häusern und Gewerbebetrieben vorbei nach Südwesten. Am Ende des kleinen **Gewerbegebiets** biegen wir rechts in einen namenlosen Asphaltweg und wandern in westlicher Richtung durch eine Allee aus Wildkirschen auf ein kleines Wäldchen zu. Wir passieren zwei Poller, treten wieder auf die Freifläche hinaus und sofort nach links ins Tal. Hier steht eine Rastbank nicht ganz zu Unrecht, dann ein weiteres Mal haben wir einen fantastischen Blick auf das Siebengebirge. Der unmarkierte Asphaltweg führt uns ein steiles Stück Richtung Siegtal, aber nicht ganz hinab: Am nächsten querlaufenden Weg (hier stehen ein Wegkreuz und eine traumhafte Rastbank auf einer herrlichen Wiese), biegen wir mit dem Kulturlandweg **(Markierung des Erlebniswegs Sieg)** nach rechts und wandern am Hang entlang nach Westen. Dieser Hang ist ein ehemaliger Weinberg, was sich an seiner Terrassenform erkennen lässt. Längst haben die Bauern aber den Weinbau aufgegeben und Streuobstwiesen angelegt.

Wir treten schließlich an den ersten Häusern von **Seligenthal** auf eine Straße hinaus. Der Kulturlandweg führt uns nach rechts zur ersten von zwei kniffeligen Stellen. Rechts des letzten Hauses führt er als schmaler Pfad durch eine Wiese. Die sehr schmale Passage ist jedoch kurz, also Kinder aussteigen lassen, 100 m tragen und leeren Kinderwagen hinterherschieben. Der anschließende Hohlweg weitet sich schnell wieder und wir gelangen an die Wohnstraße »Auf dem Kellersberg«. Wer mit Kraxe unterwegs ist, wandert hier einfach mit dem Siegsteig nach rechts direkt über eine Steiltreppe im Wald zum Kloster Seligenthal. Mit Kinderwagen wenden wir uns nach links, gehen die Straße talwärts und biegen nach rechts in die L316 ein. Auf der gegenüberliegenden Seite ist die Zufahrt zur **»Sieglinde«**, der Abstecher lohnt sich vor allem an Sonnentagen.

Ohne diesen wandern wir wieder mit der **Markierung NP** die L316 entlang nach Seligenthal und biegen rechts in den »Rüdemichweg«. Im Wendehammer folgen wir dem breiten Waldweg zwischen Wahnbach und Hang talaufwärts. Bald gesellt sich von rechts die Abkürzung, die alle Kraxenwanderer genommen haben, zu uns hinzu und wir gelangen an eine Weggabelung mit Rastbank – die nächste Engstelle für alle Kinderwagenwanderer. Wir biegen nach links den Hang hinab, noch einmal heißt es aussteigen, tragen und Wagen nachholen. Hier weitet sich der Pfad wieder zu einem breiten Waldweg. Wir gelangen alsbald zu einer Wanderbrücke über den Wahnbach. Hier kann man im Bach baden oder sich auf dem **Spielplatz (5)** am gegenüberliegenden Ufer austoben. Wir biegen hier nach rechts in die Seligenthaler Straße ein. Bald passieren wir die Rochuskapelle und das **Kloster Seligenthal (6)** von 1255, das heute den Klosterhof beherbergt. Weiter der Seligenthaler Straße folgend führt und die Markierung NP noch gut einen Kilometer bergan bis zum **Wanderparkplatz (1)** unterhalb der Staumauer.

Relaxen, Lesen, Toben: Die Rastbank am Kulturlandweg bietet jedem etwas.

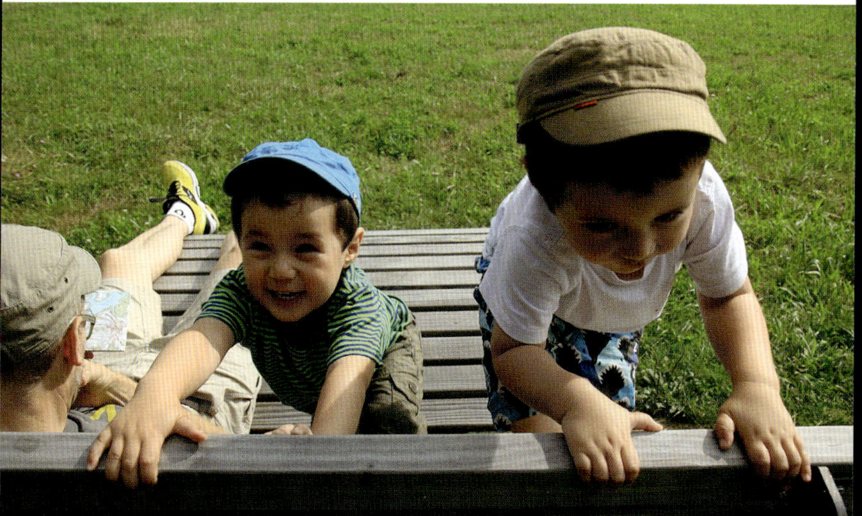

34 Von Blankenberg nach Merten

Uferwanderung entlang der Sieg ★

Vorbei an rassigen Pferden und mächtigen Ritterburgen

Die Stadt Blankenberg und das kleine verschlafene Örtchen Merten sind zwei Höhepunkte im mittleren Siegtal. Beide Orte verbindet eine flache Uferwanderung mit einer etwas kniffeligen Schlüsselstelle unterhalb des Stachelberges. Aber mit einem geländegängigen Kinderwagen oder einer Kraxe stellt sie kein allzu großes Hindernis dar, und so lassen sich die Wälder und Auen entlang des Flusses, die Weiden des Union-Gestüts in Merten und die beiden schmucken Örtchen zu einem gelungenen Tagesausflug mit der Familie verbinden.

KURZINFO

Ausgangspunkt: Bahnhof Blankenberg (84 m).
Anfahrt: Ideale Tour für die Anfahrt mit der S-Bahn. Mit der S12 bis Bahnhof Blankenberg (Achtung: Am besten Hin- und Rückfahrt buchen, da es am Bhf. Blankenberg nur auf Gleis 2 und in Merten keine Fahrscheinautomaten gibt!). Mit dem Auto auf der A560 bis zum Autobahnende in Hennef, links ab in die L333 bis Blankenberg (kleiner kostenfreier Parkplatz am Bhf.; Rückkehr ab Bhf. Merten eine Station mit der S12).
Gehzeit: 2.25 Std.
Distanz: 7,7 km.
Höhenunterschied: 40 m.
Anforderungen: Die Tour ist nur für geländegängige Kinderwagen oder mit Kraxe geeignet, denn die eigentlich ebene Wanderung entlang der Sieg hat eine einzige für Kinderwagenwanderer schwierige Schlüsselstelle unterhalb des Stachelbergs. Hier verjüngt sich der breite Uferweg zu einem schmalen Pfad und überwindet einen kleinen Bergrücken. Diese 300 m lange Passage ist mit einem Doppelsitzer oder Buggy eine Herausforderung, wenngleich in Begleitung zweier Erwachsener keine unmögliche. Wechselnde Markierungen.
Hinweis: Zwischen Auel und dem Stachelberg mehrere Parkbänke am Wegesrand, im zweiten Teil der Wanderung mehrere Picknick-Gelegenheiten an der Sieg, ein kleiner Spielplatz am Schluss der Wanderung in Merten.
Einkehr: Viele Gasthäuser in Blankenberg. Vor der Wanderung kann man sich an der **Milchtankstelle** (am Haus Attenbach 1, 53773 Hennef, mit Hofverkauf, auch von Hofeis) in der Nähe des Bahnhofs von Blankenheim stärken.
Karte: Sieghöhenweg (Wanderkarten NRW, 1:25.000).
Tipp: Sowohl die Stadt Blankenberg als auch das beschauliche Örtchen **Merten** sind für sich genommen eine Reise wert. Von Stein führt ein kurzer, aber steiler Anstieg hinauf in das mittelalterliche **Blankenberg**, das mit seiner **Burganlage** hoch über dem Siegtal thront. Durch die Stadt führt der Kindererlebnisweg, eine Rätselwanderung für ältere Kinder (www.tourismus-hennef.de/index.php?id=163). In Merten lohnen der Besuch der **ehemaligen Klosteranlage**, die heute eine Seniorenresidenz beherbergt, sowie der unsere Wanderung abschließende Spaziergang durch das bekannte **Union-Gestüt**.

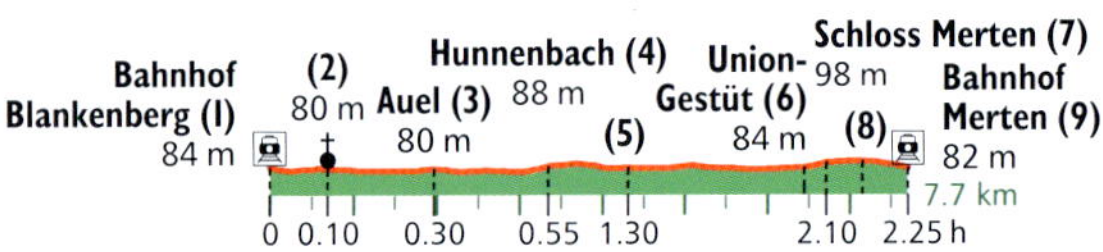

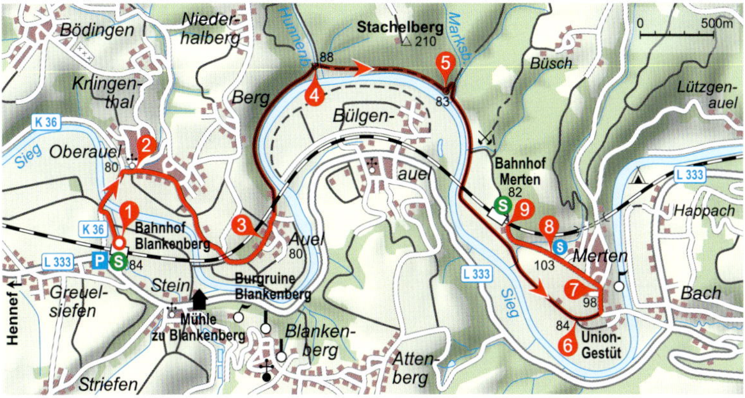

Die erste von insgesamt drei Flussschleifen nehmen wir gleich nach dem Start am **Bahnhof Blankenberg (1)** in Angriff und überqueren dazu mit der Markierung des Radwegs Sieg (weißer Fluss auf orangem Hintergrund) auf der K35 zunächst die Bahngleise und anschließend die Sieg nach Norden. Auf dem gegenüberliegenden Ufer biegen wir rechts mit der »Halberger Straße« nach **Oberauel**. An der ersten Kreuzung mit einer **Kapelle (2)** halten wir uns mit »Halberger Straße« noch einmal rechts und folgen ihr in östlicher Richtung. Noch im Ort biegen wir rechts in die »Aueler Straße« und wandern hinaus auf die Freifläche, von der wir über die Sieg hinweg einen phänomenalen Blick auf die **Burg Blankenberg** haben. Wir überqueren die Bahntrasse und wandern fortan auf dem »Dreitälerweg« (Markierung Erlebnisweg Sieg, weißer Fluss auf roten Hintergrund) leicht bergab auf **Auel (3)** zu, das zwischen Bahntrasse und Sieg in Weiden mit Obstbäumen eingebettet liegt. Noch immer erblicken wir im Süden über dem Siegtal thronend Blankenberg. Der Dreitälerweg biegt vor dem Ortseingang rechts in die Wiesen ab und führt in einem Linksbogen von Süden wieder nach Auel hinein. Wir folgen stattdessen der Straße mit dem vielversprechenden Namen »In der Helden« durch den Ort mit seinen schön hergerichteten Fachwerkhäusern nach Nordosten. Bald gesellt sich die Markierung des Dreitälerwegs von rechts wieder zu uns. Wenige Schritte weiter biegen wir mit

Über dem Siegtal thront die Burg Blankenberg.

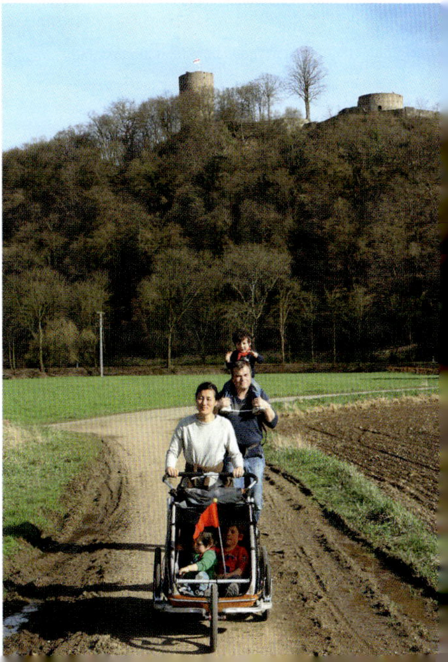

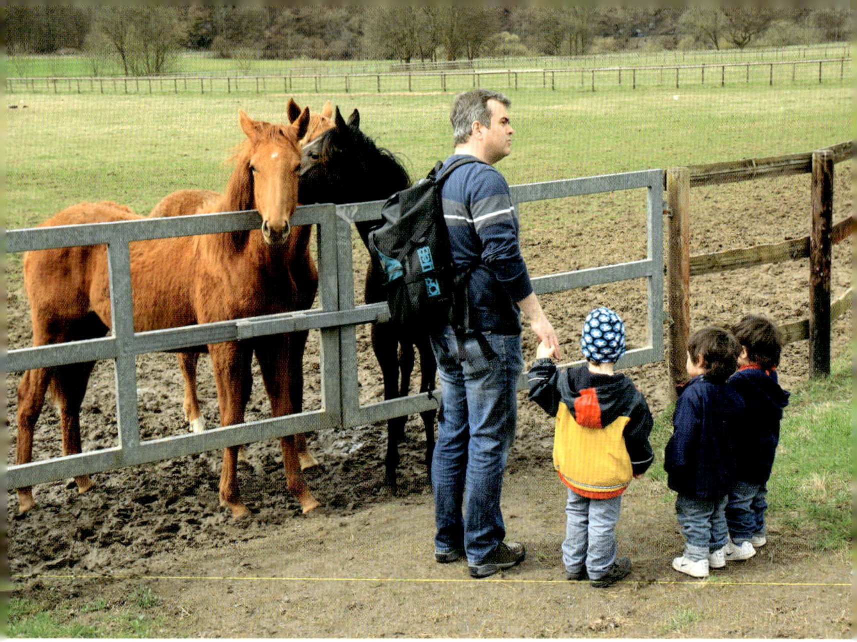

Vor den Pferden am Union-Gestüt haben die Kinder noch Respekt.

ihr links in einen ansteigenden Schotterweg, wandern über die Bahntrasse und direkt dahinter nach rechts hinab zur Sieg. Nun ist die Umrundung der ersten Flussbiegung geschafft und wir folgen der zweiten immer auf dem Uferweg. Diese weitausladende Schleife führt uns weg vom Lärm durch den Wochenendverkehr im Siegtal, um Bülgenauel auf dem gegenüberliegenden Ufer herum. Zudem ist die Landschaft um Bülgenauel schön anzusehen. Wenn wir Glück haben, starten vom Aussichtspunkt auf dem **Stachelberg** Gleitschirmflieger, schweben über uns hinweg und landen auf dem gegenüberliegenden Flussufer.

Wir folgen dem Uferweg entlang der Sieg nun nach Norden – der breite Wirtschaftsweg steigt leicht bergan – und passieren am Zusammenfluss mit dem **Hunnenbach (4)** eine Rastbank. Weiter der Sieg folgend, gelangen wir alsbald an eine weitere Rastbank. Nun zieht sich der Stachelberg merklich zum Ufer hin, der zunächst noch breite Weg verengt sich zu einem schmalen Pfad. Er überwindet an dieser **Engstelle (5)** nur wenige Höhenmeter, ist aber für Kinderwagenwanderer sehr schmal, zumal er zum Fluss hin mit einem Holzgeländer begrenzt ist. Für Wanderer mit einem geländetauglichen Einsitzer stellt er jedoch kein Hindernis dar. Nach gut 300 m biegt er nach links um einen Bergrücken herum und fällt steil in ein Seitental der Sieg hinab. Die folgenden 100 m sind die schwierigsten der Tour, weil sie nicht nur steil, sondern auch ruppig sind. Aber mit zwei Erwachsenen lassen sie sich bewältigen. Im **Marksbachtal** angekommen, haben wir die Höchstschwierigkeit des Tages gemeistert, biegen rechts ab und wandern nun wieder auf dem ebenen Uferweg in südlicher Richtung. Direkt am Zusammenfluss von Marksbach und Sieg gibt es eine erste schöne Stelle für ein Picknick in unmittelbarer Nähe des Flusses, wobei die vorbeiziehenden Kanuten grüßen und sich bestaunen lassen. Weitere Stellen finden sich auf den Wiesen direkt am Fluss. Wir wandern nun wieder über eine freie Fläche am Fluss entlang. Der Dreitälerweg biegt alsbald nach links weg und führt direkt nach Merten. Wir wandern hingegen weiter am Fluss entlang und unterqueren die Bahntrasse. Nun haben wir die zweite Flussschleife umrundet und wandern direkt hinein in die dritte und letzte des Tages, die wegen ihrer Weiden und imposanten Vollblut-Rennpferde in nichts den vorangegangenen gleicht. Ein breiter, von Bäumen gesäumter Schotterweg führt uns parallel zur Bahntrasse durch die Wiesen. Linker Hand liegt der Bahnhof Merten, zu dem wir nach einem Schlenker durch das **Union-Gestüt (6)** und Merten zurückkehren werden. Wir gelangen an ein Gatter, den eigentlichen Eingang zum Gestüt. Ist es verschlossen und nur der enge Schlupf für Wanderer offen, müssen wir den Kinderwagen über das Gatter hieven. Vorbei an den prachtvollen Pferden wandern wir mit der Markierung NP auf einem Schotterweg und biegen an einem Gedenkkreuz links hoch in die Straße namens »Gassenkreuz«. An ihrem Ende geht es links in die »Schlossstraße« (Markierung Dreitälerweg). Wir wandern zwischen zwei Steinmauern leicht bergan – die linker Hand begrenzen die Burg Merten, die zu unserer Rechten gehören zum **Schloss Merten (7)**, dem ehemaligen Kloster, das heute eine Seniorenresidenz beherbergt. Im Innenhof überrascht eine mächtige Kirche, und das **Café in der Orangerie** lädt zu Kaffee und Kuchen ein.

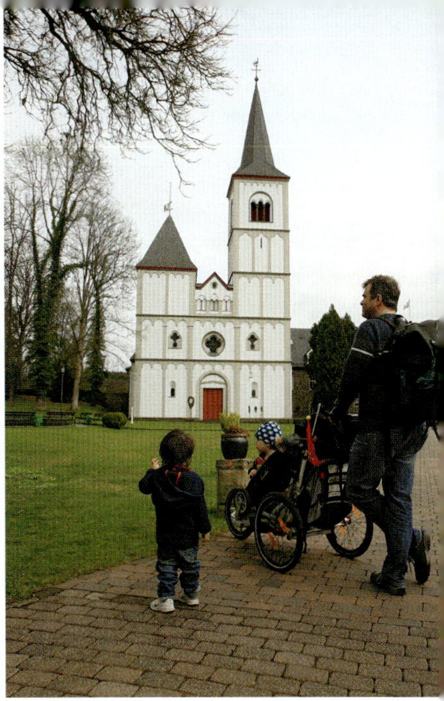

Kirche im Innenhof von Schloss Merten.

Die abschließenden Meter zum Bahnhof folgen wir weiter bergan, biegen dann links mit der »Agnesstraße« und dem »Burgweg« über einen Bergrücken – hier befindet sich ein kleiner **Spielplatz (8)**. Zum **Bahnhof Merten (9)** gehen wir schließlich noch 200 m bergab.

Burg Merten beherbergt das Union-Gestüt.

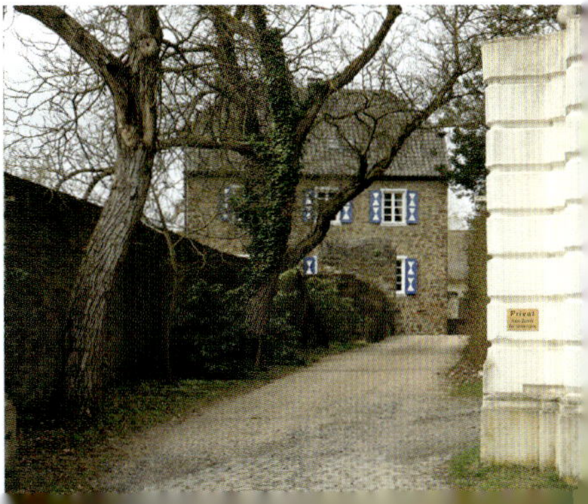

35 Aus dem Siegtal hinauf nach Bödingen

Von Blankenberg zum alten Kloster Bödingen ★★★

Entspannt mit der Bahn ins schöne Siegtal

Stadt Blankenberg an der Sieg ist immer eine Reise wert. Von den Höhen rund um den Wallfahrtsort Bödingen hat man den schönsten Blick auf die Mittelalterstadt am gegenüberliegenden Siegufer. Aber auch das idyllische Bödingen mit seiner Klosteranlage und Häusern im Stil des Bergischen Lands lohnt einen Ausflug. Dorthin führt ein anspruchsvoller Anstieg durch einen schattigen Wald und über schöne Wiesen. Von ihnen hat man einen weiten Blick bis hinüber zum Siebengebirge.

KURZINFO

Ausgangspunkt: Bahnhof Blankenberg (84 m).
Anfahrt: Ideale Tour für die Anfahrt mit der S-Bahn. Mit der S12 bis Bahnhof Blankenberg (Achtung: Rückfahrt Richtung Köln und Bonn meist, aber nicht immer von Gleis 2, daher Fahrplan beachten. Ein Gleiswechsel ist kompliziert, v. a. mit Kinderwagen!). Mit dem Auto auf der A560 bis zum Autobahnende in Hennef, links ab in die L333 bis Blankenberg (kleiner kostenfreier Parkplatz am Bahnhof).
Gehzeit: 2.25 Std.
Distanz: 7,6 km.
Höhenunterschied: 160 m.
Anforderungen: Eine sehr schöne Wanderung, die allerdings zwei längere und eher anspruchsvolle Anstiege hat: Von Oberauel nach Bödingen sowie aus dem Tal des Halberger Bachs nach Niederhalberg geht es stets bergauf. Aber mit einem geländegängigen Wagen und zwei Erwachsenen sind beide Passagen gut zu bewältigen.
Variante: Ab der Gehöftegruppe Halberg mit den Markierungen A2 und NP2 entlang des Halberger Bachs zurück nach Oberauel und dann auf dem Hinweg bis zum Bhf. Blankenberg (insges. 5,5 km).
Hinweis: Entlang der gesamten Wegstrecke bieten immer wieder schöne Wiesen oder Rastbänke Gelegenheit zum Verschnaufen, Stillen oder Wickeln. In der weitläufigen Klosteranlage Bödingen sollte man vielleicht kein Picknick veranstalten, aber die alten Bäume bieten eine schöne Gelegenheit zu einer Rast, außerdem gibt es öffentliche Toilette. Die Klosterkirche ist seit dem 15. Jahrhundert Wallfahrtsstätte, unser Weg aus dem Siegtal hier herauf folgt dem Weg der Pilger.
Einkehr: Hofcafé im Gestüt Halberg, So. 14 bis 18 Uhr, Tel. 02242/82627, www.gestuet-halberg.de. Nahe des Startpunkts an der L333 in Hennef Stein: Mühle zu Blankenberg mit Biergarten, Tel. 02242/9697111, www.muehlezu-blankenberg.de. Vor der Wanderung kann man sich an der Milchtankstelle (am Haus Attenbach 1, 53773 Hennef, mit Hofverkauf, auch von Hofeis) in der Nähe des Bahnhofs von Blankenheim stärken.
Karte: Sieghöhenweg (Wanderkarten NRW, 1:25.000).
Tipp: Siehe Tour 34.

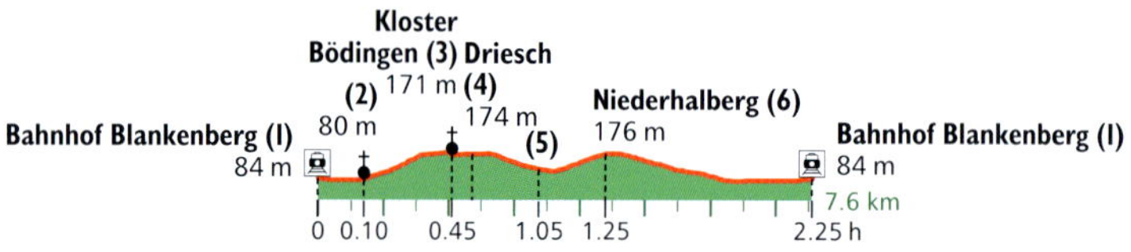

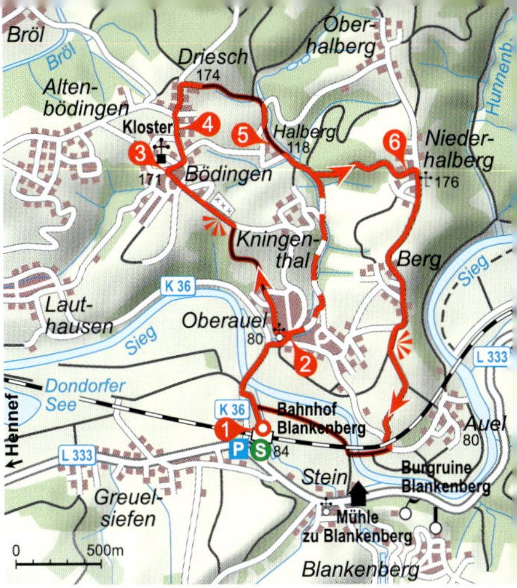

Vom **Bahnhof Blankenberg (1)** aus wandern wir mit der Markierung NP2 und zusätzlich der Markierung A2 die K 36 entlang über die Sieg hinweg nach Norden. Am Ortseingang von Oberauel biegen wir rechts in die »Halberger Straße« ein und wenige Schritte weiter vor einer **Kapelle (2)** mit dem »Historischen Wallfahrtsweg nach Bödingen« nach links in die Straße »Im Lindenhof«. Nun beginnt der Anstieg nach Bödingen, wo wir mit einer ausgesprochen netten Klosteranlage und Einkehr belohnt werden. Wir wandern zunächst die Straße bergan und verlassen sie an einem **Gedenkkreuz** für Anton Junkersfeld und einer Parkbank geradeaus den Hang weiter ansteigend. Der Feldweg wird nun steiler. Je höher wir kommen, desto schöner wird der Blick zurück auf die Stadt Blankenberg und das Siegtal. Ein Wald spendet Schatten und wir gelangen an eine querlaufende Straße, die uns nach links in Richtung Bödingen führt. Unterwegs haben wir einen herrlichen Blick über die Felder auf das Siebengebirge. Auf der »Oberaueler Straße« wandern wir hinein nach **Bödingen**, verlassen kurz die Markierung, die nach rechts wegbiegt, um auf der »Oberaueler Straße« geradeaus zum **Kloster Bödingen (3)** zu gelangen – ein unbedingt lohnenswerter Abstecher. Am Hauptportal der Klosteranlage biegen wir nach rechts und wandern »An der Klostermauer« entlang – die weiter diesen Namen trägt, obwohl nun keine Spur mehr von einer Mauer ist

Von Bödingen blickt man über satte Wiesen auf das Siebengebirge.

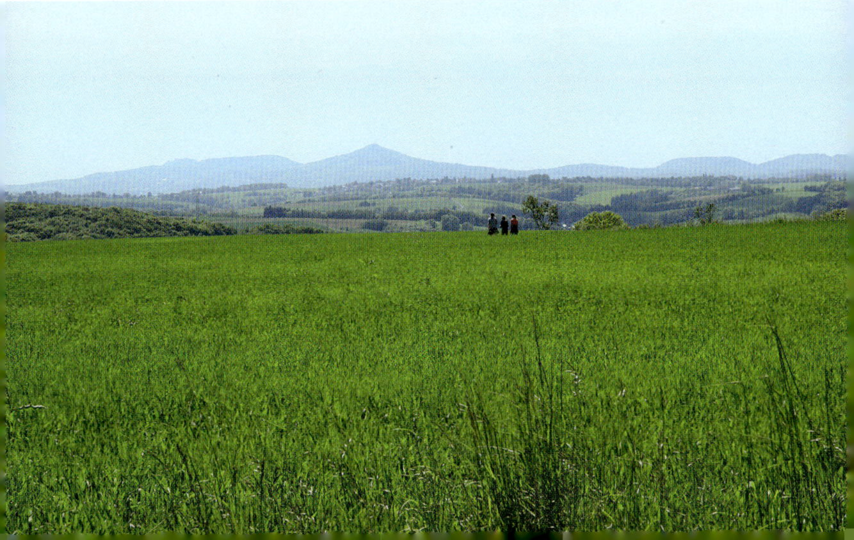

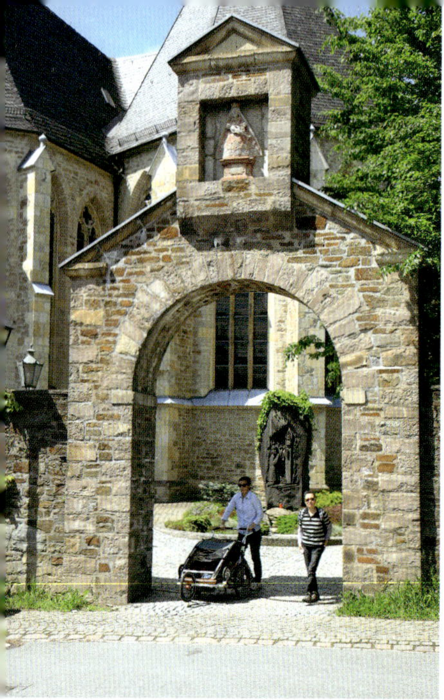

– bis zur Hauptstraße zurück. Dafür begleitet uns nun wieder die Markierung NP2 bzw. A2. Wir biegen nach links in die Hauptstraße ein und gelangen auf ihr nach **Driesch (4)**. Die Hauptstraße knickt nach links weg, wir wandern jedoch geradeaus, durch das Örtchen nach Norden. Hinter dem letzten Haus biegen wir nach rechts in den »Rotlandsweg« ein. Hier gesellt sich zusätzlich die Markierung A3 dazu, der wir bis Niederhalberg folgen. Wir halten uns an der nächsten Gabelung links und wandern ein kleines enges Bachtal abwärts. An einer Informationstafel biegen wir rechts in einen querlaufenden Weg in Richtung Halberg. An der nächsten Gabelung halten wir uns links, wandern am Bach unterhalb von der Gehöftegruppe **Halberg (5)** entlang, biegen am nächsten querlaufenden Weg links und überqueren einen Bach. Wenige Meter danach biegen die Markierungen A2 und NP2 nach rechts weg. Wer hier abkürzen möchte, gelangt mit

Bild oben: Schmuckstück Kloster Bödingen.
Bild unten: Verdiente Rast am Wegkreuz in Niederhalberg.

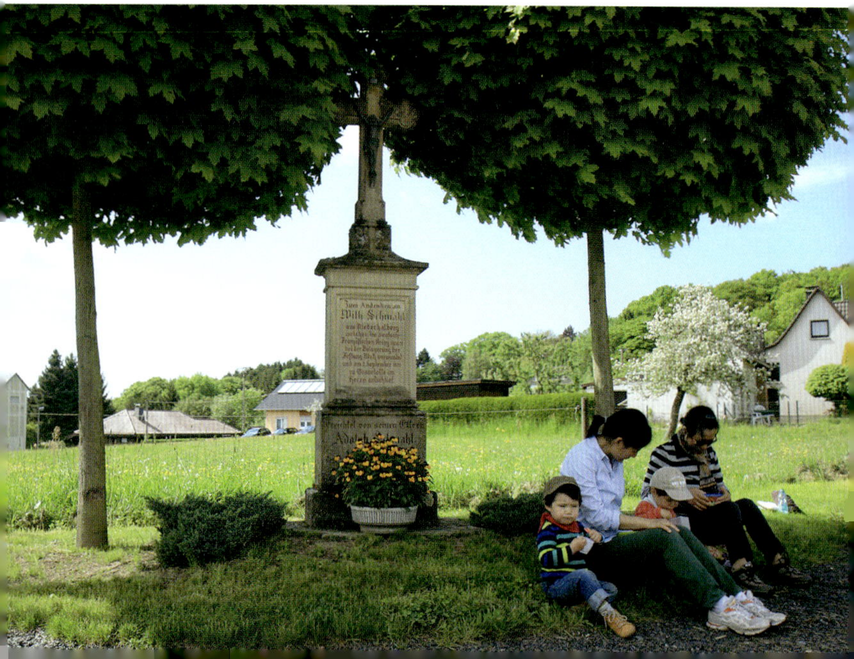

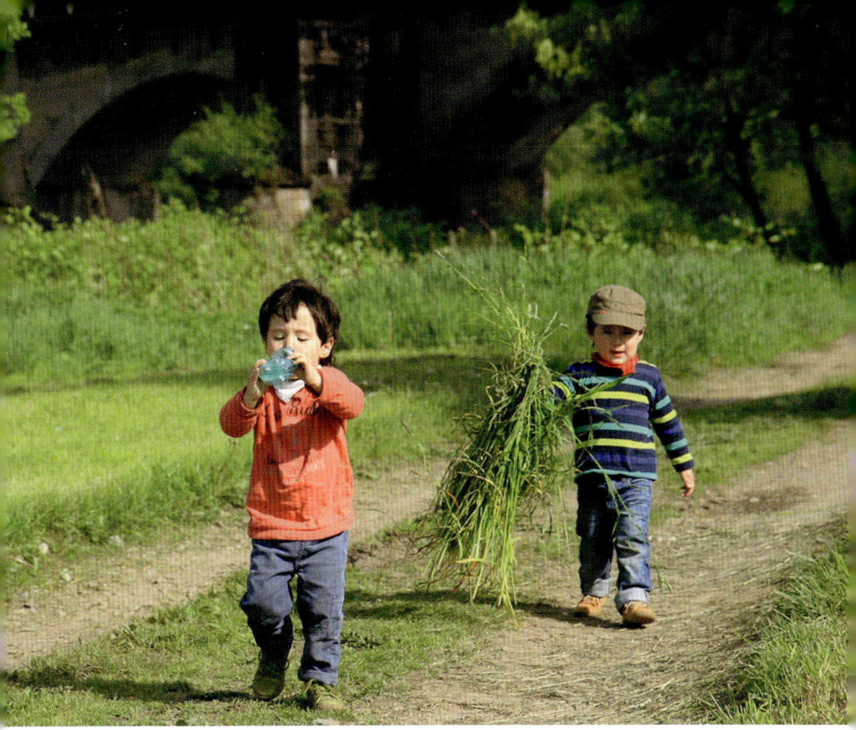

Heuernte im Siegbogen bei Oberauel.

ihnen zurück nach Oberauel. Wir wandern mit A3 aber geradeaus und bewältigen den zweiten Anstieg des Tages auf einem asphaltierten Forstweg durch den Buchenwald bergauf nach **Niederhalberg (6)**. Wir passieren den Straßenverkauf der Imkerei Jüde. Wenige Meter dahinter biegen wir nach rechts in die Hauptstraße »Auf dem Niederhalberg«. Ohne Markierung geht es jetzt zurück ins Siegtal. Im Grunde folgen wir der Straße bergab einfach in südlicher Richtung. Wir kommen an einem von zwei Bäumen eingerahmtem Wegkreuz vorbei. Hinter den letzten Häusern von **Berg** macht die Straße eine scharfe Rechtskurve. Wir biegen biegen an einem frei stehenden Baum nach links in einen unmarkierten Landwirtschaftsweg. Nun haben wir einen tollen Blick auf die Burg von Blankenberg, die auf den Hängen am gegenüberliegenden Ufer thront. Wir kommen an einem Gehöft vorbei, biegen nach links in die querlaufende Straße, überqueren die Bahngleise und folgen dem schmalen Weg nach rechts über die Eisenbahnbrücke auf das gegenüberliegende Siegufer (Markierung Natursteig Sieg). Um zum Bahnsteig Richtung Köln/Bonn zu gelangen gehen wir den Bahndamm hinab und biegen nach links zur Sieg.

Der Uferweg führt nach rechts zum **Gasthaus »Mühle zu Blankenberg«**. Um zum Ausgangspunkt zurückzukehren, unterqueren wir aber die Bahnlinie mit der Markierung MP3 nach links und wandern durch die Auen am Südufer der Sieg bis zum **Bahnhof Blankenberg (1)**.

36 In der Dollendorfer Hardt

Von Heisterbach zu den Weinbergen Oberdollendorfs ★★

Wandern und ein Picknick hoch über dem Rhein
Weinberge, gefühlt im Stadtgebiet von Bonn, weite Blicke über das Rheintal und auf das Siebengebirge, grüne Wälder und eine imposante Klosterruine. Diese Wanderung bietet viel und ist zudem sehr einfach von Bonn und Köln aus zu erreichen. Eine schöne Wanderung mit hohem Erholungswert.

KURZINFO

Ausgangspunkt: Parkplatz am Kloster Heisterbach (143 m).
Anfahrt: Auf der A59 bis AS Oberdollendorf, weiter auf der L286 Richtung Thomasberg. Mit der S66 ab Bonn Hbf. bis Oberdollendorf und weiter mit Bus 520 bis zum Kloster.
Gehzeit: 1.50 Std.

Seliger Mittagsschlaf an der Klosterruine Heisterbach.

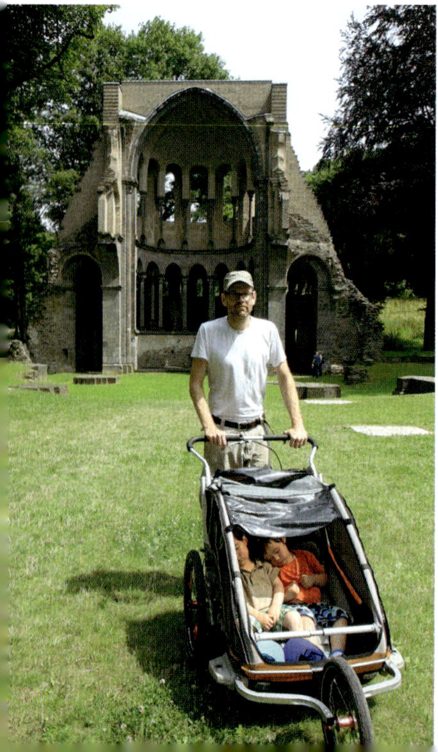

Distanz: 6,2 km.
Höhenunterschied: 140 m.
Anforderungen: Eine in weiten Teilen leichte Wanderung, nur ein längerer Anstieg mit moderater Steigung. In einigen Passagen ein etwas ruppiger Weg, der für geländegängige Kinderwagen jedoch keine Herausforderung darstellt. Wechselnde Markierungen.
Hinweis: Picknick-Wiesen hat diese Tour reichlich. V.a. im ersten Streckendrittel sowie am Aussichtspunkt Hülle sieht man im Sommer zahlreiche Familien und Pärchen auf Decken die Natur und die Aussichten genießen. Zum Stillen und Wickeln bieten unterwegs mehrere Schutzhütten Gelegenheit.
Einkehr: Klosterstube Heisterbach, Heisterbacher Straße, 53639 Königswinter, täglich 11.30 bis 17 Uhr geöffnet, Tel. 02223/702175, www.klosterstube-heisterbach.de; Weinhaus Gut Sülz unterhalb des Aussichtspunkt Hülle mit weitläufiger Außengastronomie und Wickeltisch, täglich geöffnet, Tel. 02223/3010, www.weinhaus-gutsuelz.de.
Karte: Drachenfelser Ländchen und Siebengebirge (Eifelvereinskarte Nr. 38, 1:25.000).
Tipp: Das Weinörtchen Oberdollendorf mit seinen idyllischen Fachwerkhäusern und Weingütern und -wirtschaften ist einen Aufenthalt wert. Das Brückenhofmuseum informiert sehr liebevoll über die Ortsgeschichte. Imposant ist zudem die Ruine des Klosters Heisterbach, einer Zisterzienserabtei aus dem 12. Jahrhundert, die 1803 der Säkularisation durch die Französischen Besatzer des Rheinlandes zum Opfer fiel und von der heute nur noch der Chor steht.

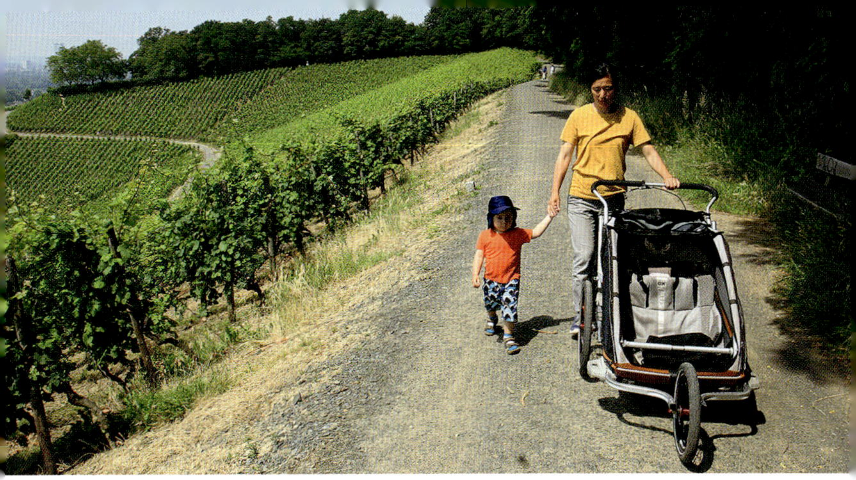

Oberhalb der Weinberge in Oberdollendorf.

Gegenüber dem Hauptportal des **Klosters Heisterbach (1)** folgen wir von der Bushaltestelle an der L268 dem Wanderweg Richtung **Dollendorfer Hardt**. Er ist mit dem schwarzen R des Rheinhöhenwegs markiert, führt kurz durch herrliche Wiesen und biegt dann nach links. Wir gelangen an eine Abzweigung und wandern einfach geradeaus weiter. Abermals über schöne Wiesen mit herrlichem Blick auf das Waldgebiet der Dollendorfer Hardt gelangen wir an die K25 und folgen auf der gegenüberliegenden Straßenseite einem Forstweg in das Waldgebiet hinein (Markierung schwarzes R). Er führt uns mäßig ansteigend durch üppige Mischwälder. Die Steigung nimmt schließlich deutlich zu, bis wir nach rechts in einen querlaufenden Forstweg einbiegen. Ihm folgen wir in Richtung Vinxeler Parkplatz (1 km). Auf dem ebenen Weg am Ostrand der Dollendorfer Hardt passieren wir eine **Schutzhütte (2)**, biegen an der darauffolgenden Kreuzung mit der Markierung schwarzes R nach rechts in einen Schotterweg und erreichen nach weiteren 500 m den **Vinxeler Parkplatz (3)**. Linker Hand der Einfahrt von der L490 gehen wir in einen kleinen Pfad, der uns als Zuweg zum Rheinsteig ein kurzes Stück parallel zur Landstraße nach Westen führt. Wenig später biegen wir nach links in einen Waldweg, wandern von der Landstraße weg, um an der nächsten Kreuzung nach rechts in ein kleines Bachtal zu kommen. Dem Bachlauf folgend, führt uns der schmale Pfad durch den dichten Laubwald bergab. Wir gelangen an einen querlaufenden Forstweg, dem wir nach links mit der Markierung des Rheinsteigs in Richtung Aussichtspunkt Hülle folgen. Der Weg ist anfangs asphaltiert, geht dann aber, leicht ansteigend, in Schotter über. Anschließend wandern wir durch herrliche Streuobstwiesen, an deren Ende wir neben einer Rastbank in die Weinhänge von Oberdollendorf hin-

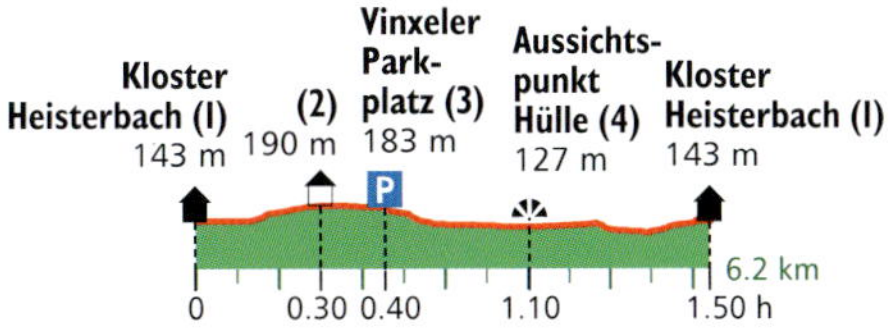

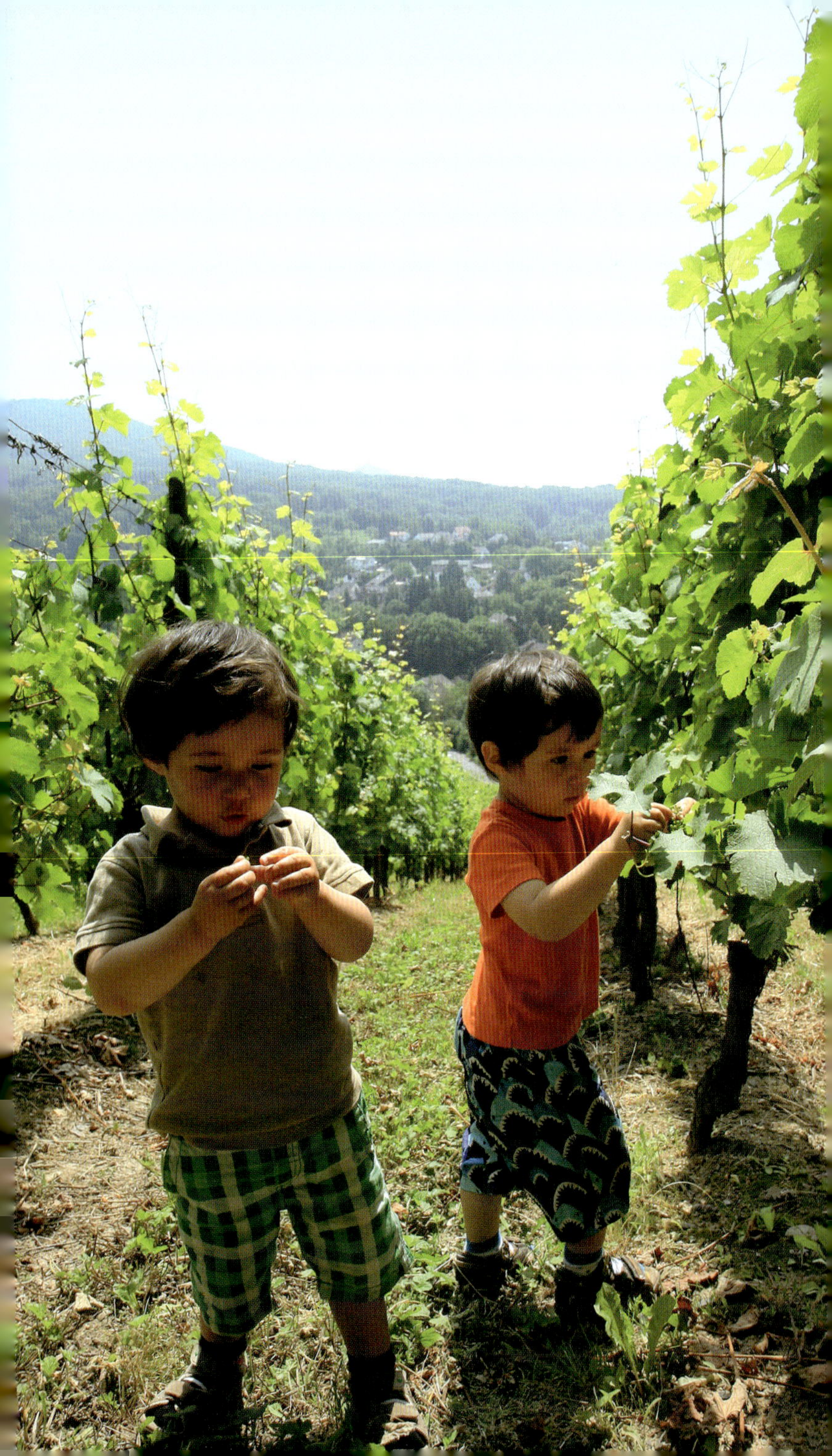

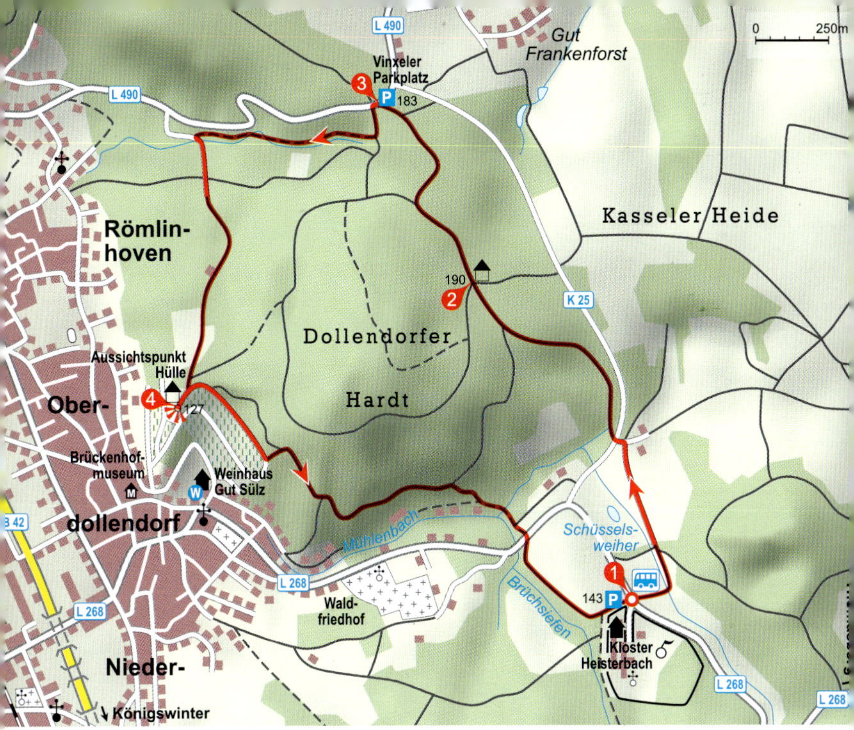

austreten. Rechter Hand liegt der **Aussichtspunkt Hülle (4)**. Das Areal ist weitläufig, eine Schutzhütte und mehrere Parkbänke laden zur Rast ein und ein Steinkreis lässt die Fantasie erblühen. An dem Platz verweilt man vor allem wegen des tollen Blicks über das Rheintal und die **Dollendorfer Weinberge**. Wer stattdessen eine Einkehr mit lokalen Spezialitäten und Wein bevorzugt, kann durch die gut asphaltierten Weinberge zum **Weinhaus Gut Sülz** hinabsteigen und hier sogar die Wanderung beenden. Allerdings muss dann eventuell ein Erwachsener das letzte Stück der Tour bis zum Kloster gehen, um das Auto zu holen.

Den letzten Abschnitt der Wanderung starten wir wieder an der Rastbank, an der wir den Weinberg erstmals erblickt haben. Hier wandern wir oberhalb der Weinlagen mit dem **Rheinsteig** nach Südosten. Am Ende biegen wir mit dem Weg nach links in das Waldgebiet der Dollendorfer Hardt. Weiter dem Rheinsteig folgend, gehen wir mit dem nächsten querlaufenden Weg nach rechts, ignorieren die folgenden Abzweigungen, bis wir schließlich an einer Parkbank im Wald links in das **Mühlenbachtal** einbiegen. Das Ziel liegt nun schon nahe, ein Schild verrät uns, dass das Kloster nur noch 900 m entfernt ist. Am Bachlauf entlang gelangen wir alsbald zur L268. Die Böschung ist für Kinderwagen recht steil. Auf der gegenüberliegenden Straßenseite folgen wir dem Rheinsteig weiter am Rande eines Maisfeldes entlang, bis wir wieder den Ausgangspunkt am **Kloster Heisterbach (1)** erreichen.

Rebforscher oder Rebläuse? Erkundung im Weinberg.

37 Vom Nachtigallental zum Milchhäuschen

Von Königswinter in das Herz des Siebengebirges ★★★

Auf zu Reibekuchen und frischer Buttermilch!

Das Milchhäuschen ist bei Wanderern ein sehr beliebtes Ausflugsziel. Dabei liegt es nicht einmal auf einem der sieben Gipfel und statt weiten Blicken gibt es hier viel Laub im tiefen Wald. Aber auch durch das dichte Blätterdach scheint die Sonne, die die Besucher auf der schönen Sonnenterrasse bei sehr leckerem Reibe- und Pfannkuchen und selbstverständlich bei Milch- und Buttermilchgetränken genießen. Auf dem Rückweg nach Königswinter lässt sich der Tag ideal im familienfreundlichen Lemmerzbad ausklingen. Wer nach der Tour noch genügend Kraftreserven besitzt, kann schnell den berühmten Drachenfels erklimmen.

KURZINFO

Ausgangspunkt: Parkplatz am Eingang zum Nachtigallental, unter der B42 (80 m).

Anfahrt: Auf der B42 bis Königswinter, über die L331 hinweg der Winzerstraße mit Beschilderung Drachenfelsbahn folgen, an der ersten Kreuzung links ab und unter der B42 parken. Kostenpflichtiger Parkplatz an der Talstation der Drachenfelsbahn. Von Köln oder Bonn-Beul mit dem Regionalexpress bis Königswinter Hbf. und zu Fuß der Bahnhofsstraße 300 m nach Nordosten folgen.

Gehzeit: 2.10 Std.

Distanz: 6,3 km.

Höhenunterschied: 190 m.

Anforderungen: Eine recht kurze Wanderung, auf der wir allerdings relativ viele Höhenmeter überwinden. Die Anstiege sind jedoch alle sehr moderat. Der Schlussabstieg von der Nibelungenhalle hinab zur Talstation der Drachenfelsbahn ist recht steil. Alternativ der Straße »Oberweingarten« vorbei am Lemmerzbad bis zum Ausgangspunkt folgen. Durchgängig mit K sowie in Teilen als Rheinsteig markiert.

Hinweis: Die Wanderung ist infrastrukturell für Eltern perfekt erschlossen. Es gibt mehrere Einkehrmöglichkeiten mit Wickelgelegenheit und Parkbänke zum Rasten und Stillen. Zudem gibt es mehrere Varianten, um die Wanderung in dringenden Fällen abzukürzen. Einen Spielplatz findet man leider nur im Lemmerzbad.

Einkehr: Ziel unserer Wanderung ist das beliebte Ausflugslokal Milchhäuschen im Herzen des Siebengebirges. Nach Sanierungsarbeiten und einem Pächterwechsel wurde das Milchäuschen im Dezember 2022 wieder eröffnet. Informationen unter milchhaeuschen.com. Restaurant »Luigi Ponzetta« am Schloss Drachenburg.

Karte: Drachenfelser Ländchen und Siebengebirge (Eifelvereinskarte Nr. 38, 1:25.000).

Tipp: Der Drachenfels und Königswinter bieten Familien Attraktionen für ein ganzes Wochenende. Weniger Meter abseits der Route liegt etwa das empfehlenswerte Lemmerzbad mit kleiner Gastronomie, herrlicher Liegewiese, Spielplatz und einem schönen Blick über das Rheintal. Das privatgeführte Hallen- und Freibad gibt sich bewusst als Familienbad; www.schwimmtreff-koenigswinter.de. Weitere Attraktionen am Wegesrand sind Schloss Drachenburg (www.schloss-drachenburg.de), u. a. mit einer Ausstellung über die Naturschutzbewegung in Deutschland. An der Nibelungenhalle gibt es eine Drachenhöhle mit der Sagenfigur Siegfried und einen kleinen Reptilienzoo (www.nibelungenhalle.de).

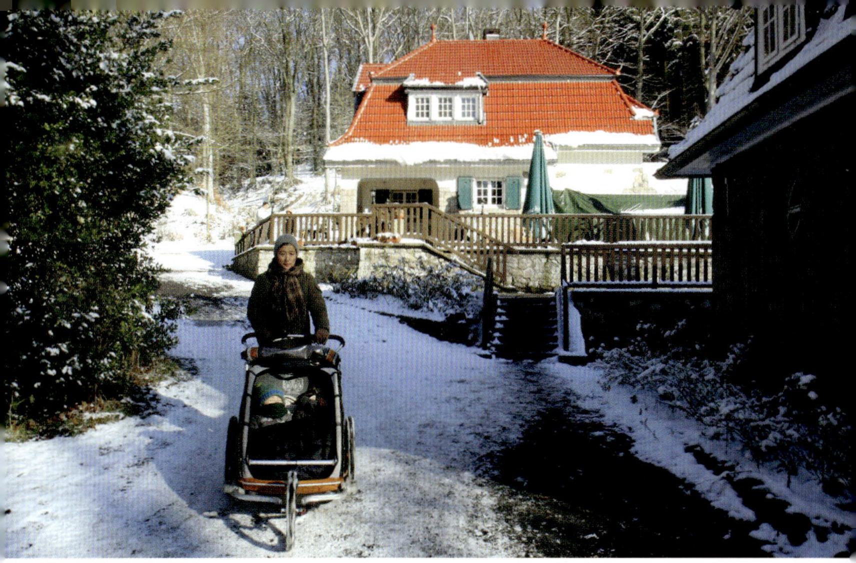

Auch im Winter ist das Milchhäuschen gut mit dem Kinderwagen zu erreichen.

Vom **Parkplatz (1)** unter der B42 führen drei Wege in östlicher Richtung. Wir nehmen den mittleren und wandern genau nach Osten in das Nachtigallental hinein. Der Weg ist als Zuweg des Rheinsteigs, aber auch mit K markiert. Zudem weist ein Wegweiser die Richtung in das Tal und zum Milchhäuschen. Wir passieren einige Felsenkeller aus früheren Tagen. Das Tal biegt alsbald nach Süden, und eingerahmt von mit Buchen bewachsenen Steilhängen folgen wir dem Bachlauf. Wir passieren das **Willi-Ostermann-Denkmal (2)**, das man dem kölschen Sänger, der das schöne Tal einst besang, zu Ehren errichtet hat. Mit stetiger Steigung folgen wir dem Verlauf des Tals. Noch ein letzter Anstieg und wir treten auf eine Freifläche hinaus. Rechter Hand erblicken wir **Schloss Drachenburg**. Wir biegen nach links, überqueren einen Bachlauf und die dahinterliegende Kreuzung. Wir wandern mit der Markierung des Rheinsteigs geradeaus durch einen Hohlweg, der zunächst ein kurzes Stück etwas steiler bergan führt, danach aber verflacht. Dem nächsten querlaufenden Asphaltweg folgen wir nach rechts. Wenige Meter weiter halten wir uns mit der »Drachenfelsstraße« links, umrunden die **Hirschberghütte (3)** und wandern immer nach Osten auf einem schönen Wanderweg durch eine herrliche Obstwiese – hier haben wir einen freien Blick auf die umliegenden Gipfel des Siebengebirges – und weiter durch einen Mischwald. Unterhalb des **Milchhäuschens (4)** gelangen wir an eine große Waldkreuzung. Zum Ausflugslokal machen wir einen kurzen Abstecher geradeaus. Für den Rückweg kehren wir zur Waldkreuzung zurück, biegen links und gleich wieder rechts ab. Der Weg ist mit K, aber nicht mehr als Rheinsteig markiert. Wir wandern nun um den Nordhang der Wolkenburg. Der Weg steigt noch einmal ein kurzes Stück an, danach gehen wir auf einem breiten Waldweg eben am Hang entlang bis wir bei einer **Informationstafel (5)**

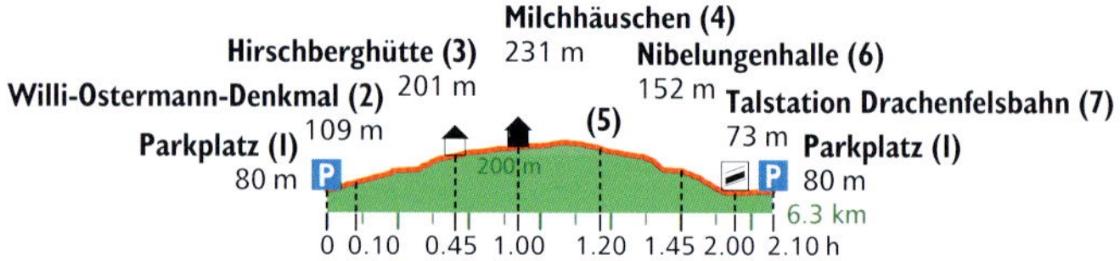

auf die »Drachenfelsstraße« gelangen. Nach links führt ein 500 m langer Abstecher bergan bis zur Aussichtsplattform auf dem Drachenfels mit dem Restaurant Drachenfels (siehe Tour 38).

Auf dem Normalweg folgen wir der Straße, die nur für Fußgänger, Eselreiter und Fahrräder frei ist, nach rechts ins Tal (Markierung K und auch wieder Rheinsteig). Wir wandern gut 800 m durch eine weitere Kehre talwärts und passieren das **Denchen-Denkmal**. Von hier aus haben wir eine weite Sicht über Schloss Drachenburg hinweg auf Bonn und das Rheintal. Wir gelangen alsbald an die Kreuzung etwas unterhalb der Hirschberghütte, die wir vom Hinweg zum Milchhäuschen kennen, biegen nach links in den Waldweg ein (weiter mit den Markierung K und Rheinsteig) und gehen auf dem uns schon bekannten Hohlweg hinab bis zur Abzweigung ins Nachtigallental. Statt aber weiter dem Hinweg zu folgen, wandern wir an der Abzweigung geradeaus über die weitläufige Wiese auf die Bahntrasse der Drachenfelsbahn zu. Wir gelangen an den »Oberweingartenweg«. Geradeaus geht es zum schön gelegenen **Lemmerzbad**. Wir überqueren nach links die Bahntrasse (Markierung Zuweg Rheinsteig) und gelangen an eine weitere Kreuzung. Linker Hand liegt die **Nibelungenhalle (6)**. Wir biegen schräg rechts in die »Drachenfelsstraße«. Ihr folgen wir nun an einigen schönen Wohnhäusern vorbei hinab bis zur **Talstation der Drachenfelsbahn (7)**. Die letzten Meter sind sehr steil, bieten aber einen tollen Blick auf Königswinter und den Rhein. Von der Talstation gehen wir auf der »Winzerstraße« nach Norden bis zum **Parkplatz (1)** unter der B42.

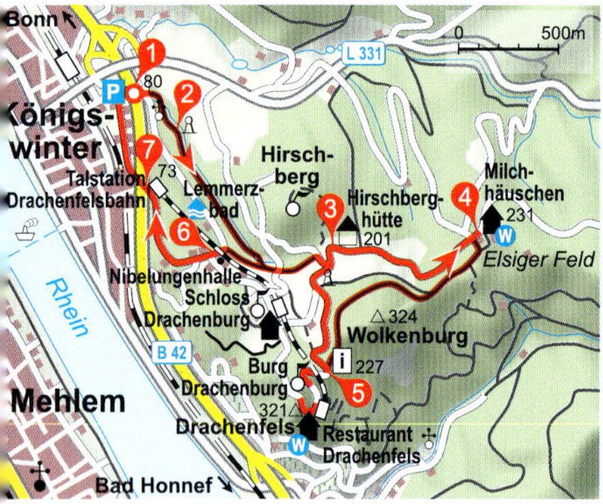

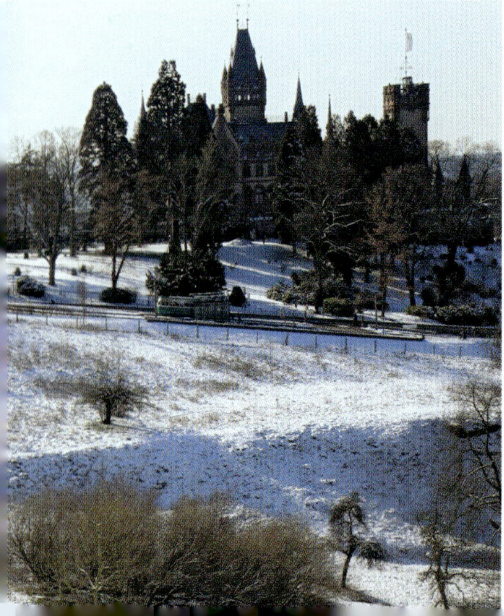

Leben hier Drachen oder Ritter? – Schloss Drachenburg mit Drachenfelsbahn.

Auf zum Drachenfels

Vom Drachenfels zum Nachtigallental ★

Leichte Erlebniswanderung am berühmten Felsen

Das beliebte Ausflugsziel im Siebengebirge hoch über dem Rhein wurde kürzlich runderneuert. Die alte Besucherplattform aus Beton hat man durch eine offene Aussichtsplattform ersetzt. Endlich wird der fantastische Blick über das Rheintal nicht mehr durch hässliche Architektur getrübt. Nach wie vor kann man den Drachenfels einfach mit der Drachenfelsbahn erklimmen. Und auf dem Rückweg lassen wir uns mit dem Kinderwagen ohne große Anstrengung den Berg hinuntertreiben, vorbei am Schloss Drachenburg und durch das Nachtigallental. Eine entspannte Wanderung mit vielen Attraktionen für Kleinkinder am Wegesrand.

KURZINFO

Ausgangspunkt: Besucherplattform auf dem Drachenfels (274 m).
Anfahrt: Siehe Tour 37. Statt direkt am Eingang zum Nachtigallental zu parken folgen wir der Winzerstraße bis zum kostenpflichtigen Parkplatz an der Talstation der Drachenfelsbahn. Diese bringt uns dann hinauf zum Gipfel des Drachenfelsens. Zwischen März und Oktober alle 30 Min.; ab Mitte November bis Ende Dezember kein Betrieb; Anfang November, Januar und Februar eingeschränkter Betrieb; einfache Fahrt 8 Euro für Erwachsene plus 1 Euro für Kinderwagen; www.drachenfelsbahn-koenigswinter.de.
Gehzeit: 1.10 Std.
Distanz: 3,4 km.
Höhenunterschied: 190 m (Abstieg).
Anforderungen: Eine leichte Wanderung, die ausschließlich bergab führt und einem einfachen Weg mit wechselnden Markierungen folgt.
Variante: Auf dem halbem Weg zwischen Drachenfels und Schloss Drachenburg führt ein beschilderter Weg zum beliebten Ausflugslokal Milchhäuschen. Wir folgen dazu einfach der Tour 38 in entgegengesetzter Richtung. Laut Richtungsstein dauert die kurze Wanderung auf dem recht ebenen Waldweg durch einen schönen Mischwald gut 15 Minuten. Wanderer mit Kinderwagen sollten 10 Minuten zusätzlich einrechnen plus 30 für den Rückweg (plus 2,2 km). Als Alternative zum Nachtigallental kann man auch dem Rheinsteig bis zur Nibelungenhalle und weiter zur Talstation der Drachenfelsbahn folgen (siehe Karte Tour 37).
Hinweis: Die Wanderung ist infrastrukturell für Eltern mit Kindern perfekt erschlossen. Es gibt mehrere Einkehrmöglichkeiten mit Wickelgelegenheiten und Parkbänke zum Rasten und Stillen. Außerdem lässt sich die Wanderung durch mehrere Varianten in dringenden Fällen abzukürzen.
Einkehr: Restaurant Drachenfels an der Besucherplattform mit Wickeltisch, täglich zwischen 11 und 19 Uhr geöffnet, zudem Bistro, www.der-drachenfels.de/restaurant.html. Restaurant »Luigi Ponzetta« am Schloss Drachenburg, www.schloss-drachenburg.de; Ausflugslokal Milchhäuschen (siehe Tour 37).
Karte: Drachenfelser Ländchen und Siebengebirge (Eifelvereinskarte Nr. 38, 1:25.000).
Tipp: Der Drachenfels und Königswinter bieten Attraktionen für Familien für ein ganzes Wochenende: z. B. an sonnigen Tagen Besuch des familienfreundlichen Lemmerzbad etwas abseits der Wanderung (siehe Tour 37) oder nach der Wanderung Besuch des Meeresaquariums Sea Life in Königswinter (www.visitsealife.com/konigswinter).

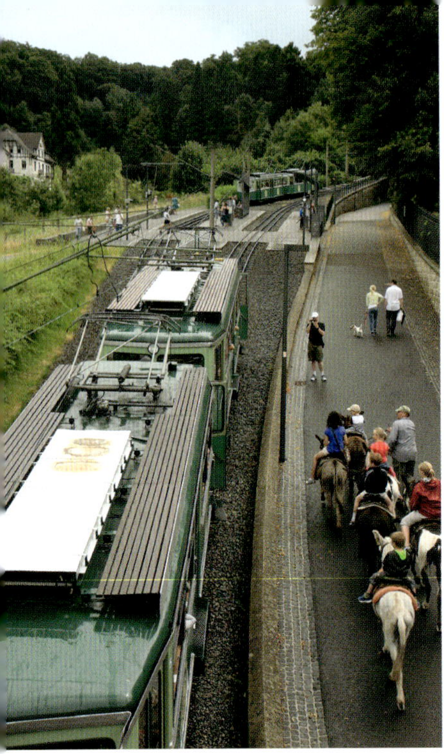

Zum Drachenfels hinauf führen viele Wege, wir nehmen die Zahnradbahn.

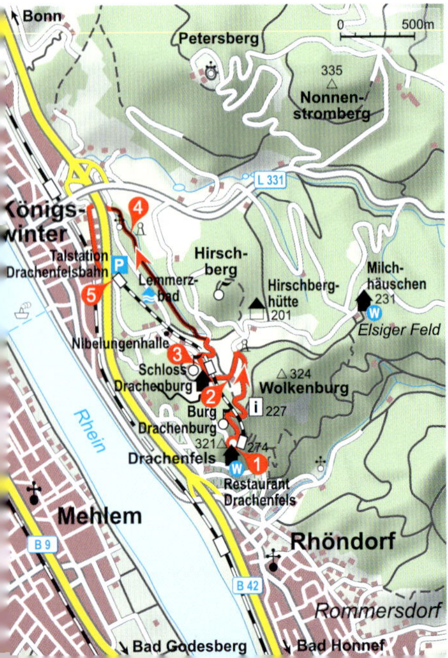

Die beiden Wege von der **Bergstation der Drachenfelsbahn (1)** hinab zur Talstation sind denkbar einfach. Auf der dem Rhein zugewandten Seite führt der sogenannte Eselweg hinab nach Königswinter. Er ist aber für Kinderwagen ungeeignet. So bleibt uns nur der Weg »auf der Rückseite«. Die für Fußgänger, Eselreiter und Fahrräder freie »Drachenfelsstraße« führt linker Hand der Bergstation parallel der Trasse talwärts. Nach zwei Kehren überqueren wir die Trasse und gelangen an eine im Wald gelegene Kreuzung mit **Informationstafel**. Von hier aus können wir den Abstecher zum Milchhäuschen starten **(Variante)**. Auf der Normalroute wandern wir – nun mit der Markierung des Rheinsteigs – die »Drachenfelsstraße« noch eine weitere Kehre talwärts. Nach dieser biegen alle Wanderer ohne Kinderwagen (**Variante,** siehe Karte Tour 37) links in einen schmalen Pfad und wandern über eine Streuobstwiese auf ein **verlassenes Haus (2)** zu, an dem sie links in einen Schotterweg einbiegen, der auf die Drachenburg zuführt. Wanderer mit Kinderwagen (Hauptweg) folgen der Drachenfelsstraße weitere 500 m talwärts und biegen dann links in den Weg namens »Burghof« ein, der ebenfalls zum verlassenen Haus führt. Vor der Bahntrasse gehen wir mit der Markierung des Rheinsteigs rechts in einen Schotterweg, passieren die Mittelstation der **Drachenfelsbahn** und kommen zu einer Brücke über die Bahntrasse. Sie führt nach links zum Haupteingang von **Schloss Drachenburg (3)** – in dem neoklassizistischen Schloss gibt es ein kleines Bistro und eine interessante Ausstellung über die Ursprünge der Naturschutzbewegung. Wir aber wandern den geschotterten

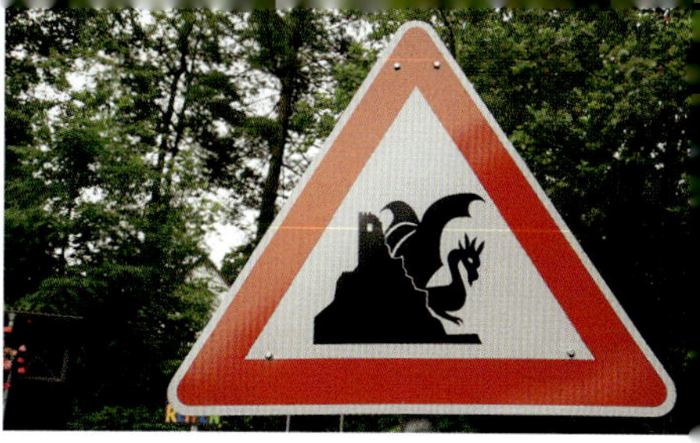

Vorsicht, Drache am Fels.

Zuweg nach rechts und gelangen in ein Waldstück. An der nächsten Kreuzung gesellt sich von rechts ein Hohlweg zu uns. Wir biegen mit der Markierung K links ab. (Wer den Abstecher zum Milchhäuschen gemacht hat, gelangt durch den Hohlweg zurück zum Normalweg und geht einfach über die Kreuzung geradeaus hinweg.) Wir überqueren den kleinen Bach und biegen direkt dahinter nach rechts ins **Nachtigallental** ein (Markierung K und Zuweg Rheinsteig). Ein schmaler, aber dennoch kinderwagengeeigneter Pfad führt uns durch das enge Tal, das abseits der großen Touristenströme liegt. Wir wandern immer am Bachlauf entlang durch das enge, von hoch aufgeschossenen Buchen bewachsene Tal. Unterwegs passieren wir ein **Denkmal für Willi Ostermann (4)** vor einer kleinen Höhle. Es erinnert daran, dass der Kölner Liedermacher das Nachtigallental in seinem Siebengebirgs-Lied verewigt hat. Um vom Ende des Nachtigallentals zurück zum Parkplatz zu gelangen, unterqueren wir die B42 und biegen links in die Winzerstraße ein. Nach 400 m erreichen wir die **Talstation der Drachenfelsbahn (5)**.

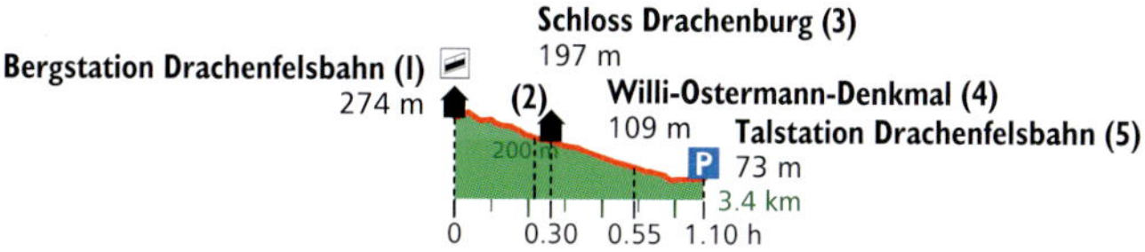

In Schloss Drachenburg warten viele Attraktionen, u. a. auch alte Ritter.

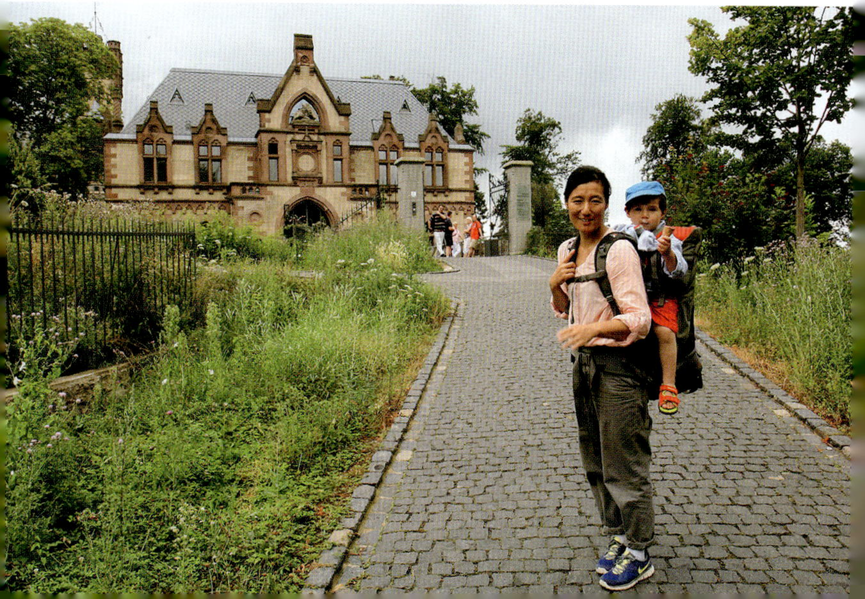

39 Rund um den Ölberg

Höchstes Gipfelglück im Siebengebirge ★★★

Jetzt geht es hoch hinaus!

Der Ölberg ist bekanntlich die höchste Erhebung im Siebengebirge. Zwei Wege führen auf ihn hinauf: ein anspruchsvoller, ruppiger Bergpfad von Westen und ein steiler Wirtschaftsweg im Süden von der Margarethenhöhe. Der Besteigung des Giganten der Sieben Berge ist also auch mit Kinderwagen keine Grenze gesetzt. Auf dem Gipfel winkt uns ein sehr gemütliches Restaurant mit schöner Sonnenterrasse und einem noch schöneren Blick ins Rheintal. Auf dem Ölbergringweg ist mit Spielplätzen zusätzlich für Abwechslung gesorgt.

KURZINFO

Ausgangspunkt: Wanderparkplatz nördlich des »Hotels im Hagen« (284 m).
Anfahrt: Auf der A59 bis Königswinter, weiter auf der L331 bis zur Margarethenhöhe, links ab in den »Ölbergringweg«, vorbei am Hotel im Hagen bis zum Wanderparkplatz an der nächsten Kreuzung. Mit der Regionalbahn bis Königswinter, weiter mit dem Bus 521 zur Margarethenhöhe.
Gehzeit: 2.00 Std.
Distanz: 6,7 km.
Höhenunterschied: 180 m.
Anforderungen und Varianten: Wechselnde Markierung. Die Umrundung des Ölbergs auf dem Ringweg ist ein gemütlicher Spaziergang. Aufgrund des anspruchsvollen Anstiegs von der Margarethenhöhe hinauf zum Gipfel ist sie jedoch eine mittelschwere bis schwere Tour. Fast alpin wird es auf der Variante, die von Westen über einen steilen und steinigen Pfad direkt hinaufführt. Sie ist mit Kraxe empfehlenswert, mit geländegängigen Kinderwagen nur mit zwei Erwachsenen möglich. Mit dieser Variante hat die Wanderung eine Länge von 5,2 km.
Hinweis: Mehrere Schutzhütten und Einkehrmöglichkeiten zum Wickeln und Stillen.
Einkehr: Gasthaus auf dem Ölberg mit Sonnenterrasse und fantastischem Blick, Ölbergringweg 100, 53639 Königswinter, Tel. 02223/21919, www.gasthaus-oelberg.de, Mo. und Di. Ruhetag. Restaurant & Cafe Margarethenkreuz mit Biergarten, Spielplatz und Wickeltisch, Königswinterer Straße 430, 53639 Königswinter, Tel. 02223/22221, Mo. Ruhetag. Hinweis: Das Tagungshotel Hotel im Hagen am Ende der Tour bietet keine öffentlich zugängliche Restauration.
Karte: Drachenfelser Ländchen und Siebengebirge (Eifelvereinskarte Nr. 38, 1:25.000).
Tipp: Nach der Wanderung bietet die Region zahlreiche Attraktionen, z. B. das Naturparkhaus an der Margarethenhöhe (siehe Tour 40) oder den Besuch des familienfreundlichen Lemmerzbad (siehe Tour 37).

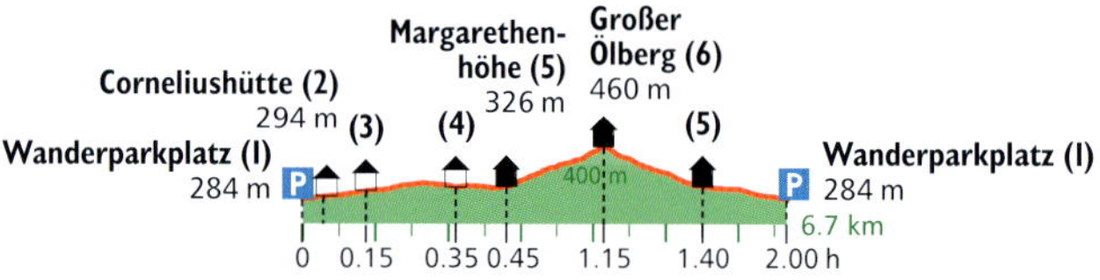

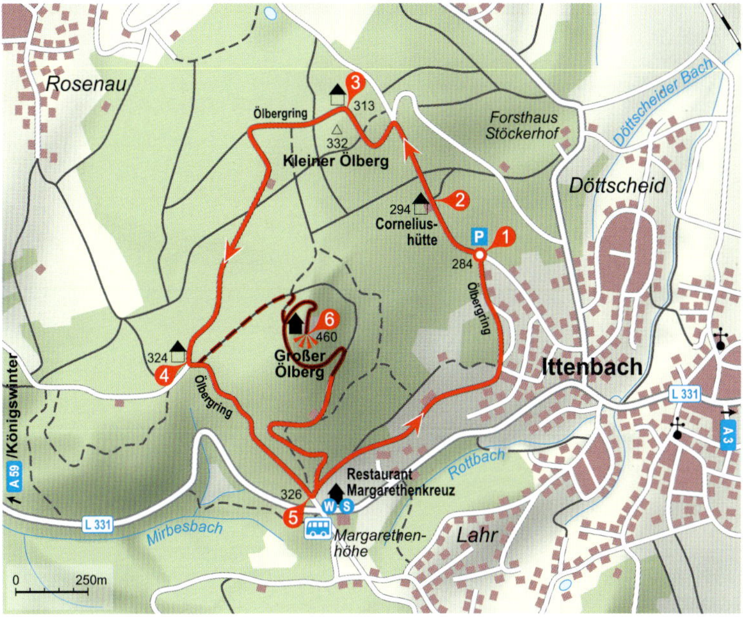

Vom **Wanderparkplatz (1)** nördlich des **»Hotels im Hagen«** starten wir unsere Besteigung des Ölbergs. Aber vor dem Anstieg wandern wir uns auf dem »Ölbergringweg« (Markierung 5) warm, dem wir gegen den Uhrzeigersinn folgen. Der breite Forstweg führt uns zunächst in nordwestlicher Richtung bis zur **Corneliushütte (2)**. Von hier aus können wir nach rechts den gut beschilderten Abstecher zum Forsthaus Stöckerhof starten. Auf dem Normalweg folgen wir allerdings geradeaus dem »Ölbergringweg«. An der folgenden großen Waldkreuzung mit einem al-

Auf dem Ölbergringweg treffen sich Ross und Wanderer.

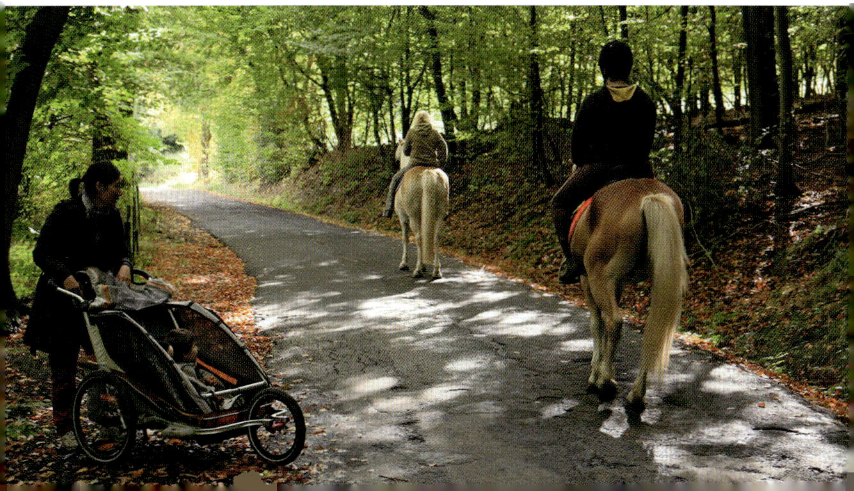

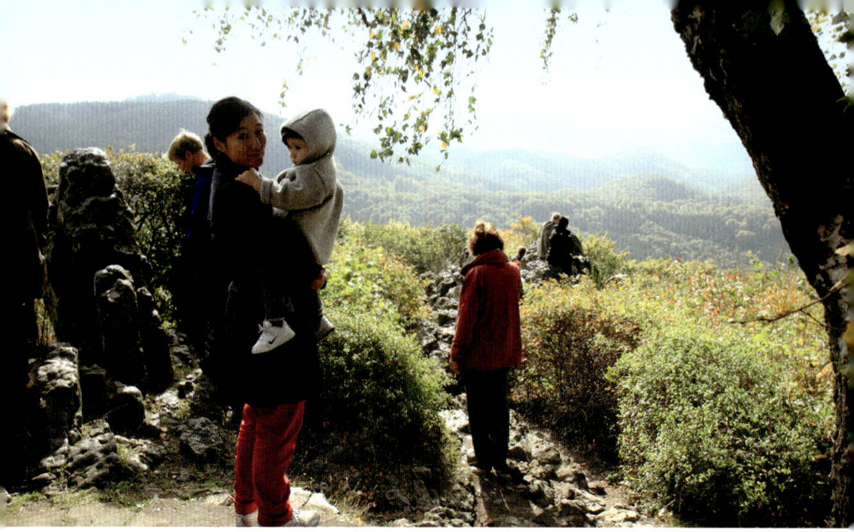

Imposanter Blick vom Ölberg über das Siebengebirge.

ten Wegekreuz halten wir uns links in Richtung »Ölberg«. Aber vor diesen ist vom lieben Gott, oder vielleicht doch von Menschenhand, der **Kleine Ölberg** gesetzt worden. Er erscheint wie eine etwas seltsame Aufschüttung von Bruchstein, gilt aber als Nebengipfel des großen Bruders. Jedenfalls wandern wir an der Kreuzung am Fuße des Kleinen Ölbergs mit dem »Ölbergringweg« geradeaus und umrunden ihn im Norden. Wir passieren eine weitere **Schutzhütte (3)**. An der folgenden Kreuzung halten wir uns links und haben nun den Großen Ölberg in ganzer Pracht vor uns. Die Wege sind breit und eignen sich gut für Wanderer mit Kinderwagen. Wir sparen wertvolle Kraft für den nahenden Aufstieg. Nach einem längeren Geradeausstück gelangen wir an die nächste Kreuzung mit **Schutzhütte (4)** und zwei Rastbänken. Wir halten uns links in Richtung »Ölberg und Margarethenhöhe«.

Schon wenige Meter weiter müssen wir uns zwischen zwei Möglichkeiten entscheiden. Nach links führt ein zunächst harmlos scheinender, breiter Weg als Variante den Hang hinauf. Er verjüngt sich schnell zu einem steilen und ruppigen Bergpfad, führt direkt zum Gipfel des Ölbergs und ist nur für konditionsstarke Wanderer mit Kraxe oder geländegängigem Kinderwagen zu empfehlen.

Auf der leichteren Hauptroute wandert man in südöstlicher Richtung weiter bis zur **Margarethenhöhe (5)** und folgt hier dem gut beschilderten Wirtschaftsweg nach links über mehrere Kehren hinauf zum Gipfel des **Großen Ölbergs (6)**. Auf ihm finden wir das Gasthaus mit seiner großen Sonnen- und Aussichtsplattform. Natürlich ist der Rundblick von hier oben fantastisch.

Auf der Zufahrtsstraße geht es wieder hinab zur **Margarethenhöhe (5)**. Hier biegen wir nach links in den asphaltierten »Ölbergringweg«. Nach der Anstrengung des Aufstiegs wandern wir nun recht gemütlich auf der wenig befahrenen Straße zum »Hotel im Hagen« und noch ein Stück weiter zurück zum **Wanderparkplatz (1)**.

Gipfelglück auf der Löwenburg

Von Ittenbach hinauf zur Ruine Löwenburg ★★★

Die schönste Ritterburg im Rheinland
Die Löwenburg ist der wohl schönste Ort im Siebengebirge. Der steile Anstieg hinauf zum zweithöchsten unter den sieben Gipfeln lohnt daher auch mit Kindern. In der pittoresken Ruine sind ein Picknick mit der Familie im Schatten der Eiche und des Burgfrieds sowie der weite Blick auf das Rheintal an Romantik kaum zu überbieten. Auch auf dem Hin- und Rückweg zur Ruine wandern wir durch idyllische Wälder, die reich an Attraktionen für Jung und Alt sind.

KURZINFO

Ausgangspunkt: Parkplatz am Naturparkhaus in Ittenbach (331 m).
Anfahrt: Auf der A59 bis Königswinter, weiter auf der L331 bis zur Margarethenhöhe, dort rechts ab in die Löwenburgstraße und am Naturparkhaus links ab zum Parkplatz. Mit der Regionalbahn bis Königswinter, weiter mit dem Bus 521 zur Margarethenhöhe.
Gehzeit: 1.50 Std.
Distanz: 5,6 km.
Höhenunterschied: 170 m.
Anforderungen: Wechselnde Markierungen. Wegen des steilen Aufstiegs zur Löwenburg, den man idealerweise ohne Kinderwagen in Angriff nimmt (am Löwenburger Hof deponieren) und des recht ruppigen Rückwegs über die Schutzhütte Drei-Seen-Blick und den Nasseplatz zum Ausgangspunkt, ist dies eine mittlere bis schwere Wanderung und idealerweise mit Kraxe oder geländefähigem Kinderwagen zu gehen. Das gilt v.a. für Wanderer mit Zwillingskinderwagen. Auf das Erlebnis Löwenburg muss man aber keinesfalls verzichten. Wer den anspruchsvollen Rückweg scheut, geht auf dem Hinweg zurück.
Hinweis: Mehrere Schutzhütten und Bänke zum Rasten, Wickeln und Stillen am Wegesrand. Auf dem asphaltierten Weg zum Löwenburger Hof können die Kinder auch mit dem Laufrad fahren.
Einkehr: Löwenburger Hof, Waldwirtschaft mit Sonnenterrasse und Wickelgelegenheit, Löwenburger Straße 30, 53639 Königswinter, Tel. 02223/24446, www.loewenburger-hof.de, täglich außer Do. geöffnet 10 bis 16.30 Uhr, im Winter bis zur Dämmerung.
Karte: Drachenfelser Ländchen und Siebengebirge (Eifelvereinskarte Nr. 38, 1:25.000).
Tipp: Nach der Wanderung bietet die Region zahlreiche Attraktionen, z.B. den Besuch des familienfreundlichen Lemmerzbad (siehe Tour 37).

Wer mag, kann sich am Startpunkt **Naturparkhaus (1)** über das Siebengebirge informieren. Vor allem für Kinder gibt es hier Reliefs sowie Wissenswertes zur Fauna und Flora zu bestaunen. Anschließend starten wir die Wanderung mit dem wesentlich leichteren ersten Abschnitt auf dem Weg zum Löwenburger Hof. Erst mit dem Anstieg zur Löwenburg und dem Rückweg über die Schutzhütte Drei-Seen-Blick und den Nasseplatz nimmt die Schwierigkeit der Tour gerade für Kinderwagen-Wanderer deutlich zu. Aber der Reihe nach.

Wir wandern zunächst auf der »Löwenburger Straße« in südöstlicher Richtung (Markierung Lohrberg Wanderweg 2; Richtung Löwen-

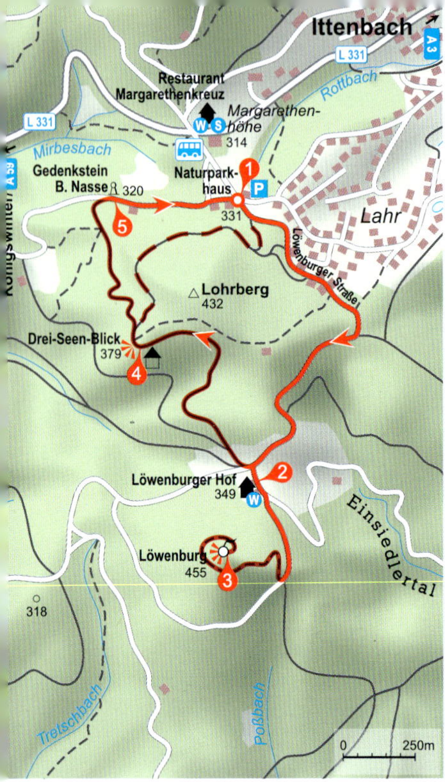

burg). Die asphaltierte und nur für Anwohner offene Straße steigt zunächst moderat an, wir passieren die letzten Häuser von Ittenbach und überqueren einen kleinen Pass, wenn man so will, unterhalb des **Lohrbergs**. Danach geht es ebenso moderat hinab in eine Mulde. Wir treten mit einer Rechtskurve aus dem Laubmischwald heraus auf herrliche Streuobstwiesen am Nordosthang der Löwenburg. Hier gelangen wir zu der großen Wegkreuzung am **Löwenburger Hof (2)** mit seiner gemütlichen Außenwirtschaft. In den Wiesen davor haben die Kinder die Möglichkeit, ein wenig im kniehohen Gras zu toben oder nach Singvögeln Ausschau zu halten. Die Erwachsenen können den Fernblick bis weit in den Westerwald genießen. Einen noch besseren Ausblick hat man allerdings von der Löwenburg. Vor allem der Blick über das Siebengebirge und Mittelrheintal ist atemberaubend. Wer die rund 100 Höhenmeter hinauf zur Ruine kraxeln will, sollte den Kinderwagen am Gasthof zurücklassen – der Zuweg ist zwischen 10 und 20 Prozent steil. Mit einer Kraxe oder Tragetuch ist der Aufstieg daher angenehmer.

Der Abstecher zur Löwenburg führt uns auf dem **Rheinsteig** unterhalb des Gasthofs in südlicher Richtung. Wir folgen an der ersten Kreuzung im Wald dem moderat ansteigenden und breiten Forstweg nach rechts. Ca. 300 m weiter zweigt in einer Kurve der Aufstieg zum Gipfel scharf rechts ab (Markierung: Aufstieg Löwenburg). Nun geht es steil bergan bis zum Gipfel, auf dem romantisch die Ruine der **Löwenburg (3)** thront. Kleine Kinder sollten besser an die Hand genommen werden, denn zu unserer Linken fällt der Hang schroff ins Tal. Der Vorhof bietet viel Platz zum Toben, oder man breitet einfach eine Picknickdecke aus. Traumhaft schön ist die Rast auf dem Aussichtsplateau beim alten Burgfried. Zurück zum **Löwenburger Hof (2)** gelangen wir auf demselben Weg.

An der großen Wegkreuzung nördlich des Gasthofs gehen wir einige Schritte nach Westen und folgen dem zweiten Weg im Uhrzeigersinn

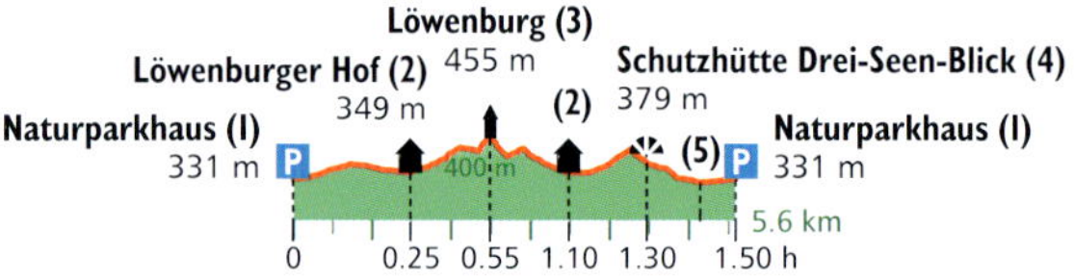

nach rechts. Am Ende der herrlichen Streuobstwiesen folgen wir sofort dem Waldweg abermals nach rechts (Markierungen: Lohrberg-Wanderweg 2, Zubringer zum Rheinsteig und schwarzes R). Er führt uns hinein in einen dichten Laubmischwald und weiter eben am Hang entlang bis zur **Schutzhütte Drei-Seen-Blick (4)** am Westhang des Lohrbergs. Von hier haben wir abermals eine weite Sicht über die sanften Hügel des Siebengebirges. Wir wandern weiter um einen Bergvorsprung, wo wir den Lohrberg-Wanderweg verlassen und nach links mit der gelben Markierung des Rheinsteigs oder dem schwarzen R in einen Waldpfad abbiegen. Er fällt alsbald einen Hang steil hinab und wird zu einem schmalen und recht ruppigen Pfad. Wer hier noch umkehren möchte, folgt besser weiter dem Lohrberg Rundweg nach rechts, bis man auf die »Löwenburger Straße« stößt, in die man nach links einbiegt und zum Naturparkhaus gelangt. Zum Nasseplatz steigen wir auf der Normalroute den steilen Abstieg hinab – er ist nicht allzu fürchterlich lang und führt durch einen schönen Mischwald – und folgen dem Pfad immer geradeaus, bis wir schließlich auf einen breiten Forstweg hinaustreten und direkt gegenüber dem großen, von Bäumen umringten **Nasseplatz (5)** stehen. Berthold Nasse förderte im 19. Jahrhundert als Präsident der Rheinprovinz den Naturschutz im Siebengebirge, das eines der ältesten Naturschutzgebiete Deutschlands ist. Hier wenden wir uns nach rechts und folgen dem Forstweg vorbei am Eingang zum ehemaligen Steinbruch mit Grillplatz, einem Wildgehege und der Lohrbergquelle. Schließlich biegen wir nach rechts in einen schmalen Pfad, auf dem wir nach einem kurzen Stück bergan zum **Naturparkhaus (1)** gelangen.

Der Vorhof der Löwenburg ist Ort kleiner Ritterträume und weiter Blicke.

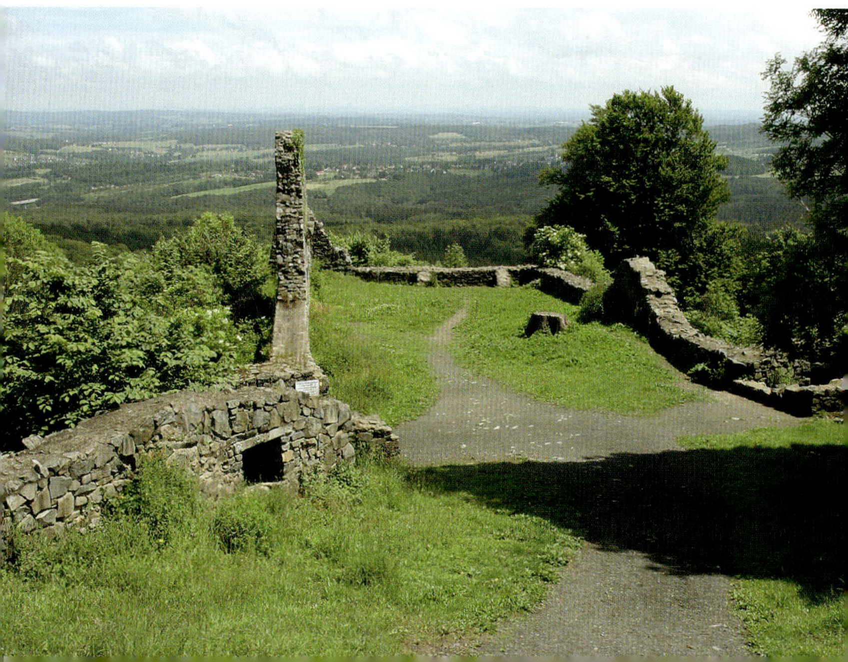

Stichwortverzeichnis

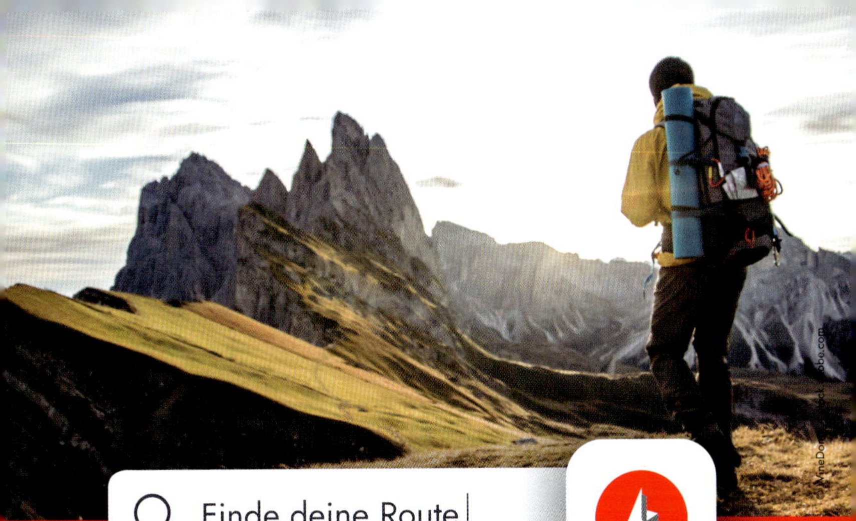

Finde deine Route

Hol dir jetzt
die **ROTHER** App!

- auf diese Touren kannst du dich verlassen
- nur von professionellen Wanderautoren
- mit den besten Wander- und Radkarten von freytag & berndt

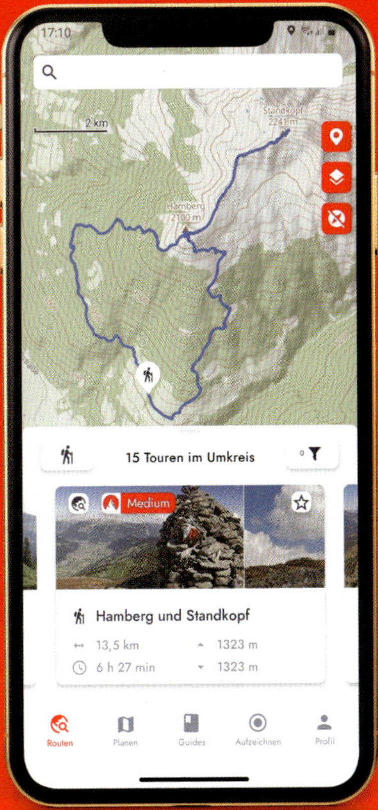

Laden im App Store

JETZT BEI Google Play

ROTHER.APP

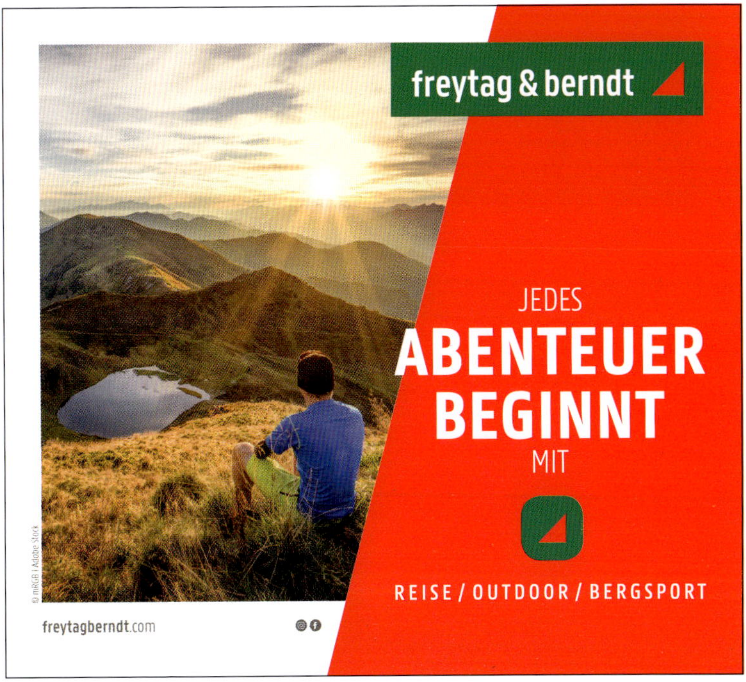
freytag & berndt
JEDES
ABENTEUER
BEGINNT
MIT
REISE / OUTDOOR / BERGSPORT
freytagberndt.com

Noch mehr Wanderglück ...

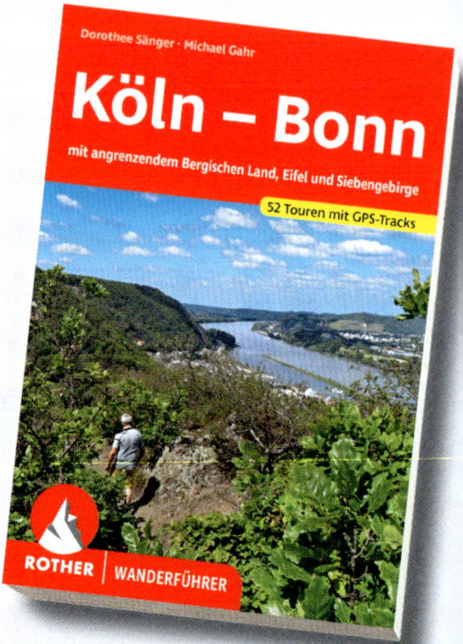

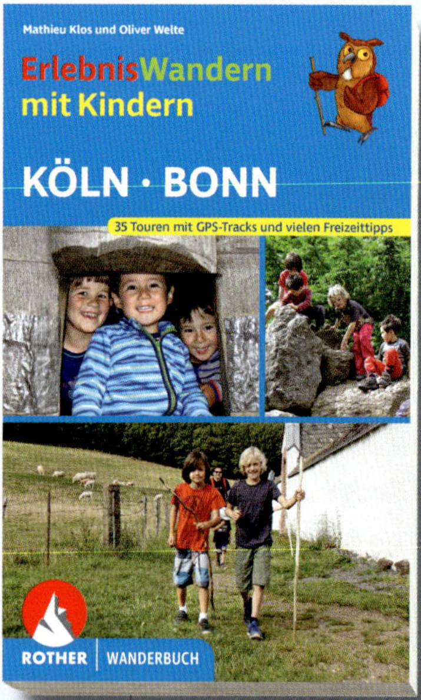

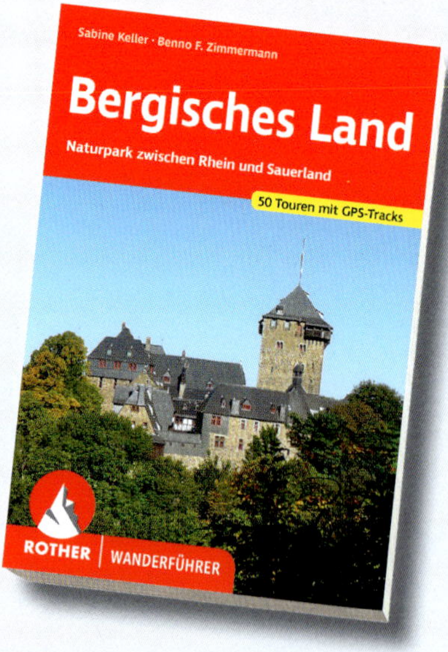

ROTHER | WWW.ROTHER.DE

Impressum

Titelbild: Unterwegs auf dem Schöpfungspfad im Nationalpark Eifel.
Seite 1: Im Doppelpack irgendwo zwischen Rhein und Eifel.

Alle Fotos von Mathieu Klos und Hi-Jong Kim-Klos.

Der Autor:
Mathieu Klos (* 1969) studierte Germanistik, Geschichte und Politik in Bonn. Nach seiner Ausbildung zum Gymnasiallehrer arbeitete er in Köln als Wirtschaftsjournalist. Seit gut zehn Jahren verfasst er zudem Wanderbücher und Reisereportagen. Seit nunmehr 25 Jahren ist er auf dem Rad und zu Fuß im Bergischen Land, der Eifel und den belgischen Ardennen unterwegs. Letztere hat er intensiv für den gleichnamigen Rother Wanderführer durchstreift. Mit der Geburt seiner drei Kinder war es nur noch ein kleiner Schritt, die Köln-Bonner Region mit dem Kinderwagen auf der Suche nach Erlebnissen für Familien zu erkunden. Beides hat er in den Rother Wanderbüchern »Wandern mit Kinderwagen« und »Erlebniswandern mit Kindern« für die Region verarbeitet.

Kartografie:
Wanderkarten im Maßstab 1:25.000 bis 1:75.000
© Bergverlag Rother GmbH, München
(gezeichnet von Barbara Häring, Gröbenzell, und Martina Rieger)
Übersichtskarten © Freytag & Berndt, Wien

3., aktualisierte Auflage 2023
© Bergverlag Rother GmbH · München
Alle Rechte vorbehalten
ISBN 978-3-7633-3393-6

FSC www.fsc.org
MIX
Papier aus verantwortungsvollen Quellen
FSC® C021956

Liebe Wanderfreunde!
Alle Angaben dieses Buches wurden vom Autor nach bestem Wissen recherchiert und vom Verlag mit größtmöglicher Sorgfalt überprüft. Für die Richtigkeit der Angaben kann jedoch – soweit gesetzlich zulässig – keine Haftung übernommen werden.
Wir bitten dafür um Verständnis und freuen uns über jede Anregung und Berichtigung zu diesem Rother Wanderbuch:

Rother Bergverlag · Keltenring 17 · D-82041 Oberhaching
Tel. (089) 60 86 69-0 · Fax 60 86 69 69
E-Mail: leserzuschrift@rother.de
Besuchen Sie uns im Internet: www.rother.de